KB189049

연암, 경계에서 보다

일러두기

- 학술서 성격의 글이라 전문 용어가 자주 나타날 수밖에 없지만, 타 전공 학자와 일반 교양 독자가 읽어도 이해할 수 있도록 어려운 전문 용어는 최대한 줄이고 쉬운 언어를 사용하기 위해 고심했다.
- 정확한 번역을 위해 김명호, 《연암집》(돌베개, 2007)과 김혈조, 《열하일기》(돌베개, 2017)의 도움을 받았다. 《과정록》의 번역문은 박희병, 《나의 아버지 박지원》(돌베개, 1998)을 참고했다.
- 가독성을 최대한 높이기 위해 인용문의 원문은 없앴으며 각주는 최대한 줄인 후 미주로 돌렸다. 《연암집(燕巖集)》의 전체 원문은 한국고전번역원 홈페이지에 있는 한국고전종합DB(https://db.itkc.or.kr)에서 확인할 수 있다.

연암 박지원의 현재성과 생태정신

연암,
경계에서 보다

박수밀 글

여름의서재

경계인 연암, 상생相生의 길을 찾다

한강이 노벨문학상을 수상했다는 소식을 듣는 순간 우리 문학이 해냈다는 뿌듯함과 함께 문학을 바라보는 우리 사회의 시선도 달라졌으면 좋겠다는 기대도 생겨났다. 그러면서 고전 전공자로서 자연스럽게 이런 생각이 들었다. '세계 무대에서 한강이 인정받았으니 다음 차례는 고전의 작가인 연암燕巖이었으면.' 현대 문학에 한강이 있다면 고전에는 연암이 있다는 내 생각이 부디 어쭙잖은 학자의 빈말이 되지 않기를 바라고 있다.

연암은 다산茶山과 더불어 실학을 대표하는 양대 산맥의 위상을 지니고 있다. 중국의 앞선 문물을 잘 배워 조선 사회를 변화시키자고 주장한 북학파北學派의 핵심 인물이자 도구를 쓸모 있게 활용하여 백성의 삶을 윤택하게 하자는 이용후생利用厚生을 주장한 개혁가다. 하지만 연암의 특별함은 실학자,

사상가, 개혁가로서의 면모에 머물지 않는다.

연암의 진정한 면모는 탁월한 문장가이자 비판적 지성인이라는 데 있다. 연암은 세계 최고의 여행기라는 평가를 받는 《열하일기熱河日記》를 썼으며, 많은 작품에서 문명과 인간 사회의 위선과 폭력성을 깊이 성찰하고 비판하는 작가적 역량을 보여주었다.

연암의 글은 단순한 교양 지식을 넘어 인간과 사회, 자연과 문명에 대한 깊은 통찰을 담고 있다. 연암은 자기 시대의 현실을 직시하면서 그 시대를 뛰어넘는 사유를 펼쳤으며 새로운 생각과 시도를 두려워하지 않았다. 상투적인 표현을 거부하고 생동하는 언어로 글을 썼으며, 풍자와 우언의 언어를 사용하여 기존의 통념과 관념을 뒤흔들었다. 글에 담긴 사유와 글을 전개하는 능력, 글의 구성 방식은 구태舊態의 티가 전혀 없다. 치밀하고 엄중하게 쓰면서도 능청스러움과 유머를 섞어 놓는다. 그리하여 그의 글은 관습적인 해석을 허용하지 않는 열린 텍스트가 되어 독자에게 틀에 갇히지 않는 해석을 요구한다.

연암의 정체성을 잘 보여주는 두 개의 열쇠말은 '경계인'과 '보기'다. 연암은 유학자였음에도 불교와 도가道家, 심지어 서학까지 아우르며 새로운 세계를 개척해 나갔다. 그는 낡은 전통과 특정 사상에 갇히지 않고 객관적인 진실의 자리에 서서 지식 사회의 관습과 규범에 도전했다. 제3의 시선으로 바라보고 상층과 하층, 아름다움과 추함, 조선과 중국, 법고와 창신 등 양쪽의 세계를 오가며 서로 소통하고자 애썼다. 연암은 이편과 저편을 가로지르며 상생相生의 길을 찾아 나선 경계인이었다.

연암은 인간이 잘못된 판단을 하고 편견을 갖는 근본 이유가 본 것이 적은 데 있다고 본다. 조선 사람들이 좁은 땅에서 태어나 잘못된 관습과 지배 이데올로기에 갇혀 자동화된 삶을 살아간다고 여겼다. 그리하여 연암은 제대로 보라고 말한다. 기존의 관습과 통념을 맹목적으로 따라가지 말고 주체적이고 적극적으로 보라고 말한다. 한쪽의 눈으로만 보지 말고 복안複眼으로 보라고 말한다. 표면만 보지 말고 본질을 꿰뚫어, 보이지 않는 면을 보는 눈을 지녀야 한다고 말한다. 대립을 아우르는 경계인의 시좌를 갖추라는 것이 연암의 간곡한 당부다.

이 책은 이러한 연암의 '경계를 넘나드는 생각'과 '새로운 시각으로 보기'를 현재의 관점에서 재조명한 것이다. 연암의 문학을 탐구하는 것은 연암의 정신을 잘 배우는 것이므로, 경계인 연암의 '다르게 보고 생각하기'를 우리가 살아가는 지금의 시대 정신과 연결해 보고자 했다. 그리하여 연암의 문학과 사유를 현대의 관점에서 다시 해석하여 연암의 생각과 꿈을 시대와의 연관 속에서 고민해 보고자 했다.

책은 크게 두 부분으로 구성했다. 1부에서는 연암 문학을 현대 이론과 연결해 연암의 현재성과 창조적 정신을 살펴보았다. 연암의 문학이 오늘날의 이론과 어떻게 연결될 수 있는지, 그의 창조적이고 생태적인 생각이 현대의 논제와 어떻게 맞닿아 있는지를 탐색했다.

재현과 관련한 논의에서는 포스트모더니즘 시대 재현의 위기와 연암의 재현론을 연결해 보았다. 연암은 이미 18세기에 재현의 한계를 인식하고 과거의 중국이나 경전의 세계가 아닌 지금 여기 조선의 현실에서 진실을 찾고자 했다. 언어의 한계를 극복하기 위해 사물과 현실 자체를 언어로 보는 새로운 관점을 제시했으며, 주체의 감각 한계를 극복하기 위해 명심冥心과 사이에서 들여다보기를 제안했다. 연암의 재현론은 현대 사회의 재현과 진실 문제를 성찰하고 나아가 문학이 나아갈 방향에 대해 좋은 생각거리를 제공한다.

연암의 창조적 사유에서는 연암 문학에 나타난 혁신성과 창조성을 살펴보았다. 연암 문학의 남다른 가치는 기존 지식과 권위에 대한 비판, 현실과 사물의 직접 관찰, 하찮은 것 속에서 본질을 찾는 태도, 이분법적 사고를 넘어서는 사유의 깊이에 있다. 연암의 문학엔 단순한 지식 전달에 그치지 않고 생각의 틀을 깨고 세상을 새롭게 바라보도록 만드는 힘이 있다.

용사用事와 패러디에서는 연암의 용사 창작이 기존의 용사 관행과 어떻게 다른지를 살폈다. 전통적 용사가 원전의 권위를 그대로 수용하고 모방했다면, 연암은 원전의 변용과 비판적 해석을 통해 새로운 의미를 창출했다. 연암은 기존 문헌을 인용하되 단순히 권위를 빌리는 것이 아니라, 원전을 자신의 방식으로 재해석하고, 때로는 풍자와 비판의 도구로 사용하면서 시대의 모순을 드러내고자 했다. 연암의 용사 창작 방식은 기존 권위에 대한 도전이자 지금 여기의 현실을 담아내야 한다는 그의 문학적 신념을 보여준다.

공간과 장소 관련 논의에서는 인본주의 지리학의 대표적 인물인 이-푸 투안(Yi-Fu Tuan)과 에드워드 렐프(Edward Relph)의 장소 이론과 앙리 르페브르(Henri Lefebvre)가 말한 공간의 정치성을 접목해 연암의 장소 인식이 기존과 어떻게 다른지, 그의 글이 고전에서 장소를 다룬 방식과 어떻게 차별화되는지를 살폈다. 대부분의 조선 지식인들이 중화사상과 북벌 이데올로기에 갇혀 있을 때 연암은 직접 체험하는 실지實地로서의 장소의 의미를 새롭게 발견해 갔다. 특히 사람들이 눈길을 두지 않는 변두리 공간에서 진실을 찾는 연암의 장소 인식은 특별한 시선이라고 평가할 만하다.

연암 문학의 새로운 향방에서는 연암이 도달한 사유의 깊이, 글쓰기 수준을 21세기 현실에서 새롭게 읽어내는 작업이 필요하다고 보고 나름대로 고민한 연암 문학의 방향성을 이야기해 보았다. 연암 산문의 방향성과 관련해서는 연암의 사유와 문학이 오늘날과 연결되는 정신을 고민한 결과 생명, 생태生態, 다양성, 해체를 꼽았다. 《열하일기》의 방향성과 관련해서는 공간의 정치성, 공간의 사회 역사적 의미 등과 연결해 접근할 것을 제시하였다. 나아가 작은 것을 다르게 보는 연암의 눈을 따라가, 《열하일기》 속 작은 것들에서 의미를 찾아갈 것 등을 제안했다.

연암의 생태정신에서는 21세기 현실에서 연암의 생태정신이 갖는 의미를 살펴보았다. 연암은 자연을 활물活物, 즉 살아 움직이며 변화하는 존재로 바라보았다. 연암은 자연과 인간이 유기적으로 연결되어 있으며, 자연의 소리와 몸짓이 곧 문학과 예술이 된다고 생각했다. 연암의 생태정신은 자연을 독립적이고 신비로운 존재로 보는 전통적인 자연관과 자연을 인간의 도구로 여기는 근대적 자연관을 동시에 넘어선다.

연암의 이용후생론에서는 이용후생이 단순한 경제적 이익과 기술적 발전만을 추구하는 것이 아니라, 자연과 조화를 이루는 방식으로 문명을 발전시키고자 하는 철학적·미적 기반을 포함하는 개념임을 이야기했다. 이용후생은 개발과 보존이라는 이분법적 대립을 넘어, 자연의 본질을 이해하고 존중하면서도 인간의 필요를 충족시킬 수 있는 균형 잡힌 발전의 방향을 제시한다. 이는 현대 사회가 직면한 환경 문제와 개발 욕구 사이의 갈등을 해결하는 데 철학적 기반이 되어 준다.

2부는 다산연구소의 〈실학 산책〉에 연재한 글을 정리한 것이다. 특히 법고창신과 대대對待의 논리는 나의 특별한 견해이니 주목해서 읽어 보기를 권한다. 법고창신法古創新은 사전에도 등재되어 있을 정도로 학계와 일반에서 공인된 용어로 쓰고 있다. 나는 변증법적 지양의 논리를 담은 것으로 이해해온 기존 견해와 달리 연암의 법고창신은 대립하고 충돌하는 두 입장이 서로를 힘입어 발전을 도모하는 상생의 정신을 담은 개념이라 생각한다. 법고창신에서 중요한 것은 상대편을 배척하기보다는 장점을 적극적으로 수용하는 태도다. 곧 법고창신은 고전에 대한 존중과 혁신에 대한 지지를 모두 담고 있다. 상보적 관계라는 점에서 법고창신은 서구의 변증법적 지양이나 이분법 모순율보다는 동양의 대대對待의 논리와 연결된다.

《주역周易》에서 음陰과 양陽은 서로 대립하면서도 상호 의존하고 감응하는데 여기서 만들어진 논리가 '대대對待'다. 대대對待는 마주하며 기다린다는 뜻이다. 대대 관계에서는 대립하는 쌍이 상호 의존적 관계에 있으며, 대립을 통해 서로를 비추어주고 서로의 존재성을 확보해준다. 대립물은 서로를 배척하지 않고 상호 성취의 관계로 본다. 동양의 전통 사상은 대대對待의 논리를 지향한 바, 실학과 성리학의 관계라든가 실학의 근대성 논란도 대대의 사유에서 바라볼 것을 주장했다.

이 외에도 북학北學의 탄생 배경을 중화사상과 화이론의 맥락에서 접근했으며, 연암과 다산의 공통점과 차이에 대해 비교하고, 명심冥心과 디케의 정신과의 연관성을 이야기했다. 실학을 비판하는 논리에 대해 변증했으며 실학의 생태정신과 그 현대적 의의 등을 살폈다. 편폭篇幅은 짧지만 내가 지금까지 공부한 연암과 실학의 관계에 대한 핵심 내용을 이해하기 쉽게 전달하고자 애썼으니 일반 독자라면 2부를 먼저 읽고서 1부를 읽기를 권한다.

연암이 꿈꾸던 세상과 그의 문제의식을 지금의 현실에 비추어 보면 그의 문학은 지금 여기에서도 강력한 메시지를 던진다. 연암 문학의 가치를 제대로 이해한다면 현대엔 한강이, 고전에는 연암이 있다는 나의 주장이 결코 과장이 아님을 알게 될 것이다. 연암의 문학성과 작가 정신을 알아보는 독자들이 계속해서 늘어나 연암의 문학이 세종대왕의 훈민정음, 충무공의 거북선과 더불어 우리나라가 세계에 내놓아도 손색없는 문화유산으로 자리매김하게 되기를 바라고 있다. 하지만 정작 연암 문학관 하나 없는 현실이 못내 씁쓸하고 안타깝기만 하다.

돌아보면 대학원 시절부터 지금에 이르기까지 연암을 공부한 지 30년이 흘렀다. 그의 글은 언제나 흥미로웠지만 동시에 너무 미묘하고 어려워서 깊이 있는 해석을 위해 현대 철학이론은 물론 역사서와 미학, 심리학 저술까지 뒤져가며 지식의 폭을 넓혀가야 했다. 늦은 밤에 우두커니 앉아 사색하고 고민해도 한 줄도 나가지 못하던 날들은 얼마나 많았던가. 《열하일기》의 발자취를 따라 열하 현장을 여러 번 답사하기도 했고, 그 활동지를 찾아 함양과 면천을 여러 차례 다녀갔다. 어느 사이 연암은 단순한 연구 대상을 넘어 삶의 동반자가 되었고 때로는 스승이 되었으며, 때로는 상담가가 되어 주었다. 그의 작품을 통해 더 넓은 세상을 보는 법을 배웠고, 더 깊이 사고하는 법을 익혔으며, 더 자유롭게 상상하는 능력을 길렀다. 학문의 여정에서 《연암 박지원의 글 짓는 법》, 《열하일기 첫걸음》, 《연암 산문의 멋》 등을 저술하고 근래 연암의 소설 번역서를 출간하기도 했다. 이제 또 하나의 책을 내자니, 감회는 새로운데 까닭 모를 슬픔이 몽글몽글 솟아오른다. 어디까지 나아가야 연암의 생각과 공명共鳴할 수 있을까? 어떻게 다가가야 연암의 나비를 붙잡을 수 있을까?

학문의 길에 들어선 이후로 오로지 연구와 강의로 나의 삶을 그럭저럭 버텨왔다. 그사이 눈은 흐릿해지고 속절없는 세월과 더불어 흰머리만 늘어간다. 나는 잘 살아내고 있는 것일까? 연암의 글로 내 마음을 대신한다.

"너는 울고 싶냐?"

"울고 싶다."

눈물을 드리운 채 눈을 들어 바라보면 빈산에 사람 없고 물은 흐르고 꽃은 피어 있네.

연암 탄생 288주년 되는 날에 박수밀 쓰다

차 례

3장 모방이냐, 창조냐? 용사(用事)와 패러디

4장 물리적 공간에서 실존 체험으로, 장소의 발견

《 히 》

연암 문학의
현재성과 생태정신

1장

18세기와 21세기,
재현과 진실의 가능성

프랑스의 철학자 장 보드리야르(Jean Baudrillard)는 현대 사회는 현실과 가상의 경계가 모호해지면서 종국엔 가상 세계가 현실을 대체하는 시뮬라크르의 시대를 살아가게 될 것이라고 예견했다. 그의 생각대로 21세기 포스트모더니즘 사회는 갈수록 가상과 현실의 경계가 무너져가고 사람들은 시뮬라크르로 구성된 가상의 세계를 현실로 받아들이며 살아가고 있다. 소셜 미디어에서 사람들은 자신의 삶을 이상화된 이미지로 포장하여 공유한다. 소셜 미디어 속의 삶은 실제 삶이 아니라 가상의 이미지가 현실을 대체한 시뮬라크르의 세계다. 광고는 상품의 실제 기능이 아닌 상품이 상징하는 라이프 스타일과 이미지를 보여준다. 소비자들은 상품 자체가 아닌 상품의 광고가 전달하는 기호와 이미지를 실제라 믿고 소비한다.

원본 없는 복제물이 무한 반복되어 만들어진 현실에서 현실과 가상, 진짜와 가짜의 경계는 더욱 흐릿해지고 있다. 영화 〈쥬라기 공원〉이나 〈아바타〉의 영상을 보노라면 진짜 세계보다 컴퓨터그래픽으로 만든 가상의 세계가 더욱 실제처럼 보인다. 우리가 눈앞에서 보고 있는 현실이 실재하는 세계인지 의심마저 든다. 지금 우리가 발을 디디며 살아가는 세상이 거대한 매트릭스가 아니라고 어떻게 장담하겠는가? 참된 실재는 저 너머 어딘가에 있으며 우리가 사는 세상은 실재의 모방, 플라톤의 생각을 빌리자면 이데아의 그림자가 아니라고 어찌 단언하겠는가. 이러한 시대 조건 속에서 우리의 눈과 귀는 과연 현실을 얼마나 객관적으로 바라보는 것일까? 결핍 없는 무한한 욕망이 쏟아지는 가상 세계(인터넷)를 체험하는 시대에 객관적 진실은 가능하긴 한 것일까?

재현의 위기와 연암 박지원

주체가 타자의 욕망에 지배받는 오늘날, 우리는 끊임없이 '나는 누구인가?', '이 세계는 어떤 세계인가?'를 묻고 산다. 한발 더 나아가 철학은 스스로 회의하는 주체적 인간의 종말을 고한다. 이성적 주체는 무너졌으며, 그러므로 라캉(Jacques Lacan)은 말한다. "나는 내가 존재하지 않는 곳에서 생각한다. 그러므로 나는 내가 생각하지 않는 곳에서 존재한다."

시뮬라시옹(simulation, 실재가 가상 실재로 전환되는 일), 가상 세계, 하이퍼 리얼리티(hyperreality, 복제물이 원본을 대신해서 진짜가 된 세계), 판타지, 메타버스(metaverse, 가상 세계와 현실 세계의 경계가 허물어지는 것), 아우라의 붕괴, 해체, 지시 대상을 상실한 기호, 이미지의 조작 등을 말하는 오늘날에 바야흐로 재현의 위기는 여전히 문제 담론으로서 유효할까?

재현(representation)이란 '무엇을 다시 드러내 보여주는 것'이다. '무엇'은 표현하고자 했던 본래의 대상, 곧 원본이다. 이를 '리얼리티(reality)'라 부른다. 재현의 위기란 다시 보여주어야 할 그 '무엇'이 깜박깜박한다는 말과 같다. 원본이 사라지려 하는 것이다. 아예 존재하지 않는 것이 더 실재적이라 말하기까지 한다. 존재론적인 측면에서 주체와 기호, 세계는 이미 해체되었다. 생각해 보라. 확고하고 불변하는 정체성을 지닌 '나'라는 존재는 어디에 있는가. 나는 고정된 존재가 아니라 사회적 관계와 처한 조건에 따라 변화하고 재구성된다. 가정에서의 나와 동호회에서의 나, 직장에서의 나는 다르게 규정되고 인식된다. 언어와 기호가 현실을 정확히 반영한다는 믿음도 오래전에 깨졌다. 같은 단어도 문화와 맥락에 따라 전혀 다른 의미로 다가온다. 정의라는 말도 사랑이라는 단어도 어떤 집단이 사용하느냐에 따라, 각자의 처지에 따라 다르게 규정된다. 객관적이고 절대적인 진리가 존재하는 세계는 어느 곳에 있는가. 아름다움과 추함, 정상과 비정상, 옳음과 그름의 기준조차 시대와 문화에 따라 끊임없이 달라진다.

그런데 문학의 측면에서 재현의 위기는 리얼리티의 위기, 곧 리얼리즘의 문제와 관련 맺는다. 철학은 이미 주체의 소멸을 이야기하고 있지만, 언어라는 도구를 이용해 인간과 세계를 탐구하는 문학에서의 재현은 '작가(주체)는 언어로써 세계를 객관적으로 드러낼 수 있는가'에 대한 가능성을 묻는 것이다.

곧 문학에서 재현의 위기는 객관적 진실의 재현에 대한 회의이며, 재현의 존재성과 관련 맺기보다 재현의 왜곡 및 한계와 연결된다. 따라서 문학이 재현을 이야기하려 한다면 '세계, 언어, 주체(작가 의식)' 이렇게 세 가지의 가능성을 물어야 한다.

사실 재현의 대상이 무엇이냐가 다를 뿐, 문학은 어느 시대를 막론하고 재현을 이야기했다. 확정되고 형이상학적인 절대 진리를 추구하던 중세기에 재현의 믿음은 분명했다. 동양에 도道가 있었다면 서양엔 신神이 있었다. 근대로 넘어가면서 저 너머 이데아 세계에서 지금 여기를 재현하고자 했고, 신(도)에 대해 인간 현실을 이야기하기 시작했다. 모더니즘 시대는 예술과 철학, 기호학을 중심으로 재현을 의심하기 시작했고, 포스트모더니즘은 아예 재현의 존재성을 문제 삼고 있다.

그런데 경전 속의 고대 중국의 세계를 재현의 대상으로 삼았던 중세의 세계관에서 벗어나 '지금 여기'를 진실의 공간으로 삼고 재현의 가능성을 고민하던 지식인이 있었다. 그가 바로 연암 박지원이다. 연암의 재현 담론을 다룸으로써 탈근대 시대에 연암 문학의 유효함을 들여다보려 한다. 연암의 사유에는 지금 여기를 재현하고자 하는 노력과 더불어 그 한계를 자각하고 극복을 위해 치열하게 탐구한 자취가 있다. 과연 이 18세기 지식인의 재현 탐구가 21세기 탈근대의 비전을 논할 만한 가능성을 보여줄 수 있을까? 이 바람을 갖고 논의를 전개해 보겠다.

지금 세계의 재현과 진실의 가능성

오늘날 현실과 환상의 경계는 점차 모호해지고 이미지가 현실을 대체해 가고 있다. 하이퍼리얼리티가 실재가 되고, 현실은 왜곡된 이미지와 이데올로기로 가득 차 있다. 세계가 명료하게 우리 앞에 그 실체를 보여줄 것이라는 믿음은 희미해졌다. 그렇다면 재현의 목표는 포기하는 것이 좋을까? 재현을 포기하는 것은 원본을 버리는 것이다. 원본을 버린 곳엔 결핍 없는 욕망, 윤리의 부재, 기호의 유희가 들어선다. 현실과 가상, 진짜와 가짜가 혼동될지라도 현실은 엄연히 우리 앞에 있다. 시뮬라크르와 기술은 문학의 소재일 뿐 목표가 아니다. 문학은 이 세계가 진정 살 만한 곳인가를 묻고, 인간의 삶을 이야기한다. 문학은 무엇을 말하든 세계의 진실을 이야기할 수 있어야 한다.

재현은 반드시 원본의 존재를 전제로 한다. 원본의 성격은 재현의 특성을 반영한다. 중세 유학자들은 도道의 근원과 도덕의 실천에 관심을 두고, 그들이 발 딛고 살아가는 현재를 과거의 가치를 실현하는 시공간으로 바라보았다. 이들이 추구한 리얼리티 세계는 지금 이곳이 아니라 저기 중국의 요·순·우·탕堯舜禹湯 문·무·주공文武周公 시절이었다. 참된 실재를 특정한 과거의 세계로 고정하는 순간 지금 여기라는 현실은 퇴행의 공간이 되고 만다. 따라야 할 행위 규범과 가치가 이미 선험적으로 정해져 있는 것이다.

재현의 이상이 이미 선험적으로 고정되면 동일성으로의 구속, 경직된 엄숙주의, 배타성의 위험이 따른다. 인간의 행동 양식과 지향이 모두 이미 정해져 있는 전범을 닮으려 한다. '이것은 이러이러해야만 한다'라는 당위적 규범은 개별 존재의 개성을 가두고 지금의 실상을 왜곡한다. 사물을 나타낼 때 내가 눈으로 실제 본 대상이 아니라 이미 주어진 관념으로 표현한다. 전통 유학자들은 자연 공간을 문화 공간으로서가 아닌 유교 이념의 공간으로 바라보았다. 산수 그림은 실제의 자연이 아니라 흰 구름과 푸른 산의 관념적이고 이상적인 공간이었다. 인간의 삶은 군자가 되기 위한 과정이었으며 소인은 배제되었다. 학문의 이상도 특정한 과거의 전범을 닮는 데 있었다. 한마디로 원본과의 일치를 지향하는 유사성의 원리가 작동되고 있었다.

하지만 연암은 보편성과 동일성을 추구하는 상고적尙古的 세계관이 폐쇄적 사회를 만들고 고정관념으로 가두는 현실을 경고한다. 연암은 진실은 과거에 있지 않으며 지금 여기의 현실에 있다고 생각했다. 이는 옛날과 지금의 상대성에 대한 자각과 연결된다.

> 옛날을 기준으로 지금을 본다면 지금은 참으로 비속하다. 그러나 옛사람이 자신을 보며 스스로가 예스럽다고 생각하지만은 않았을 것이다. 당시에 본 것 또한 그때엔 하나의 지금일 뿐이다. 그러므로 세월이 도도히 흘러가면서 노래도 자주 변하고, 아침에 술 마시던 사람이 저녁이면 그 자리를 떠나고 없다. 천추만세는 지금으로부터 옛날이 되는 것이다. 그러므로 '지금'은 '옛날'과 대비해 부르는 이름이고, '비슷하다'는 것은 '저것'과 비교해 쓰는 말이다.
>
> 〈영처고서嬰處稿序〉

내가 지금 서 있는 시점에서 과거를 바라보면 그것이 옛날이 되지만 과거의 그 시점에 살았던 사람에게는 그때가 '지금'이다. 재현의 이상이 '옛날'에 있었던 시대에, 옛날을 기준으로 지금을 보면 지금이 저속하겠지만, 그때의 옛사람은 자신을 옛사람이라 여기지는 않았을 터이니 지금에 '옛사람'이라 부르던 사람도 그 당시에는 하나의 '지금 사람'이라는 주장이다. 연암은 지금이라는 것은 옛날과 대비하여 일컫는 이름일 뿐, '지금'은 시간이 흐르면 다시 '옛날'이라는 지위를 얻을 수 있게 된다고 생각한다. 개념의 차이를 밝혀 의미를 찾아낸다는 점이 자못 흥미롭다. 시간을 상대적으로 보는 인식은 인생에 대한 깊은 통찰을 가져오기도 한다.

> 한 점의 먹을 찍는 사이는 순식간의 일이지만, 눈 한 번 깜박이고 숨 한 번 쉬는 사이에도 이미 작은 옛날과 작은 오늘이 만들어진다. 그렇다면 하나의 '옛날'이나 하나의 '현재' 역시 큰 눈 한 번 깜박이거나 큰 숨 한 번 들이쉬는 시간이라 말할 수 있다. 그 '사이'에서 명예를 세우고 일을 이루겠다고 하니 어찌 슬프지 않은가!
>
> 〈일신수필서馹迅隨筆序〉

먹을 한 번 찍는 시간은 눈을 한 번 깜빡하거나 숨을 한 번 내쉬는 아주 짧은 순간, 곧 순식간瞬息間의 일이다. 시간의 본질로 보자면 숨을 들이마셨다 내쉬는 그 아주 짧은 시간에도 작은 과거와 작은 지금이 만들어진다. 찰나의 순간에 작은 미래는 지금이 되고, 작은 지금은 과거가 된다. 순식간에도 현재와 과거는 겹쳐 있는 것이며, 생각을 넓히면 우리가 과거, 현재, 미래라고 부르는 시간은 단지 순서의 차이일 뿐 가치의 경중을 갖는 것은 아니다. 그러니 내가 발 딛고 있는 지금 여기의 진실을 드러낼 수 있다면, 훗날에는 그것이 고전이 되는 것이다.

중세기 전통은 옛것을 본받으라는 것이다. 이들에게 본받는다는 것은 '닮아라', '비슷해지라'는 말과 같다. 글쓰기의 성취는 원전과 같은 수준에 이르는 것이었다. 그러나 연암은 유사해지려는 태도를 거부한다. 연암의 말을 더 들어 보자.

> 무릇 '비슷하다'는 것은 비슷하기만 할 뿐이고 저것은 저것일 뿐이다. 비교한다고 해서 이것이 저것은 아니니, 나는 이것이 저것과 같은 것을 본 적이 없다. 종이가 희다고 해서 먹이 따라서 희게 될 수는 없으며, 초상화가 아무리 진짜 같다고 해서 그림이 말을 할 수는 없다.
>
> 〈영처고서嬰處稿序〉

연암은 종이와 먹, 초상화와 실물의 관계를 통해 모방의 근원적인 한계를 들려준다. 종이가 희다고 해서 먹이 자동으로 하얘질 수 없고, 초상화가 아무리 실물과 똑같아 보인다고 해서 그림이 말할 수는 없다. 모방은 오직 표면적 특성만을 흉내 낼 수 있을 뿐, 대상의 본질과 고유한 기능은 결코 재현할 수 없다.

다음 글에서는 닮음의 상태를 보여주는 일반적 조건들을 제시하고서 닮는다는 일이 애초에 불가능한 일임을 제시한다.

옛글을 모방해 글을 쓰기를, 거울이 형체를 비추듯 쓴다면 비슷하다고 할 수 있을까? 왼쪽과 오른쪽이 서로 반대로 되는데 어찌 비슷할 수 있겠는가? 물이 형체를 비추듯 쓰면 비슷하다고 할 수 있을까? 아래와 위가 거꾸로 나타나니 어찌 비슷할 수 있겠는가? 그림자가 형체를 따라가듯 쓴다면 비슷하다고 할 수 있을까? 한낮이 되면 난쟁이가 되었다가 해가 지면 키다리가 되니 어찌 비슷할 수 있겠는가? 그림이 형체를 묘사하듯 쓴다면 비슷하다고 할 수 있을까? 걸어가는 자는 움직이지 않고 말하는 사람은 소리가 없는데 어떻게 비슷할 수 있겠는가? 그렇다면 끝내는 비슷할 수 없는 걸까?

〈녹천관집서綠天館集序〉

거울이 형상을 비추는 일, 물이 형체를 비추는 일, 그림자가 형체를 따르는 것, 그림이 형체를 자세히 묘사하는 것, 모두 비슷해 보이긴 하나 절대 똑같을 수는 없다. 형체가 실체라면 거울, 물속에 비친 모습, 그림자, 그림은 원본의 복제물이다. 연암은 옛글을 모방하거나 원본을 재현하려는 어떤 시도도 진정한 재현은 불가능하다는 점을 말한다. 모방은 원본의 일부를 반영할 수는 있지만 본질적으로 원본과 똑같을 수는 없다. 연암은 모방은 원본을 완전히 재현할 수 없다는 사실을 다양한 비유를 통해 설명함으로써 재현의 본질에 대해 깊은 질문을 던진다.

그렇다면 원본을 모방하는 일을 포기해야 할까?

> 도대체 왜 비슷하기를 구하는가? 비슷함을 구하는 것은 참되지 않다. 세상에서 이른바 서로 같은 것을 말할 때 '꼭 닮았다'는 뜻으로 혹초酷肖라 일컫고, 분별하기 어려운 것을 말할 때 '진짜에 아주 가깝다'는 뜻으로 핍진逼眞이라고 말한다. 무릇 '진眞'이라고 말하거나 '초肖'라고 말하는 사이에는 '가짜[假]'와 '다름[異]'이라는 의미가 그 속에 담겨 있다.
>
> 〈녹천관집서綠天館集序〉

연암은 도리어 묻기를, 왜 비슷함을 구하느냐고 반문한다. 비슷함을 추구하는 것은 진짜가 아니다. 비슷하다는 말에 이미 가짜다, 다르다는 뜻이 전제되어 있다. 중세의 보편적 지향인 '닮음의 미학'에 대한 거부다. 연암은 비슷함이나 유사성이 진실이나 본질을 드러내지 못하며, 오히려 유사성이 가짜나 다름을 은폐하고 왜곡할 수 있다고 말한다.

하지만 그렇다고 해서 재현을 포기하라는 뜻은 아니다. 겉모습만 본뜨는 기계적인 모사로는 참됨을 얻을 수 없으며 내적 본질을 재현해 낼 수 있어야 한다. 연암은 이를 글쓰기로 적용하여 전범典範을 그대로 모방하지 말고 안에 담긴 정신의 본질을 담아야 한다고 말한다.

배를 같이 탄 사람들은 돌아다보면서 좋아했다. "강산江山이 그림 같네." 나는 다음과 같이 말했다. "자네들이 강산도 모르고 그림도 모르는 말일세. 강산이 그림에서 나왔겠는가, 그림이 강산에서 나온 것이지." 이러므로 비슷하다, 같다, 유사하다, 근사하다, 닮았다고 하는 것은 같다는 의미의 말이다. 그러나 비슷한 것으로서 비슷하다고 비유해 말하는 것은 같아 보일 뿐 같은 것은 아니다. 옛날 사람이 양자강에서 나는 요주(조개 일종)는 여지(과일)와 비슷하게 생겼고 호수인 서호는 미인 서시와 닮았다고 말하자, 어떤 어리석은 자가 다시 말하길 담채(조개 일종)는 용안(과일)과 비슷하고 전당(서호의 다른 이름)은 미인인 비연과 비슷하다고 했다. 어떻게 생각하는가?

《열하일기》, 〈난하범주기灤河泛舟記〉

흔히 산과 들판의 경치가 아주 빼어날 때 '강산이 그림 같다'고 감탄한다. 'A가 B를 닮았다'는 말은 B가 원본이고, A가 재현된 사물임을 전제로 한다. 곧 '강산이 그림 같다'는 표현은 논리적으로는 그림이 원본이고 강산이 재현된 사물이라는 뜻이 된다. 하지만 실제로는 강산이 원본이고 그림은 복사물이다. 그러므로 '그림이 강산 같다'는 말이 올바른 표현이다. '강산이 그림 같다'는 표현은 재현물인 그림에서 실체인 강산이 나왔다는 뜻이 되기에 문제 있는 표현이 되는 것이다. 이처럼 연암은 'A가 B를 닮았다(~와 같다)'는 말이 갖는 논리적 모순을 지적한다. 강산이 실체인 진眞이라면 그림은 모방물인 환幻일 뿐이다. 재현 대상인 그림이 실체인 강산에서 나와야 하는 것이다. 이를 통해 연암은 무분별한 비유와 모방은 본질에서 점점 멀어질 뿐이라고 지적한다.[1)]

모방물은 아무리 완벽하게 재현한다고 해도 실제를 뛰어넘을 수 없다. 계수나무를 아무리 멋지게 그려도 살아 있는 오동나무만 못하며, 실물과 똑같이 그린 그림이라도 실물의 본질을 재현할 수는 없다. 실제와 재현물은 근본적으로 속성이 다르다. 따라서 '~와 비슷하다' 등의 발언은 실제와 재현물의 관계를 왜곡한 것이며, 그 속성에 대해서도 잘못 이해한 것이다.

연암은 대상을 아무리 핍진하게 모방해도 똑같이 재현할 수 없다고 생각한다. 연암 생각에 참된 리얼리티는 인식 주체가 마주한 눈앞의 현장이다. 눈앞의 사물에 참된 정취가 있다. 강산은 그 자체로 참된 리얼리티를 지니며 그림은 그림일 뿐이다. 너는 너고 나는 나다. 과거의 모방, 원전과의 일치를 지향하는 중세 시대에 근본적인 생각의 전환이다. 연암에겐 지금 내가 눈앞에 보고 있는 현장이 실재이며 진실이 깃든 공간이다.

그런데 연암은 세계와 사물(현실)은 끊임없이 변화하고 생성한다고 생각한다. 사물의 형상形象은 고정되어 있지 않다. 환경과 조건에 따라 매 순간 변화한다. 기존의 세계관에서는 사물은 고정되어 있다. 모든 존재는 조물주의 작용에 따라 질서를 갖추고서 본래의 색과 자리를 갖고 있다. 그러나 연암은 사물은 일정한 형태가 정해져 있지 않고 끊임없이 변화하는 과정에 있다고 말한다. 하늘과 땅은 부단히 생명을 낳고 해와 달은 그 빛이 순간마다 새롭다. 사물은 하나도 머무르는 법이 없으며 도도하게 모두 가버리기에 내일의 태양은 오늘의 태양이 아니다. 모든 사물은 변화하는 과정 가운데 있다. 그리하여 사물은 맥락과 배치에 따라 다른 진실을 갖는다.

> 만약 다시 그 형체의 크고 작음을 비교하고, 보이는 바의 멀고 가까움을 가리려 한다면, 그대와 나는 모두 망령될 뿐입니다. 고라니는 과연 파리보다는 큽니다. 그러나 코끼리가 있지 않습니까? 파리는 과연 고라니보다 작습니다. 그러나 개미에게 견주어 본다면 코끼리와 고라니 관계와 같습니다.
>
> 〈답모答某〉

> 코끼리는 호랑이를 만나면 코를 휘둘러 죽여 버리니 그 코는 천하무적이다. 그러나 쥐를 만나면 코를 둘 곳이 없어 하늘을 우러르며 그대로 선다. 그렇다고 쥐가 호랑이보다 무섭다고 말한다면 앞서 말한 이른바 이치는 아니다.
>
> 〈상기象記〉

고라니는 클까, 작을까? 파리보다는 크지만 코끼리와 비교하면 월등히 작다. 그렇다면 파리는 작다고 해야 하나? 고라니보다는 작다. 그러나 개미와 비교하면 월등히 크다. 코끼리와 범과 쥐는 힘의 관계가 어떨까? 코끼리는 범을 만나면 코로 쳐서 이를 죽인다. 그러나 쥐를 만나면 코를 둘 곳이 없어 하늘을 우러를 뿐이다. 그렇다고 하여 쥐가 범보다 무섭다고 말할 수는 없다. 사물의 크고 작음, 강함과 약함은 비교하는 대상과 조건에 따라 달리 규정된다. 존재성은 사물과 사물의 관계에 따라 바뀐다. 존재의 의미는 이미 결정된 것이 아니라 무엇과 비교하느냐, 무엇을 배치하느냐에 따라 달라진다. 이는 차이에 대한 발견이며, 개별 진실의 발견이다.

진실은 지금 여기 내가 보는 눈앞의 현실에 있다. 그러나 사물은 순간마다 성장하고 변화하는 가운데에 있다. 배치와 조건에 따라 각자의 진실을 갖는다. 연암의 생각은 현실을 사진처럼 재현하는 기계론적 사실주의(혹은 자연주의)에 머물지 않고 창조적이고 비판적인 미래주의로 향해 있다. 나아가 지금 여기를 재현하기 위해 기존 언어관의 쇄신과 인식 주체의 새로운 탐구 방식을 요구한다.

언어의 한계와 재현 가능성

문학에서 재현은 언어와 문자를 통해 전달된다. 따라서 문학이 재현한 세계는 언어를 통해 해석되거나 형상화된 세계다. 그런데 대상을 지시한다고 여겼던 언어 기호가 차이에 의해 의미가 연기延期되는 것이라 여기게 되면서 언어의 재현에 위기가 생겼다. 하나의 언어 기호는 그 자체로 무엇을 지시하는 것이 아니라 다른 기호와의 차이를 통해 그 의미가 드러난다. '나무'는 '풀'과의 차이를 통해, 연필은 볼펜이나 만년필과의 차이를 통해 의미를 보여준다. 하나의 기의記意에는 여러 기표記標가 있으며 그 기표는 또 다른 기의를 만들어 낸다. 기표는 계속 미끄러지고 연기되며 유보된다. 기호는 무엇인가를 재현할 힘과 지시 대상을 상실하고 자기 지시적이 된다.[2] 곧 언어는 재현의 기능을 발휘하기가 어렵다. 그러나 문학의 숙명은 언어의 한계 또한 언어를 통해서만 극복할 수 있다는 데 있다. 따라서 언어 기호가 재현의 위기를 겪더라도 언어가 세계를 좀 더 충실하게 재현하도록 하기 위한 노력은 계속되어야 한다. 언어 재현의 한계를 가능성으로 바꾸기 위한 치열한 모색이 필요하다.

문학의 언어는 현실을 결코 있는 그대로 재현하지 못한다. 세계의 진실은 텍스트 자체에 있지 않으며 해석하고 형상화하는 과정에서 발견된다. 따라서 문학은 언어의 존재론보다는 '언어를 어떻게 운용해야 최대한 객관적인 진실을 전달할 수 있을까?'에 관심을 가져야 한다.

중세 시대엔 언어를 어떻게 바라보았을까? 유학 전통에서는 언어로 참된 실재를 재현할 수 있다고 믿었다. 언어는 성현의 도를 담은 도구였으며 언어를 통해 객관적 진리를 드러낼 수 있다고 믿었다. 유학자들은 도와 글과 말은 작용은 다르지만 뿌리는 같다고 보아 글을 통해 도를 드러내려 하였다.

하지만 연암은 언어가 애초의 본질을 잃어버렸다고 판단하고 있다. 연암은 〈종북소선자서鍾北小選自序〉 첫머리에서 문자를 최초로 만든 복희씨伏羲氏가 죽고 나서 문장의 정신이 사라졌다고 한탄한다. 사물의 본질을 고스란히 재현하던 문자가 죽은 기호가 되어버렸다는 진단이다. 왜일까? 처음 문자는 그림의 형태였다. 사물의 모습을 재현해서 만들었기 때문이다. 소리를 내면 그것이 의미가 되었으며 문자를 읽으면 사물이 저절로 떠올랐다. 그러나 글자체와 글꼴이 계속 바뀌면서 언어는 점점 추상적 기호가 되어갔다. 이제 문자는 사물과의 닮음을 잃어버렸으며 소리를 들어도 사물의 모습은 떠오르지 않게 되었다. 언어 기호가 사물과도 달라지고 소리와도 갈라지니 언어로 세계를 객관적으로 재현할 수가 없게 된 것이다.

연암은 문자와 문자가 담고 있는 지식이 제 역할을 하지 못한다고 생각한다. 〈허생전許生傳〉에도 관련 내용이 있다. 허생이 도둑들 2천 명을 끌고 무인도에서 공동생활을 한 후에 섬에서 나올 때 글을 아는 자들을 데리고 나오며 "이 섬에 재앙을 끊기 위해서다."라고 말한다. 연암은 문자와 글이 실체를 담고 있지 못하며 글을 아는 자들, 이른바 지식인이 재앙의 근원이라고 생각한다. 지식이 낡은 생각을 담고 있어서 지식을 배울수록 선입견과 편견이 깊어진다고 생각한다. 그러므로 낡은 문자 체계인 책을 읽는 행위는 좀 오줌과 쥐똥을 모으는 행위가 된다.

> 독서를 정밀하고 부지런히 하기로는 복희씨만 한 사람이 있겠습니까? 그 정신과 마음은 우주에 널리 펼쳐져 있고 만물에 흩어져 있으니, 이는 단지 문자로 쓰이지 않고 글로 표현되지 않은 문장일 뿐입니다. 후세에 독서를 부지런히 한다고 불리는 사람들은 거친 마음과 얕은 식견으로 마른 먹과 썩은 종이 사이를 흐리멍덩하게 보면서 좀의 오줌과 쥐똥을 주워 모으고

있으니, 이는 이른바 술지게미를 먹고서 취해 죽겠다는 꼴입니다. 어찌 서글프지 않겠습니까?

〈답경지答京之〉 二

연암은 올바른 독서를 실천한 사람으로 복희씨伏羲氏를 이야기한다. 복희씨는 하늘의 형상과 땅의 법을 관찰하고 자연 사물의 모양을 본떠 팔괘를 만들었다는 전설 속의 임금이다. 자연 사물에 직접 나아가 사물의 생태를 관찰한 복희씨를 최고의 독서자로 꼽은 것이다. 그러나 복희씨가 고심하며 만든 애초의 창조적인 언어는 다 형해화形骸化되고 지금의 언어는 진부한 기호로 전락해 버렸다. 후대의 문자는 더 이상 사물을 재현하지 못하게 되었다. 그러니 오늘날 독서를 부지런히 한다는 사람들의 행위는 엉성한 정신 상태로 좀 오줌과 쥐똥을 모으는 행위에 불과하다고 한탄한다. 연암은 지금의 문자는 실체를 온전히 재현하지 못하고 낡은 기호로 전락했다는 문제의식을 보인다.

문학의 유일한 표현 수단인 언어가 실체에서 멀어졌다면 어떻게 실체를 제대로 담아낼 수 있을까? 이에 대해 연암은 혁명적인 인식의 전환을 보여주는데 이른바 기호 언어에서 자연 언어로의 전환이다. 언어는 사물의 이미지를 추상적으로 기호화한 것이다. 이것이 언어에 대한 보편적 상식이다. 이 생각에 이의를 제기하거나 의심을 품은 사람은 없었다. 그러나

연암은 언어에 대한 기존 관념을 뒤엎고 사물의 몸짓과 눈앞의 현장이 문장이고 글자라고 말한다.

저 허공 속을 날며 우는 새는 얼마나 생기가 넘칩니까? 그런데 허무하게 '새 조鳥'라는 한 글자로 생기를 말살해 빛깔도 없애고 모습과 소리를 삭제하고 맙니다. 마을 모임에 나가는 촌 늙은이의 지팡이 끝에 새겨진 새와 뭐가 다르겠습니까? 어떤 이는 늘 쓰는 말이 싫다고 가볍고 맑은 글자로 바꿔 볼까 해 '새 금禽' 자로 바꿔 쓰기도 합니다. 이는 책만 읽고 글을 쓰는 자들에게 나타나는 병폐입니다. 아침에 일어나니 푸른 나무 그늘진 뜰에 철새가 짹짹거립니다. 부채를 들어 책상을 치며 크게 외쳤지요. "이것이 내가 말한 '날아가고 날아온다'는 글자이고, '서로 울고 서로 화답한다'는 글이다. 온갖 빛깔을 문장이라고 한다면 이보다 더 나은 문장은 없다. 오늘 나는 글을 읽었다."

〈답경지答京之〉

옛사람 중에 글을 잘 읽은 사람이 있었으니 공명선이 바로 그요, 옛사람 가운데 문장을 잘 쓰는 자가 있었으니 회음후 한신이 바로 그다. 왜일까? 공명선이 증자에게 배울 때 3년 동안 책을 읽지 않았다. 증자가 그 까닭을 물으니 공명선이 대답했다. "제가 스승님께서 집에 계시는 모습을 보았고, 손님을 접대하시는 모습을 보았으며, 조정에 계시는 모습을 보면서 배웠으나 아직 잘하지 못합니다. 제가 어찌 감히 배우지도 않으면서 스승님의 문하에 있는 것이겠습니까?"

〈초정집서楚亭集序〉

문자에는 사물의 모양과 색과 소리가 담겨 있지 않다. 다른 비슷한 말로 바꾸어 써도 진부하다는 한계를 벗어나지는 못한다. 그럼 어찌할까? 연암은 지금 내 눈앞의 현장이 훌륭한 책이고 그것을 꼼꼼히 관찰하는 행위가 진정한 책 읽기라는 깨달음을 얻는다. 최고의 문장은 눈앞에 보고 있는 삶의 현장이고 자연의 삼라만상이다. 자연 사물은 문자로 쓰이지 않고 글로 표현되지 않은 글이다. 그러므로 진정한 책 읽기는 사물 읽기다. 자연을 관찰하는 일과 책을 읽는 행위는 등가等價의 의미가 된다.

언어는 변화하는 사물과 현실을 온전히 담아낼 수 없다. 따라서 세계의 진실을 온전히 재현해야 한다면 사물과 현실 그 자체를 언어로 바라보는 길밖에 없다. 현대의 철학자, 예술가들이 아예 재현을 포기하고자 했다면 연암은 발상을 바꾸어 사물의 리얼리티 자체를 언어로 규정해 버렸다. 우주의 삼라만상이 그 자체로 거대한 책이고 글자다.

그러니 문학을 하는 행위는 언어를 다루는 일에 국한하지 않는다. 훌륭한 독서란 성현의 글을 읽는 행위가 아니라 스승의 삶과 일상을 관찰하고 잘 배우는 것이다. 참된 독서는 방안에 틀어박혀 눈으로 읽는 데 있지 않다. 사물을 입으로 맛보고, 귀로 들으며, 마음으로 이해하는 전 감각의 체험에 있다. 일상 사물의 문심文心을 읽어내고 그 이치를 발견하면 된다. 낡은 언어 기호에 갇히지 말고 직접 사물에 나아가 그 생생함을 세심하게 들여다볼 때 참됨을 얻는다. 이것이 연암이 추구한 새로운 언어관이다.

하지만 자연 언어는 형이상학적이다. 현실적으로는 언어 기호를 사용해야 하며, 따라서 비록 한계를 갖더라도 언어 기호를 통해 세계의 진실을 드러내기 위한 시도가 필요하다. 연암은 언어가 참됨을 드러내지 못하는 일차적 이유는 문자(한자)가 소리와 뜻이 분리된 데 기인한다고 보았다. 따라서 완벽한 재현은 불가능하더라도, 최대한 소리와 뜻, 명칭과 실제를 일치시키려는 노력이 필요하다. 그것은 명名과 실實의 일치를 위한 노력으로 나타났다. 언어가 고상한가 속된가를 묻지 않고 표현하고자 하는 바를 얼마나 곡진하게 드러내느냐를 언어 운용의 기준으로 삼았다.

> 벼슬 이름과 지명은 남의 것을 빌려 쓰면 안 됩니다. 나무를 지고 다니면서 소금을 사라고 외친다면 종일 돌아다녀도 나무 한 짐 팔지 못할 것입니다. 만약 황제나 임금이 사는 도읍지 모두를 당나라 도읍지였던 '장안長安'이라 일컫고, 역대의 정

승 모두를 진나라의 명칭이었던 '승상丞相'으로 부른다면, 이름과 실제가 혼동되어 도리어 속되고 비루하게 될 것입니다. 이는 동명이인인 진공陳公을 진짜 진공으로 알고 깜짝 놀랐던 사람들과 같은 꼴이고 미녀인 서시의 얼굴 찌푸림을 흉내 낸 추녀와 같다 하겠습니다. 그러므로 글을 쓰는 사람은 아무리 저급한 명칭이라도 꺼리지 말고, 아무리 비속한 이야기라도 없애지 말아야 합니다.

〈답창애答蒼厓〉

말이란 꼭 거창할 필요가 없다. 도道는 터럭과 같이 아주 미세한 데서 갈린다. 도에 부합한다면 기와 조각이나 벽돌이라고 해서 왜 버리겠는가? 그러므로 도올檮杌은 흉악한 짐승이었지만 초나라의 역사책에서는 그 이름을 사용했고, 몽둥이로 사람을 때려죽여 매장하는 자는 아주 악한 도둑이지만 사마천과 반고는 그에 대해 썼던 것이다. 글을 쓰는 자는 오직 참되면 된다.

〈공작관문고자서孔雀館文稿自序〉

전통 한문학에서는 우리 고유의 지명이나 땅 이름 사용을 꺼린다. 격이 떨어진다고 생각한 것이다. 그리하여 한양은 중국 당나라의 수도인 장안長安으로 표기하고 영의정, 좌의정을 중국의 표기인 승상丞相으로 표기하곤 했다. 연암은 그렇게 쓰면 명칭과 실제가 엉망이 되어 도무지 알 수 없는 글로 전락한다고 말한다. 작가는 실상에 부합한다면 저급한 말도 적극적으로 사용할 수 있어야 하며 비속한 말이라도 상황에 맞는다면 수용해야 한다.

연암은 고상하고 근사한 말이 아닐지라도 진실을 드러내는 데 필요하다면 깨진 기와나 벽돌처럼 하찮은 언어도 의미가 있다고 여긴다. 아니, 오히려 글을 잘 쓰는 사람은 가려 쓰는 글자가 없다고 말한다. 좋은 장군을 얻으면 호미나 곰방메도 굳세고 날랜 무기가 되고 헝겊을 찢어 장대에 매달아도 멋진 깃발이 된다. 곧 좋은 작가를 얻으면 평범한 언어로도 멋진 효과를 얻을 수 있다는 것이다. 연암은 이치를 터득하기만 하면 집에서 쓰는 상스러운 말도 학교에서 가르칠 수 있고, 동요와 속담도 유교 사전에 넣을 수 있다고 주장한다.

한편으로 연암이 구사한 언어의 특성에 대해 생각해 보자. 연암은 우언과 비유, 풍자와 해학, 희화화 등을 즐겨 사용한다. 많은 작품에서 은밀하게 감추거나 거꾸로 뒤집는 전도顚倒의 방식을 흔히 쓴다. 비틀고 빗대기보다는 실제를 있는 그대로 기술하는 것이 현실의 리얼리티를 더 적실하게 드러내는 것이 아닐까?

연암은 자신이 살아가는 세상이 모순되고 부조리하다고 생각했다. 한 줌의 상투를 틀고 천하에서 제일 낫다고 우쭐거리고, 오랑캐라는 한마디 말로 중국의 우수한 문물조차 모조리 배척하며, 세력과 이익을 따라 사귀고, 주자학 이외의 사상은 허용하지 않은 경직되고 갇힌 사회라 생각했다. 세계가 부조리하여 정상적인 목소리가 제대로 작동되지 않는 세상에서 역설과 풍자, 해학과 우언의 언어는 현실을 더 곡진하고 완곡하게 드러낸다. 풍자와 같은 전도顚倒의 언어는 인간의 위선과 사회의 부조리를 폭로하여 세상을 돌아보게 하고 해학의 언어는 경직성과 엄숙성을 깨뜨리고 진솔한 인간 내면을 들여다보게 한다. 현실이 진실을 왜곡하고 감추자 연암은 형식을 새롭게 바꾸고 언어를 전도시켜 현실을 역설적이고 반어적으로 드러내고자 하였다. 그것이 연암에겐 세계의 진실을 더 객관적으로 드러내는 방법이었다.

주체의 한계와 진실의 가능성

〈환희기幻戲記〉에는 다음과 같은 장면이 있다. 요술쟁이가 큰 유리 거울을 탁자 위에 놓고 구경꾼을 손짓해 거울을 열어 보인다. 사람들이 안을 들여다보니 온갖 미인과 보물들로 가득하다. 사람들은 부러움을 참지 못해 너도나도 거울을 뚫고 들어가려 한다. 요술쟁이가 제지하고 거울을 닫았다가 다시 열어 보이니 화려한 경관은 어느새 사라졌다. 구경꾼이 본 것은 모두 환상이었다. 그렇다면 실제와 환상이 뒤죽박죽된 것은 요술쟁이의 눈속임 때문일까? 아니면 구경하는 사람들이 잘못 본 탓일까?

21세기 세상은 미디어가 만들어낸 이미지로 가득하다. 기술이 만들어준 가상 세계는 현실보다 더 실감이 난다. 현실과 가상의 경계는 갈수록 엷어지고 원본 고유의 아우라는 사라져

간다. 지금, 재현의 왜곡은 미디어에 의해 조작되는 이미지와 이데올로기의 탓일까? 언어 기호의 근원적인 한계 때문일까? 언어는 기능하는 순간, 재현의 한계를 이미 간직한다. 현실과 가상이 모호해지는 것은 세계가 그런 것이 아니라, 주체의 의식이 그렇다고 느끼는 것은 아닐까? '원본의 사라짐'에 대한 인식도 엄연하게 말해 주체의 자각과 관련이 있다. "재현의 문제는 대상의 문제가 아니다. 주체의 문제이며 주체를 둘러싼 상황의 문제다."[3]라는 말은 새겨들을 만하다.

연암은 "요술쟁이가 속인 것이 아니라 사실은 구경하는 사람이 스스로 속은 것일 뿐이다."라고 말한다. 그리하여 어느 날 갑자기 눈이 떠지자 돌아갈 집을 잃고 우는 소경에게 "도로 눈을 감아라."라고 조언한다. 눈과 귀는 진실을 찾아가는 데 방해가 될 뿐이다. 연암은 진실을 혼동하는 근본 이유는 인식 주체의 감각에 있다고 본다.

눈은 보이는 것만 볼 수 있다. 눈 반대편을 볼 수가 없고 방안 전체를 들여다볼 수가 없다. 눈은 거대한 사물 전부를 볼 수 없고 아주 작은 것도 볼 수 없다. 인간은 보이는 대로 보고 믿고 싶은 대로 믿을 뿐, 자신이 본 것 이상을 생각하지 못한다. 빨간 안경을 끼고 세상을 보라. 세상은 온통 빨간색일 뿐이다. 듣는 귀 또한 불완전하기는 매한가지다.

나는 언젠가 문을 닫고 누워 다른 사물과 비교해 시냇물 소리를 들은 적이 있다…천둥이 울리고 번개가 내리치는 듯한 소리는 듣는 사람이 놀란 상태인 것이고, 찻물이 뽀글뽀글 끓는 듯한 소리는 듣는 사람이 운치 있는 상태다. 거문고가 웅장하게 들리는 듯한 소리는 슬픈 마음으로 들은 것이고 바람에 문풍지가 떠는 듯한 소리는 의심스런 마음으로 들은 것이다. 이 모든 소리는 올바로 들은 것이 아니다. 다만 마음속에 미리 정해놓은 생각에 따라 귀가 그렇게 들었을 뿐이다.

〈일야구도하기一夜九渡河記〉

귀로 듣는 소리는 객관적이지 않다. 같은 현상이라도 심리 상태에 따라 다르게 들린다. 내 마음이 슬프면 지저귀는 새 소리는 슬피 우는 것 같고, 마음이 즐거우면 새가 노래하는 것만 같다. 귀로 전달되는 소리는 내가 미리 정해놓은 생각에 따라 들리는 것일 뿐, 올바른 소리가 아니다. 외부의 소리와 빛깔은 귀와 눈에 선입견을 심어주어 올바르게 보고 듣지 못하게 만든다. 눈과 귀를 전적으로 의지할수록 진실을 아는 데 방해가 될 뿐이다.

그렇다고 연암이 눈과 귀의 감각 기관을 부정하려는 것은 아니다. 눈과 귀는 세계를 경험하고 이해하는 기본적인 통로다. 연암이 눈과 귀의 한계를 지적하는 것은 올바른 눈과 진정한 견해를 갖추어 세상에 속거나 현혹되지 말자는 취지다.

인식 주체가 감각 기관의 한계를 극복하기 위해선 명심冥

心이 필요하다. 연암은 눈과 귀의 한계를 체험하고서 다음과 같이 말한다. "나는 지금에야 도를 알겠다. 마음을 잠잠하게 하는[冥心] 사람은 귀와 눈이 폐가 되지 않으나, 귀와 눈만을 의지하는 사람은 보고 듣는 것이 자세할수록 병통이 된다." 명심하는 사람은 귀와 눈만을 의지하는 사람과 대비된다. 곧 명심은 눈과 귀가 만든 편견과 선입견을 제거하고 순수한 마음으로 보는 것이다. 이는 '도로 눈을 감아라'는 말과 연결된다. 눈과 귀로 인해 생긴 선입견에서 벗어나 객관적으로 볼 수 있는 비판적 거리를 확보하고, 대상의 본질을 보아야 한다. 연암 글에 종종 나타나는 소경은 지각과 경험에 갇히지 않아서 평등한 시선으로 보는 사람이다. 그러므로 연암 글에 나타나는 소경은 명심자와 동일한 메타포를 지니며 도로 눈을 감는 것이기도 하다.

세계를 객관적으로 보는 두 번째 방법은 '사이에서 들여다보기'다. 한쪽만을 보거나 대충 보지 않고 이편과 저편의 사이를 자세히 살피는 것이다.

> 이로 미루어 말하자면 세상에서 보기 쉬운 것으로 발만 한 것이 없으나, 보는 방향이 같지 않으면 짚신인지 가죽신인지도 구별하기가 어렵다. 그러므로 참되고 바른 견해는 진실로 옳다 그르다 하는 시비의 가운데에 있는 것이다. 땀에서 이가 생기는 것은 지극히 미묘해서 살펴보기 어렵다. 옷과 살갗의 사

이에는 본래 빈틈이 있는데 떨어진 것도 아니고 붙어 있는 것도 아니며, 오른쪽도 아니고 왼쪽도 아니니 누가 그 가운데[中]를 얻겠는가?

〈낭환집서蜋丸集序〉

우리는 '이것이 맞고 저것이 틀리다.'고 쉽게 단정하지만, 진실은 쉽게 드러나지 않는다. 발은 누구나 쉽게 본다. 그러나 한쪽에서 보게 되면 반대쪽은 무슨 신발을 신었는지 알 수가 없다. 가장 보기 쉬운 신발조차 객관적인 진실을 알기 어려운데 하물며 다양한 생각이 부딪치는 현실은 어떠하겠는가? 진실이 드러나는 곳은 아주 미묘하다. 떨어졌다고도, 붙었다고도 보기 어려운 그 사이에서 진실이 드러난다.

한편에서만 보면 진실은 드러나지 않는다. 오리의 세계에서 살면 학의 긴 다리가 위태로워 보이고 학의 세계에서 살면 오리의 다리는 너무 짧아 보인다. 참되고 올바른 견해는 '옳다, 그르다'라는 시비의 가운데를 꼼꼼히 살필 때 드러난다. 세계의 진실을 객관적으로 들여다보려면 한편의 입장에 서서는 안 되며 양편을 자세히 면밀하게 관찰해야 한다. 사물의 참모습은 어디에서 보느냐에 따라 제각기 다른 모습으로 나타난다. 연암이 말한 평등한 눈[平等眼]을 갖는다는 것은 한편이 아닌 양편을 보고 일부가 아닌 전체를 보며 이쪽과 저쪽의 사이(경계)를 유심히 살피는 것이다.

18세기와 21세기, 재현의 비전

다시 연암의 물음으로 돌아와 본다. "거울이 형체를 비추듯이 하면 비슷하다고 할 수 있을까?" 거울 속에 비춘 나의 형상은 나의 완벽한 재현은 아니다. 거울 속의 나는 소리가 없다. 귀가 두 개지만 내 말을 못 알아듣는 딱한 귀다. 또 왼손잡이다. 그러나 거울이 아니었다면 내가 어떻게 거울 속의 나를 만날 수 있겠는가? 나는 죽을 때까지 나의 실체를 볼 수 없기에 거울을 통해서나마 나를 들여다본다. 그러니 가장 참다운 실체를 얻으려는 재현에의 시도는 언제나 필요할 것이다.

연암은 옛사람들이 진리의 세계라고 믿고 있던 고대 중국을 좇지 않고 지금 여기에서 진실의 자리를 찾자고 말했다. 지금 내가 서 있는 눈앞에 진실이 있다고 믿었다. 그러나 눈앞의 현실은 선하고 악한 것, 좋고 나쁜 것이 어지럽게 뒤섞인 모순되고 혼란된 곳이었다. 연암은 지금 여기에서 진실한 세계를 찾아가는 여정이 얼마나 힘든 일인지를 절감했다.

그러나 연암은 이 세계를 알 수 없노라며 피해 가지 않았다. 왜곡으로 가득한 현실을 회피하지 않고 맞서 싸우며 진실을 추구해 갔다. 동일성의 구속에서 차이의 미학을, 획일적인 경직성에서 개별 존재의 진실을 탐구했다. 풍자와 우언의 언어를 사용하여 이 세계가 진실한 세계인가를 묻는 전략적인 언어를 구사했다. 지각 기관의 한계를 극복하기 위해 사이를 들여다보고, 명심冥心의 시선으로 보고자 했다. 여기에 탈근대의 비전이 있다. 지금 여기 현실에서 진실을 찾고자 세계와 치열하게 싸워간 연암의 인문 정신이 오늘날 여전히 울림을 주는 것은, 이 세계가 과연 살 만한 세계인가를 묻는 진정성이 지금의 문학 현실에도 여전히 유효하기 때문일 터이다.

오늘날 재현의 위기는 주체와 언어, 현실을 다시 돌아보게 하고 문학이 보여주려는 진실이 그럴 만한 가치가 있는가를 묻게 한다. 따라서 재현의 위기를 자각하는 것은 진실 추구에 다시금 진정성을 부여하는 것이다. 가상의 공간에는 책임도 없고 강제도 없다. 따라서 윤리도 없고 진실도 부재한다. 대신 유희와 해체가 들어선다. 역설적으로 세계의 진실을 탐구하는 문학의 역할은 그래서 의미가 있다. 문학은 인간과 세계의 꿈을 말하는 것이기에, 재현의 위기는 분명 문학의 앞날에 새로운 도전이 되어줄 것이다.

2장

연암 문학에 나타난 창조적 사유

창강滄江 김택영金澤榮은 "조선 오백 년 역사에 퇴계, 율곡의 도학道學과 충무공의 용병用兵과 연암의 문장, 이 세 가지가 나란히 특기할 만하다."라고 하여, 율곡과 퇴계의 성리학, 충무공의 거북선과 함께 연암의 문장을 조선의 3대 자랑거리로 꼽는다. 운양雲養 김윤식金允植은 우리나라 문장가들은 입만 열면 성명性命을 말하는 병폐를 보였는데, 오직 연암만이 이 병폐에서 벗어났다고 하여 그를 성리학의 자장에서 벗어난 유일한 문장가로 평가한다.[4] 지금에도 연암은 세계적 수준의 문호와 어깨를 나란히 할만한 작가로 평가받곤 한다.[5]

이와 같은 평가를 반영하듯, 지금까지 연암의 문학 이론과 사상, 북학과 이용후생의 정신 등에 대해 하나하나 거론하기 힘들 만큼 다양한 연구 성과가 쌓여왔다. 고전 문학사에서 단일 인물로는 가장 많은 연구가 이루어진 것으로 알고 있다. 그럼에도 여전히 연암이라는 숲은 그 속을 온전히 보여주고 있지는 않은 듯하다. 연암은 한국 문학이 자랑할 수 있는 최고의 문호로 자리매김할 수 있다고 생각하기에, 그의 문학 세계를 더 깊고 더 넓게 파헤쳐가야 하리라 본다.

연암 문학의 정채로움은 그가 인식론적이고 철학적인 의식을 보여주는 데서 잘 드러난다. 인식론에 관한 내용이거나 우언을 활용하는 곳에서는 단락 간의 관계를 명확하게 파악하기 어려운 경우가 많으며, 우언의 속뜻을 포착하기 어려울 때가 있다. 하지만 그러한 부분에서 연암의 새로운 생각을 엿볼 수 있기에, 작가의 의도를 헤아리기 위한 탐색은 계속되어야 한다.

무엇보다도 연암은 눈앞에 마주한 세계와 사물에 대해 다르게 보고 다르게 생각하려고 한 사람이다. 그 속에 연암의 창의적인 글쓰기, 탁월한 문학적 성취의 비밀이 담겨 있다. 이 글에서는 필자가 탐색한 연암의 창의적 사유 몇 가지를 들려줌으로써 그의 사유가 중세의 인식을 뛰어넘어 현재와 연결되고 있음을 보여주고자 한다. 이 글에서 사용하는 '창조성'은 기존의 관습과 경험을 뛰어넘어 새로운 시각을 제시해주는 생각을 의미한다.

실제를 은폐하는 문자에 대한 회의

먼저, 연암이 새로운 사유로 나아가게 된 근원에 대해 생각해 보기로 한다.

시대마다 그 사회가 일반적으로 공유하는 지식이 있다. 조선 시대에 지식의 입문서 역할을 했던 책은 《천자문千字文》이다. 《천자문》은 한자문화권에서 어린이가 배움의 길로 들어설 때 꼭 배워야 하는 일종의 필수 교과서였다. 《천자문》은 고려 시대에 중국에서 들어왔는데 이후 모든 서당에서 가장 기초적인 교재로 사용되었다. 《천자문》에 실린 내용은 도덕 윤리를 비롯해 역사, 정치, 지리, 자연에 이르기까지 인간사 모든 분야를 망라하고 있어서 조선 시대 아동의 가치관에 큰 영향을 끼쳤다.

사실 《천자문》은 본래 아동용 교재로 만든 책이 아니었다.

또 그 내용은 중국의 역사와 문화를 다루고 있어서 우리에게 적합한 교재라고 하기도 어려웠다. 하지만 사람들은 《천자문》을 지식의 기준, 필수 기초 지식으로 받아들이고 그 내용을 암송하며 외웠다.

그런데 다산茶山 정약용丁若鏞은 《천자문》을 다음과 같이 비판한다.

> 우리나라 사람들은 주흥사의 《천자문》을 얻어 어린아이들을 가르친다. 그러나 《천자문》은 자학字學에 관한 책이 아니다. 천지天地란 두 글자를 배워놓고 일월日月, 성신星辰, 산천山川, 구릉丘陵 같은 연결되는 글자를 다 배우지 않았는데 갑자기 내버려두고 "잠시 네가 배우던 것을 그만두고 오색을 배워라."라고 한다. 그래서 현황玄黃이란 글자를 배운다. 그러면 청적靑赤, 흑백黑白, 홍자紅紫, 치록緇綠의 차이를 구별하기도 전에 느닷없이 그치게 하고 "잠시 네가 배우던 것을 놓아두고 우주宇宙를 배워라."라고 한다. 도대체 이것이 무슨 방법이란 말인가?[6)]
>
> 〈천문평千文評〉

《천자문》은 한자를 처음 배우는 어린이를 위한 자학용字學用 교재였다. 그러나 다산은 《천자문》은 자학용 교재가 될 수 없다고 한다. 《천자문》의 첫 시작은 하늘 천天, 땅 지地다. 하늘과 땅은 자연물이다. 그렇다면 자연과 관련된 글자인 해 일日, 달 월月, 산 산山, 냇물 천川 등을 함께 가르치면 더욱 체계적으로 배울 수 있다. 하지만 천지天地 다음은 검을 현玄 누를 황黃이다. 검을 현과 누를 황은 색깔에 관한 글자다. 그렇다면 색깔과 관련된 푸를 청靑, 붉을 적赤, 검을 흑黑, 흰 백白 등을 함께 배우면 효율적인 학습이 이루어진다. 하지만 곧바로 집 우宇, 집 주宙, 곧 생뚱맞게 우주宇宙가 나온다. 이렇게 체계도 논리도 없이 가르치는 것이 무슨 어린이용 학습서냐는 것이다. 실제로 천자문은 글자의 난이도나 단계별 수준은 전혀 고려하고 있지 않다. 그리하여 다산은 자신이 직접 어린이를 위한 한자 학습서인 《아학편》을 지었다.

다산 외에도 중종 연간의 최세진崔世珍도 《천자문》이 어린이 교재로는 적당하지 않다고 여겨 《훈몽자회訓蒙字會》를 편찬하였고, 이덕무李德懋 역시 《천자문》이 아동에게는 적절하지 않다고 주장하기도 했다. 몇몇 학자들은 《천자문》의 구성 방식에 의문을 품고 아동에게 맞는 새로운 교재의 필요성을 역설하였다.

그런데 연암은 《천자문》이 담고 있는 지식의 내용을 의심한다.

> 마을의 어린애에게 천자문을 가르치다가 읽기 싫어하기에 꾸짖었더니, 그 애가 말합디다. "하늘은 푸르고 푸른데 하늘 천天

자는 푸르지가 않아요. 그래서 읽기 싫어요." 이 아이의 총명함이 창힐(한자를 최초로 만든 전설상의 인물)을 기죽일 만하오.

〈답창애答蒼厓〉 三

마을에서 《천자문》을 가르치는데, 한 어린애가 따라 하지 않기에 꾸짖었더니 어린애가 하는 말, "하늘은 푸른데 왜 푸르지 않다고 가르쳐요?"라며 따지더라는 내용이다. 연암은 50살까지 무직, 이른바 백수였다. 생계를 보탤 요량으로 마을 서당에서 훈장 선생을 했을 때의 경험을 바탕으로 쓴 듯하다.

《천자문》의 시작인 천지현황天地玄黃은 하늘은 검고 땅은 누르다는 뜻이다. 이 구절은 《주역周易》, 〈곤괘坤卦 문언전文言傳〉에 나와 있는 '천현이지황天玄而地黃', 곧 하늘은 검고 땅은 누르다는 말에서 가져온 것이다. 이때의 검을 현玄은 그저 까맣다는 뜻이 아니라 그윽한 깊음이다. 현玄은 깊은 물 속과 같이 헤아릴 수 없는 깊이를 가진 검음이다. 우주의 본래 색이라고 볼 수 있겠다. 그러나 지구를 세계의 중심으로 생각했던 중세 사람들이 우주의 깊이를 인식했을 것 같지는 않다. 하늘은 본래 검은데 빛의 굴절로 파랗게 보인다는 과학적 진실을 알고 있었을 리도 없다.

하늘은 푸른데 왜 검다고 가르치냐는 꼬마의 항변은 연암의 생각일 것이다. 중세기에 기초 지식의 표준이었던 《천자문》을 부정한 이는 오직 연암이 유일하다고 본다. 비록 다산을 비롯한 몇 학자들도 《천자문》이 갖는 문제점을 간파했지만 그렇다고 해서 지식의 내용을 부정한 것은 아니다. 이들은 《천자문》의 구성 방식에 대해 문제를 제기했다. 그러나 연암은 아예 《천자문》이 담고 있는 지식 통념, 지식을 담고 있는 기호 문자가 진실을 온전히 담고 있지 못한다고 생각한다. 오히려 지식이 편견과 선입견을 심어주어 진실을 가린다고 본다.

연암은 기존의 지식이 진실을 반영하지 못하고 있으며, 문자가 실상을 은폐하고 있다고 생각한다. 문자가 세계의 실상을 제대로 드러내지 못한다면 객관적인 실체를 인식하는 방법은 없는 걸까? 이에 대해 연암이 생각한 대안이 '즉사진취卽事眞趣'다. 즉사진취卽事眞趣란 내 눈앞 현장에 참된 정취가 있다는 뜻이다. 과거의 낡은 문자를 읽는 행위에서 벗어나 내가 눈앞에서 마주한 사물과 현실을 잘 살피라는 것이다. 이른바 독서 패러다임의 전환이라 이를 만하다.

기존의 독서 개념은 기호 문자를 읽는 행위를 가리키는 말이었다. 선비들은 글에는 성인이나 현자의 정신이 담겨 있다고 생각하고 글 속에서 진리를 배우고 그 정신과 표현을 본받고자 했다. 예컨대 백담栢潭 구봉령具鳳齡은 〈구관성인지도필자맹자시求觀聖人之道必自孟子始〉에서 "성인의 마음을 장차 어떻게 볼 것인가? 반드시 성현의 글에서 볼 것이니 글이란 성인의 도를 싣는 도구이다."라고 하였다. 글은 성인의 도를 실어주는 수단이며 독서는 성인의 정신을 읽는 행위다.

그러나 연암은 참된 독서는 방 안에 틀어박혀 문자를 읽는 행위가 아니라 사물과 현실을 자세히 관찰하는 행위라 말한다. 삼라만상은 그 자체로 훌륭한 문장이다. 자연은 하나의 거대한 책으로서 다만 문자로 쓰이지 않고 글로 표현되지 않은 글[不字不書之文]이다. 따라서 참된 독서란 사물과 현실을 아주 꼼꼼하게 살피고 그 안의 비의秘義를 발견하는 것이다.

> 벌레의 더듬이와 꽃술에 관심이 없는 자는 도무지 문장의 정신[文心]이 없는 것이고, 사물의 형상을 음미하지 못하는 자는 한 글자도 모른다고 말해도 상관없을 것이다.
>
> 〈종북소선자서鍾北小選自序〉

> 옛사람 중에 글을 잘 읽은 사람이 있었으니 공명선公明宣이 바로 그요, 옛사람 가운데 문장을 잘 쓰는 자가 있었으니 회음후 한신韓信이 바로 그다. 왜일까? 공명선이 증자曾子에게 배울 때 3년 동안 책을 읽지 않았다. 증자가 그 까닭을 물으니 공명선이 대답했다. "제가 스승님께서 집에 계시는 모습을 보았고, 손님을 접대하시는 모습을 보았으며, 조정에 계시는 모습을 보면서 배웠으나 아직 잘하지 못합니다. 제가 어찌 감히 배우지도 않으면서 스승님의 문하에 있는 것이겠습니까?"
>
> 〈초정집서楚亭集序〉

첫 번째 인용문에서 문장의 정신, 곧 문심文心은 유협劉勰의 《문심조룡文心雕龍》에 기원이 있는데 글을 지을 때 마음을 기울이는 태도다. 문심은 문장가가 글을 쓸 때의 마음 작용이다. 연암은 벌레의 더듬이와 꽃술을 관찰하지 못하면 문장의 정신을 얻지 못한다고 말한다.

일반적으로 벌레는 관찰의 대상이 아니다. 징그럽고 혐오스러우며 내쫓아야 할 버러지다. 그런데 연암은 문심을 얻으려면 벌레의 더듬이에 관심을 지니라고 말한다. 벌레는 하나의 상징으로서 가장 쓸모없는 존재, 미미한 생명을 의미한다. 연암은 인간이 하찮다고 무시하는 존재를 자세히 살필 줄 알아야 한다고 말한다. 벌레를 이야기하는 연암의 의도는 가장 미천한 존재를 새로운 시선으로 바라보자는 데 있다. 진실은 거창하고 고귀한 것에만 있지 않고 사물이나 지극히 하찮은 존재에 있다고 말한다.

꽃은 아름다움을 상징하는 사물로 미적인 면에서 얼핏 벌레와는 대척점에 놓인다. 하지만 연암은 꽃이 아닌 꽃술을 이야기한다. 조선 시대에 유학자들이 꽃을 감상하는 의미는 대체로 윤리적인 차원이었다. 조선 시대의 유학자들은 세계와 사물을 격물치지格物致知의 태도로 바라보았다. 성리학은 사물에 탐닉하지 말라고 가르쳤다. 이른바 완물상지玩物喪志를 경계했다. 사물을 취미로 즐기면 도에 해롭다고 생각했다. 그런데 꽃은 아름다움을 대표하는 미적인 사물이라서 완물상지의 위험이 있었다. 가까이하고 싶지만 가까이하면 도를 해치는 딜레마를 어떻게 해결하면 좋을까? 유학자들은 꽃의 향기와 자태를 인간의 덕목과 연결했다. 꽃을 감상하는 것은 아름다움을 즐기는 행위가 아니라 심성을 확장하고 덕을 기르는 행위였다. 꽃의 이치를 발견하고 여기에 윤리나 교훈을 담아 인간의 품성과 일치시켰다. 꽃마다 상징을 마련하고 그 상징을 관습적으로 향유했다. 이른바 군자의 꽃으로 불리는 매화, 난초, 국화는 이렇게 만들어졌다. 꽃의 감상이 유학의 내면 수양 차원에서 이루어짐으로써 가장 미적인 사물은 윤리적으로 이해되었다.

그런데 꽃 자체가 아닌 꽃술에 관심을 가지라는 말은 꽃을 윤리적으로 보지 말고 꽃의 생태에 관심을 가지라는 요청으로 들린다. 꽃술은 꽃의 생식기로써 생명을 잉태하는 자궁에 해당한다. 나비나 벌 등이 꽃술의 꽃가루를 옮겨 열매를 맺게 한다. 꽃술은 꽃의 핵심이 되는 곳이자 꽃을 가장 생태적으로 바라보도록 하는 기관이다. 곧 연암은 우리가 거들떠보지 않던 사물의 생태를 세밀하게 관찰하고 의미를 발견할 때 문장의 정신을 얻을 수 있다고 말한다.

연암은 사람들이 간과하고 하찮게 여기는 일상의 사물에 관심과 애정을 지녀야 한다고 말한다. 그 근원에는 지극히 작은 존재에 본질이 있다는 생각, 글쓰기의 근원을 자연 사물에서 찾으려는 마음이다. 글쓰기는 일상의 사물을 세심하게 관찰하는 데서 출발하는 것이다.

연암은 문학의 제재는 평범한 일상과 자연에 있다고 생각한다. 눈앞에서 벌어지는 일들과 작은 존재들의 몸짓을 유심히 관찰하지 못하면 문심文心이 없는 자다. 글을 잘 읽은 사람은 수백 권의 책을 읽은 사람이 아니다. 문자로 된 책을 읽어야만 독서를 잘했다고 할 수 없으며 스승의 삶을 몸소 옆에서 지켜보며 그 삶을 직접 보고 배운 자가 글을 잘 읽은 사람이다.

곧 연암에게 참된 배움은 사물 읽기이고 현실 읽기다. 문학은 단순히 과거의 윤리나 지식을 전달하는 데 그쳐서는 안 되며 지금 내 눈앞에서 펼쳐지는 삶의 현장을 들려주어야 한다. 그러므로 상투적인 글을 그대로 베껴서는 안 되고 사물과 현실에서 발견한 깨달음을 나의 시선으로 진실하게 써야 한다. 사물과 현실은 본체의 그림자가 아니며, 그 자체로 진실을 담은 최고의 글이다.

연암이 최고의 문학적 성취를 이룬 바탕에는 문자와 지식을 기존과 다르게 보는 특별한 생각이 있다. 연암은 오늘날의 문자는 진리를 전하지 않다고 생각한다. 진정한 책은 내 눈앞의 자연 사물이고 지금 이곳의 현장이다. 따라서 자연 사물이라는 원본을 잘 관찰하는 행위가 제대로 된 책 읽기다. 연암의 글이 읽을 때마다 새롭게 읽히는 것은 그의 글이 자연 사물을 닮은 데 있다. 끊임없이 변화하고 성장하는 자연과 같이 이를 담아낸 연암의 글 또한 다채로운 빛깔로 빛나며 늘 새롭게 읽힌다. 연암의 창조적 사유는 과거의 지식을 담은 낡은 문자를 거부하고 지금 눈앞의 현실과 사물을 읽는 데서 출발한다.

존재의 평등에 입각한 주변의 중심화

중세 질서에서는 진실이 고정되어 있거나 특정한 기준이 정해져 있다고 여겨졌다. 세계를 음陰과 양陽으로 나누는 세계관은 귀한 것과 천한 것에 대한 분명한 구별을 만든다. 하지만 연암은 다르게 보기를 말한다.

> 예전에 황희 정승이 공무를 마치고 집에 오자, 딸이 맞으며 물었다. "아버지, 이 알죠? 이는 어디서 생겨요? 옷에서 생기죠?" "아무렴." 딸이 웃으며 외쳤다. "내가 이겼다." 이번엔 며느리가 물었다. "이는 살갗에서 생기죠?" "그렇단다." 며느리가 웃으며 말했다. "아버님은 제 말이 맞다시네요." 부인이 화를 내며 말했다. "누가 대감을 지혜롭다 하우? 옳고 그름을 다투는데 둘 다 옳다니요?" 황희 정승이 빙그레 웃었다. "딸아,

며느리야, 이리 오너라. 대체로 이는 살갗이 없으면 부화하지 못하고 옷이 없다면 붙지를 못한단다. 그래서 둘 다 옳은 것이지. 비록 그렇긴 하나 옷을 장롱 속에 두어도 이는 있고, 설령 네가 벌거벗었어도 여전히 가려울 게야. 땀 기운이 무럭무럭 오르고 끈적끈적한 기운이 후덥지근한 곳, 떨어지지도 않고 붙어 있지도 않은 옷과 살갗의 사이에서 이는 생긴단다."

백호 임제가 막 말을 타려 할 때였다. 하인이 나서며 말렸다. "나리! 취하셨는뎁쇼. 짚신과 가죽신을 한 짝씩 신으셨습니다요." 백호가 꾸짖으며 말했다. "길 오른편에서 보는 자는 내가 짚신을 신었다고 할 테고, 길 왼편에서 보는 자는 내가 가죽신을 신었다고 할 텐데, 뭐가 잘못이란 말이냐?"

이로 미루어 말하자면 세상에서 보기 쉬운 것으로 발만 한 것이 없으나, 보는 방향이 같지 않으면 짚신인지 가죽신인지도 구별하기가 어렵다. 그러므로 참되고 바른 견해는 진실로 옳다 그르다 하는 시비의 가운데에 있는 것이다. 땀에서 이가 생기는 것은 지극히 미묘해서 살펴보기 어렵다. 옷과 살갗의 사이에는 본래 빈틈이 있는데 떨어진 것도 아니고 붙어 있는 것도 아니며, 오른쪽도 아니고 왼쪽도 아니니 누가 그 가운데[中]를 얻겠는가? 말똥구리는 스스로 경단을 사랑해서 흑룡의 여의주를 부러워하지 않는다. 흑룡도 여의주가 있다는 이유로 말똥구리의 말똥 경단을 비웃지 않는다.

〈낭환집서蜋丸集序〉

기왕에 여러 논의가 이루어진 글이지만 새롭게 확장된 생각을 바탕으로 연암의 창조적 사유에 초점을 두어 이야기해 보겠다. 윗글에는 두 개의 삽화가 있다. 두 삽화는 글쓰기의 다양성을 주장하기 위한 삽화이지만, 삽화 속에 담긴 미학적이고 인식론적인 생각은 작가의 세계관을 잘 보여준다. 첫 번째 삽화는 황희 정승의 딸과 며느리가 이가 어디에서 생기는가를 두고 논쟁을 벌이는 장면이다. 이가 옷에서 생긴다고 주장하는 딸과 이가 살갗에서 생긴다고 주장하는 며느리의 주장에 황희 정승은 '둘 다 옳다'고 대답한다. '둘 다 옳다'는 황희 정승의 판결은 양시론兩是論처럼 들린다. 화를 내는 황희 부인의 핀잔은 이 점을 지적한 것이다.

황희 정승은 지혜로운 판결자로 보인다. 그러므로 황희 정승이 왜 둘 다 옳다고 했는지를 깊이 헤아려 볼 필요가 있다. 황희 정승은 왜 둘 다 옳다고 했을까? 이는 살갗이 없으면 부화하지를 못한다. 따라서 딸의 말은 옳다. 또 이는 옷이 없다면 붙지를 못한다. 그러므로 며느리의 생각도 틀리지 않는다.

그러나 황희 정승은 말하길, 장롱 속에 옷을 두어도 이는 있고, 벌거벗었어도 여전히 가렵다고 하면서 떨어지지도 않고 붙어 있지도 않은 옷과 살갗의 사이에서 이는 생긴다고 들려준다. 그렇게 보자면 딸과 며느리의 생각은 온전한 정답이 아니다. 이에 대해 박희병 선생은 일면적 진실과 실체적 진실의 문제로 해석했고,[7] 필자는 원효의 개시개비皆是皆非와 맞닿아 있다고 주장한 바 있다.

개시개비皆是皆非는 '둘 다 맞고 둘 다 틀리다.'는 뜻이다. 원효는 《열반종요涅槃宗要》에서 소경의 코끼리 만지기 비유를 들어 주장의 옳고 그름에 대해 들려준다. 어떤 소경은 코끼리의 코를 만지고서 뱀 같다고 하고 어떤 소경은 배를 만지고서 벽 같다고 말한다. 소경은 각기 자신이 만져서 확인한 부분으로 '이것은 코끼리다'라고 말한다. 소경의 말은 코끼리의 일부분을 설명한 것이므로 각자는 모두 옳다[皆是]. 그러나 코끼리 전체를 말하고 있지 못하므로 모두 틀렸다[皆非]. 그러니까 부분적 진실의 측면에서 보자면 둘 다 옳지만, 전체적 진실의 측면에서 보자면 둘 다 틀리다. 따라서 한편에서만 보아서는 안 되고 대립을 아우르는 총체적 진실을 확보해야 한다.

두 번째 삽화는 앞의 삽화와 자연스럽게 이어진다. 사람들은 한쪽만을 보고서 반대편도 그러하리라 생각한다. 신발을 짝짝이로 신었다 해도 보는 사람은 자신이 본 방향의 신발로 다른 쪽도 같은 신발이라고 생각한다. 인간의 눈은 전체를 볼 수가 없고 일부분만을 본다. 앞쪽을 보면 뒤를 못 보고 방 안을 보면 방 밖을 볼 수가 없다. 오른쪽에서 보면 왼쪽을 보지 못하고 왼쪽에서 보면 오른쪽을 볼 수가 없다. 전체를 보기 위래선 양쪽을 다 볼 수 있는 가운데, 곧 왼쪽과 오른쪽의 가운데, 이쪽과 저쪽의 '사이'에서 보아야 한다. 그 '사이'는 한 편의 진실에서 벗어나 객관적인 진실을 볼 수 있는 자리다.

그런데 과연 연암의 궁극적 의도가 양극단을 넘어서는 실체적 진실 혹은 전체적 진실을 지니라는 데 있는 것일까? 필자 역시 그와 같은 해석을 시도한 바 있지만 대립하는 두 대상 사이에 놓인 조건을 간과하고 기계적으로 가운데에 서면, 궁극적으로는 중심의 편에 서는 결과를 초래할 우려가 있다. 양자 간에 균형 정신을 강조한다거나 양극단의 가운데에 선 입장은 인식 차원에서는 균형 감각을 갖춘 것으로 보이지만 실제 현실에서는 권력의 편, 중심의 편을 정당화하는 논리가 될 수 있다. 권력은 쉽게 자신을 노출하지만 소외된 편은 자기 생각을 드러낼 기회가 없다. 조건과 상황을 고려하지 않는 '중中'의 정신은 현실의 장에서는 균형을 이룰 수가 없다. 권력이 심하게 기울어져 있는 상황에서 획일적인 균형은 중심의 허위성을 은폐하는 논리로 귀결될 소지가 있다. 연암의 글 전편全篇을 검토해 보았을 때 연암이 이 점을 놓친 것 같지는 않다. 연암은 분명 어느 한 편, 특히 소외된 편에 서고 있다.

대립하는 두 입장 사이에는 빈틈이 있는데, 그 틈은 떨어진 것도 아니고 붙어 있는 것도 아니며, 오른쪽도 아니고 왼쪽도 아니다. 원문은 불리불친不離不襯, 불우불좌不右不左다. 이른바 不a不b는 불가에서 진리를 드러내는 어법이다. a인지 b인지를 나누는 것은 방편일 뿐, 실상은 저것으로 인해 이것이 존재하고 이것으로 인해 저것이 존재한다. 예컨대 열매와 씨는 하나도 아니고 둘도 아니다. 씨가 자라 열매가 되고 열매는 그

유전자인 씨를 내므로 둘은 하나이면서도 둘이다. 그러니 하나도 아니고 둘도 아니다. 존재는 다른 것을 통해 자신을 드러내며 서로를 비춰줌으로써 의미를 갖는다.[8)] 대립항이 동시에 부정되고, 동시에 긍정됨으로써 가치의 위계화가 사라진다.

연암이 이 같은 논법을 수용했다면, 윗글의 의미는 구분과 변별을 통해 가치의 위계화를 만드는 기존의 세계관을 부정하고 각자의 가치를 인정하자는 발언으로 해석할 수 있다. 존재는 이항 대립이 아닌, 서로를 비춰줌으로써 의미를 드러내므로 모든 존재가 제각기 소중하다는 주장으로 읽을 수 있다.

여의주와 말똥 경단 비유는 이러한 생각을 뒷받침한다. 여의주가 중심적인 세계관, 귀중한 것, 쓸모 있는 것을 상징한다면 말똥은 주변 가치, 천한 것, 쓸모없는 것을 의미한다. 여의주 입장에 서면 말똥 경단은 아무 쓸모가 없지만, 말똥구리 입장에 서면 여의주가 쓸모없다. 말똥구리에겐 오직 말똥 경단이 필요하다. 흑룡도 말똥구리에겐 말똥이 필요하다는 걸 잘 알기에 여의주가 있다고 해서 말똥구리를 비웃지 않는다. 이것이 더 낫다, 저것이 더 낫다고 말할 수는 없으며 각자 처지에 적합한 쓸모가 있을 뿐이다. 이쪽과 저쪽의 사이에 서면 중심과 주변은 동등한 가치를 갖는다. 무엇이 더 귀하다거나 천하다는 생각은 이분법적 사고가 만들어낸 차별에 불과하다.

앞서도 말했지만, 연암은 불교와 장자의 논법을 적극적으로 수용하되 그대로 적용하지는 않는다. 연암은 불교와 장자

심지어는 서학의 도道를 적극적으로 수용하되 자신만의 독창적인 사유로 변용한다. 연암은 이분법의 사고에서 벗어나 존재의 평등을 지향하되 궁극적으로는 쓸모없는 것, 주변적인 존재의 편에 서려고 했다. 중심적인 가치가 이미 권력으로 자리한 사회에서는 주변은 아예 보려고 하지 않는다. 인간은 자신이 보고 싶은 것만을 보고 자신이 본 것만을 옳다고 생각하기에, 그 반대편은 언제나 소외되고 가려져 있다.

그러나 연암은 드러나 있는 것이 아닌 숨어 있는 것, 보잘것없는 것, 쓸모없는 것에 관심을 둔다. 연암이 관심을 둔 것은 말똥 경단이었고 보이지 않는 틈이었다. 겉으로는 양쪽의 입장을 두루 보자고 했지만, 진짜 말하고 싶었던 건 눈에 보이지 않는 곳, 지금 사회가 옳다고 여기는 것의 반대쪽, 말똥 경단을 제대로 보자는 것이었다. 말똥구리에 힘을 실어줌으로써 중심에서 밀려 있던 존재 편에 서고자 했다. 궁극적으로는 중심과 주변, 귀한 것과 천한 것이 함께 어우러져 살아가기를 소망한 것이다. 자패가 연암의 말을 듣고 자신의 문집 이름을 말똥 시집이란 뜻의 《낭환집蜋丸集》이라고 한 데서 연암의 의도를 헤아릴 수 있다.

연암은 사물을 우열로 나누어서는 안 되며 서로 존중하며 살아가야 한다고 말한다. 〈호질虎叱〉에서는 "호랑이와 메뚜기, 누에와 벌, 개미와 사람이 함께 길러져 살아가야지 서로 등지고 지내서는 안 된다."라고 한다. 모든 존재는 서로를 의

지하며 힘입고 살아야 한다는 것이다. 연암은 인간 중심주의를 비판하고 모든 존재는 각자의 쓸모를 갖고 있다고 말한다.

인간은 구분과 변별을 통해 가치의 위계화를 만들어 중심과 주변, 천함과 귀함을 구분 짓는다. 그러나 사물은 아름다움과 추함, 좋고 나쁨을 본래부터 갖고 있지 않다. 모든 사물은 각자 쓰임새를 갖고 있다. 하찮아 보이는 존재도 각자 삶의 방식에 따라 쓸모를 발휘하며 각자의 방식으로 살아간다.

연암은 특정한 편에 서지 않는다. 중심의 자리에 서지 않고 보이지 않는 곳, 소외된 자리를 유심히 살핀다. 그의 인간관을 살펴보자. 사람들은 이른바 도덕군자를 우러렀지만, 연암은 거지와 똥 푸는 사람 등 낮고 비천한 사람에게 애정을 갖는다. '쓸모 있는 사람이 반드시 쓸모없는 사람이며, 쓸모없는 사람이 반드시 쓸모 있는 사람'이라고 말한다. 연암은 그 자신이 사대부였음에도 불구하고 자기 공동체를 성찰하고 비판하며 낮은 곳에 애정을 갖는다.

연암은 사물도 귀한 것과 천한 것으로 나누지 않는다. 모든 것은 각자 쓸모를 갖고 있으며 다 활용하기 나름이라고 생각한다. 다음은 아들 박종채의 증언이다.

> 아버지는 늘 도간陶侃이 대나무 조각과 톱밥을 모아 두었다가 긴요하게 쓴 일을 말씀하시면서 "천하에는 본래 버릴 물건이 하나도 없다."라고 하셨다. 그 당시 사용된 대나무 조각은

모두 예전에 발을 짤 때 대나무 밑동을 잘라서 버린 것을 모아 두신 것이었다.

《과정록過庭錄》

"천하에는 본래 버릴 물건이 하나도 없다."라는 말에는 버리는 물건도 어떻게 활용하느냐에 따라 유용한 쓸모를 지닌다는 철학적 관점이 담겨 있다. 연암은 특히 '똥'의 소중함을 강조한다. 《열하일기熱河日記》, 〈일신수필馹迅隨筆〉 '장관론壯觀論'에서는 깨진 기왓조각과 똥거름이 진짜 장관이라고 주장한다. 깨진 기왓조각은 사람들이 버리는 물건이고 똥은 가장 더럽고 지저분한 사물이다. 미적인 가치가 전혀 없다. 그러나 깨진 기와를 담장에 활용하면 멋진 무늬를 만들 수 있고 똥은 거름으로 활용하면 농작물을 잘 자라게 만든다. 실용성을 강조하는 생각을 넘어 가장 쓸모없는 것이 진짜 쓸모 있다는 미의식을 담고 있다.

말똥에 힘을 실어주는 연암의 발언에는 이분법적 사고와 수직적 위계질서를 당연하게 여기는 사회에 동의하지 않는 의식이 담겨 있다. 기존의 질서는 중심과 주변을 가르고 군자와 소인으로 나누며, 아름다움과 추함을 구별했다. 그러나 연암은 이편과 저편을 두루 보자고 하면서 기계적 균형이 아닌 보이지 않는 쪽을 지지함으로써, 낮고 천한 것, 가치 없고 쓸모없는 것을 중심에 두려 한다. 본래부터 쓸모없는 존재는 없으며 어디에 배치하느냐, 어떻게 활용하느냐에 따라 모든 존재는 각자의 쓸모를 갖는다고 말한다. 이 같은 연암의 사유는 여전히 생명을 차별하고 위계질서를 내세우는 오늘날 공생共生의 길을 제시하는 지혜가 될 수 있다고 본다.

색色과 빛[光]에 대한 새로운 인식과 광명안光明眼

18세기 후반 독일의 시인이자 소설가인 괴테(Johann Wolfgang von Goethe)는 "속임은 당하는 것이 아니다. 스스로 속임에 넘어가는 것이다."라고 말했다. 우리가 감각 기관을 통해 세상을 경험할 때 단순히 외부로부터 속임을 당하는 것이 아니라, 우리 자신의 해석과 판단이 실제를 왜곡할 수 있다. 감각 기관의 한계와 진실성을 문제 삼는 이 발언을 연암도 공유하고 있다.

연암은 눈과 귀와 같은 감각 기관이 과연 세계의 실체를 객관적으로 인식할 수 있는지를 끊임없이 묻는다. 특히 〈능양시집서菱洋詩集序〉에 나타난 까마귀에 대한 비유는 단순히 감각 기관의 한계에 대한 문제의식을 넘어 현대의 인상파印象派 이론과도 통하는 지점이 있어서 흥미롭다.

달사達士는 이상할 것이 없으나 속인俗人은 의심스러운 것투성이다. 이른바 본 것이 적으면 이상하게 생각되는 것이 많은 것이다. 그러나 달사라고 해서 어찌 사물을 쫓아다니며 눈으로 보았겠는가? 하나를 들으면 눈으로 열 가지를 떠올리고 열 가지를 보면 마음에 백 가지를 펼치고 보니 수많은 이상야릇한 것들은 도리어 사물에 붙은 것이고 나와는 상관이 없는 것이다. 그러므로 마음은 한가롭고 여유가 있어 무궁무진하게 맞대응할 수 있다. 본 것이 적은 사람은 백로를 기준 삼아 까마귀를 비웃고 물오리를 기준 삼아 학의 긴 다리가 위태롭다고 생각한다. 사물 자체는 이상할 것이 없는데 저 혼자 의심해 화를 내며 한 가지라도 생각과 다르면 만물을 모조리 비방한다.

아! 저 까마귀를 보라. 그 날개보다 더 검은색이 없긴 하나 얼핏 옅은 황금색이 돌고, 다시 연한 녹색으로 반짝인다. 햇빛이 비치면 자주색으로 솟구치다가 눈이 어른어른하면 비취색으로도 변한다. 그러므로 내가 푸른 까마귀라고 말해도 괜찮은 것이고 다시 붉은 까마귀라고 말해도 상관없는 것이다. 저 사물은 본디 정해진 색이 없는데도 내가 눈으로 먼저 정해 버리는 것이다. 어찌 그 눈에서만 판정할 따름이랴? 보지도 않으면서 마음속에서 미리 판정해 버린다.

슬프다! 까마귀를 검은색으로 가둔 것도 충분한데 다시금 까마귀를 갖고 세상의 온갖 색을 고정하려 하는구나. 까마귀가 과연 검기는 하다. 그러나 누가 다시 이른바 푸르고 붉은색이 검은색 안에 깃들어 있는 빛깔인 줄 알겠는가?

〈능양시집서菱洋詩集序〉

연암은 달사達士와 속인俗人의 차이를 통해 사물과 현상을 바라보는 태도를 말한다. 속인은 본 것이 적고 경험이 부족해서 세상을 좁은 시각으로 바라보는 사람이다. 자신이 본 것을 절대적 기준으로 삼아 자신과 다른 것을 함부로 판단하고 비난한다. 평생 하얀 백로만 보아 왔기에 검은 까마귀가 불길하다고 생각한다. 사물은 그저 자신의 방식대로 살아갈 뿐인데 자신이 보지 못한 세계이다 보니 뭔가 위험하고 잘못되어 보이는 것이다.

반면 달사는 세상을 깊고 넓게 바라보는 사람으로 사물을 편견 없이 받아들인다. 그러나 달사라고 해서 사물마다 하나하나 경험하며 눈으로 직접 본 건 아니다. 하나를 깨달으면 다른 것도 그러리라고 미루어 알아감으로써 미지의 진실을 깨달아간 것이다. 경험 밖의 세계를 이해하면 사물에 넉넉하게 대응하여 다른 것을 있는 그대로 받아들인다. 연암은 좁은 견문으로 타자他者를 배척하는 속인俗人이 되지 말고 넓은 시야와 포용력으로 무궁무진한 대응력을 갖춘 달사達士가 되어야 한다고 요청한다.

특히 까마귀 날개에 빗댄 비유는 새롭다. 까마귀는 색이 까매서 붙인 명칭이다. 사람들은 응당 까마귀는 검다고 말한다.

그런데 연암은 그렇지 않다고 말한다. 햇빛이 까마귀 날개에 비치면 까마귀는 얼핏 자주색도 되고 비취색으로도 빛난다. 그러므로 푸른 까마귀라고 해도 좋고 붉은 까마귀라고 해도 상관없다고 한다.

연암의 말은 타당한 것일까? 까마귀 날개가 빛이 비치면 다른 색으로 보인다고 해서 까마귀를 붉은 까마귀라고 불러도 되는 것일까? 언어는 사회적 약속인데 순간적으로 다른 색으로 바뀌었다고 해서 명칭을 임의로 바꾸어 불러도 되는 것일까? 검은색을 내 마음대로 파란색이라 부른다면 정상적인 대화가 불가능해지고 언어생활에 혼란이 생길 것이다. 잠시 다른 색으로 빛났다고 해서 순간의 색을 인정해야 한다는 주장은 억지처럼 들린다.

여기서 인상파 화가인 클로드 모네(Claude Monet)의 루앙성당을 떠올려 보자. 모네는 똑같은 장소에서 제각기 다른 날에 루앙성당을 수십 점 그렸다. 모네는 루앙성당을 빛에 따라 끊임없이 변하는 시각적 현상으로 묘사했다. 비 오는 날, 흐린 날, 갠 날, 오전, 오후 등 시간과 날씨, 햇빛의 양에 따라 루앙성당은 각기 다양한 색으로 나타났다. 제각기 다른 색으로 그려진 루앙성당의 그림들 가운데 어느 그림이 루앙성당의 본질일까? 특정한 날의 루앙성당만이 참모습이라고 할 수는 없으며 각기 다른 색으로 그려진 루앙성당 하나하나가 모두 루앙성당을 반영한다. 그때까지만 해도 사람들은 사물에는 고유한

색이 있다고 생각했지만 모네는 "빛은 곧 색이다."라고 주장하며 그때그때 빛의 조건에 따라 사물은 다른 색으로 드러난다고 생각했다. 오늘날 현대 회화의 기본 이론도 '사물의 색은 정해져 있지 않다. 빛의 조건에 따라 달라진다'는 것이다. 이같이 빛의 변화에 따라 사물의 색이 다르게 나타난다는 인상주의 관점에서 보면, 연암의 말은 틀리지 않는다. 연암은 인상파 화가와 서로 통하는 관점에서 색과 빛에 대한 통찰력을 보여주고 있다.

게다가 예전 사람들은 까마귀를 단순히 검은색으로 인식하지 않았다. 까마귀를 가까이에서 자세히 살피면 검은색 안에 언뜻 푸른색과 검붉은색이 섞여 있다. 그리하여 예전에는 까마귀를 푸른 까마귀라는 뜻의 창오蒼烏로도 불렀으며, 붉은 까마귀라는 뜻의 적오赤烏로도 불렀다. 고대엔 태양을 삼족오三足烏라고 해서 다리 셋 달린 까마귀가 태양이라고 생각했다. 그리하여 고대의 벽화를 보면, 붉은 태양 안에 까마귀를 그려 넣었다. 연암이 "푸른 까마귀라고 말해도 괜찮은 것이고 다시 붉은 까마귀라고 말해도 상관없다."라고 한 발언에는 이와 같은 전통적인 관념도 반영되어 있다고 본다.

연암은 저 까마귀는 본디 정해진 색이 없는데도 눈으로 먼저 정해 버린다고 한탄한다. 사물의 본질적인 속성은 고정되지 않는데, 사람들은 사물의 복잡한 본질을 나의 감각에 맞추어 단순화하고 고정해서 판단한다. 연암은 다양한 색으로 빛나는 세계를 외면하고 하나의 색으로 가두는 편향적인 태도를 비판한다. 나아가 선입견과 편견의 위험성을 경고한다. 본래 이 글은 하나의 기준만을 강요하는 문학 현실을 비판하기 위한 것이지만 그의 문학론은 인식론이라든가 미의식과도 깊이 연결되어 있다.

윗글에는 연암의 창조적 사유가 어디까지 뻗어갔는지가 잘 나타나 있다. 중세 시대에 우리나라에서 색色과 빛[光]에 대해 이와 같은 새로운 인식을 보여준 사례를 찾지 못했다. 연암은 검은 것을 어둡다고 말하는 자는 까마귀를 알지 못할뿐더러, 검은색도 모르는 것이라 말한다. 깊은 물은 그 안이 어둡다. 그러나 그 어두운 현묘함으로 인해 비추어 볼 수가 있다. 옻칠을 반복하면 점차 진한 검은색으로 바뀐다. 칠흑(漆黑, 옻칠한 것과 같은 깜깜한)같이 된다. 그러나 그 검은색으로 인해 사물의 형상을 비출 수 있다. 검다고 해서 아무것도 보이지 않는 까만색이 되는 것이 아니라 검기에 비출 수가 있다.

인상파에 이르러 발견한 빛과 색에 대한 관계를 연암의 글에서 확인한다. 색과 빛에 대한 연암의 인식이 인상파의 논리와 같은 지평에서 논의될 수 있는지는 더 세밀한 고증이 필요하겠지만, '색이 있는 것에 반드시 빛이 있다[有色者, 莫不有光]'는 연암의 발언은 분명 현대의 색채 이론과 통하는 지점이 있다.

연암은 모든 사물은 다채로운 색을 지니고 있다고 생각한다. 한 가지 색만 고집하고 한 가지 색으로 가두어서는 안 된다고 말한다. 다양한 색을 지닌 사물을 잘 관찰하고, 선입견으로 세계를 보지 말라고 당부한다.

그렇다면 어떻게 해야 선입견과 망상에서 벗어나 진실의 눈을 지닐 수 있을까?

> "우리나라에 서화담 선생이란 분이 외출 나갔다가 길에서 울고 있는 자를 만났다오. '너는 왜 우느냐?' 물으니, 그가 이렇게 대답했다오. '저는 세 살에 눈이 멀어 지금 마흔 살입니다. 예전에 길을 갈 때는 발에 보는 것을 맡기고, 물건을 잡을 때는 손에 보는 것을 맡기고, 소리를 듣고서 누구인지를 분간할 때는 귀에다 보는 것을 맡기고, 냄새를 맡고서 무슨 물건인가를 살필 때는 코에다 보는 것을 맡겼습니다. 사람들은 두 눈만 가졌지만 저에게는 손과 발과 코와 귀가 눈 아닌 것이 없었습니다. 또 어찌 손과 발, 코와 귀뿐만이겠습니까? 해가 뜨고 지는 것을 낮에는 피곤함으로 보고, 물건의 모습과 빛깔은 밤에 꿈으로 보았습니다. 아무런 장애도 없고 의심과 혼란도 없었습니다. 그런데 오늘 길을 가는 도중에 두 눈이 별안간 밝아지고 눈동자가 저절로 열렸습니다. 천지는 드넓고 산천은 뒤섞여 온갖 사물이 눈을 가리고 온갖 의심이 마음을 막았습니다. 손과 발, 코와 귀는 뒤죽박죽 착각을 일으켜 온통 예전의 일상을 잃어버렸습니다. 집이 어디인지 까마득하게 잃어버려 홀로

돌아갈 방법이 없기에 울고 있습니다.' 그러자 화담 선생이 말했다오. '네가 네 지팡이에게 물어본다면 지팡이가 응당 저절로 알 것이다.' 그러자 소경이 말했다오. '제 눈이 이미 밝아졌으니 지팡이를 어디에다 쓰겠습니까?' 화담 선생이 말했다오. '도로 네 눈을 감아라. 바로 거기에 네 집이 있을 것이다.' 이로써 말해 본다면 눈은 그 밝음을 믿을 수 없다오. 오늘 요술을 보니, 요술쟁이가 속인 것이 아니라 사실은 구경하는 사람이 스스로 속은 것일 뿐이라오."

〈환희기후지幻戲記後識〉

눈이라는 감각 기관의 한계에 대해 비판하면서 진리의 집을 찾아가는 방법을 제시하고 있는 글이다. 소경이 눈을 뜨고 나서 혼란스러워하는 상황은 보는 눈이 오히려 진리를 가리고 혼란을 초래한다는 아이러니를 보여준다. 소경의 눈이 멀었을 때는 외부의 감각 기관에 의존하지 않고 내적인 직관과 다양한 감각을 동원해 집을 제대로 찾아갔다. 그러나 눈을 뜨자 세상은 뒤죽박죽되고 온갖 의심이 생겼다. 눈에 의존하자 혼란과 착각을 경험하게 된 것이다. 그러므로 눈을 도로 감으라는 깨우침은 피상적인 정보와 현상에 현혹되지 말고 내면의 눈을 열어 제대로 된 길을 찾아가라는 철학적 통찰을 보여준다.

인간의 눈은 한계가 많다. 눈으로 보는 세상은 혼돈되고 진위가 뒤섞여 있어서 아무리 잘 보려고 해도 객관적인 진실을 제대로 보기 어렵다. 오히려 잘 보려고 할수록 더 속는다. 눈을 감는다는 것은 눈만 전적으로 의지하지 말고 내적인 직관과 다양한 감각을 동원해 세상을 총체적으로 인식하는 것을 말한다. 눈과 귀로 인해 생기는 편견과 선입견에서 벗어나 내면의 눈을 열어 세계를 올바로 바라볼 때 진리의 집을 찾아갈 수 있다.

눈을 감아야 제대로 길을 찾아갈 수 있다는 말은 퍽 역설적이다. 인간이 세상을 보는 유일한 통로가 '눈'인데 눈을 신뢰하지 않고서 어떻게 집을 제대로 찾아갈 수 있단 말인가? 연암은 세계의 참모습을 객관적으로 보기는 불가능하다고 생각한 것은 아닐까? 그런데 연암은 이 글 뒤에서 세상에는 밝은 안목[光明眼]과 참된 견해[眞定見]가 사라진 지 오래되었다고 한탄한다. 달리 말하자면, 광명안光明眼과 진정견眞定見을 갖는다면 세계의 실상을 제대로 볼 수 있다는 뜻이기도 하다. 곧 연암은 눈의 한계를 자각했지만 그렇다고 해서 실재하는 것은 아무것도 알 수 없다는 불가지론不可知論을 믿은 것은 아니다. 연암은 눈은 한계가 많으므로 눈을 전적으로 의지하지 말고 제대로 보는 눈을 길러야 한다고 말한다.[9] 제대로 보는 눈을 기르려면 눈에 대한 의존도를 낮추어 편견과 선입견에서 최대한 벗어나 허심虛心으로 보아야 한다.

명심冥心은 "도로 눈을 감아라."고 한 말에 대한 실질적인 해답이다. 연암은 〈일야구도하기一夜九渡河記〉에서 "나는 지금에야 도道를 알았다."고 하면서 "명심冥心하는 사람은 귀와 눈이 방해가 되지 않으나, 귀와 눈만을 의지하는 사람은 보고 듣는 것이 자세하면 할수록 병통이 된다."고 하였다. 명심은 마음을 고요하게 한다는 의미로 본래 선가禪家의 용어다. 외물外物과 내아內我의 구분이 사라지고 주객主客이 하나가 된 마음 상태를 말한다. 연암은 명심을 실천의 맥락으로 바꾸어 관습과 편견에 구애받지 않고 공평무사한 마음으로 보는 뜻으로 사용한다. 명심은 눈을 감고 집을 찾아가는 소경과 같은 의미를 지니며, 참과 거짓이 뒤섞인 외부 현실에 갇히지 않고 마음으로 보는 것이다.

연암은 사람들의 눈은 선입견과 고정관념에 갇혀 있다고 말한다. 세상은 혼돈되고 뒤죽박죽이므로 피상적으로 보면 진실을 볼 수 없다. 아니, 그보다 더 큰 잘못은 보지도 않고 판단하는 선입견이며, 세상을 한 가지 색으로만 가두는 태도다. 연암은 보는 자가 스스로 속는 것이므로, 제대로 보는 눈을 지녀야 한다고 한다. 그러기 위해서는 명심冥心을 해야 한다. 명심冥心은 보이는 대로 보는 것이 아니라 눈을 감고 이면裏面의 본질을 보는 것이다. 특정한 편에서 보는 것이 아니라 객관적인 자리, 공평한 자리에서 보는 것이다.

새로운 세계를 탐구해 간 경계인

연암은 유학자의 신분으로 성리학의 질서 속에서 살다 간 사람이기에 많은 부분은 유학자로서의 면모를 보여준다. 그러나 유학의 사유를 넘어선 지점도 적지 않다. 그가 진리를 말하는 자리에는 유학이 아닌, 불교佛教라든가 장자莊子의 언어가 담긴 경우가 많으며 심지어는 서학西學까지 끌어들인다. 그는 특정한 관습과 이데올로기에 매이지 않고 이쪽과 저쪽의 사이를 끊임없이 움직이며 객관적 진실의 자리를 찾기 위해 노력한 사람이다. 연암은 상투적인 표현을 거부하고 새로운 글을 쓰려 했던 창조적인 문장가이자 정해진 관습과 고정된 틀에서 벗어나 새로운 세계를 탐구해 간 경계인이다.

그러므로 연암을 유학자의 틀에 가두기보다는 세계를 자유롭게 유희遊戲하면서도 진실한 세계를 만들기 위해 고민했던 경계인으로 자리매김해야 한다. 연암의 생각은 지금에 적용해도 놀랍고 신선하다. 지식의 규범서인 《천자문》의 지식을 거부하고, 까마귀 날개가 검지 않다는 주장은 중세 시대에 연암 외엔 달리 찾아볼 수가 없다. 이른바 '사이' 혹은 '경계'에 대한 통찰을 바탕으로 쓸모없는 존재, 주변적인 존재에 관심을 환기하려는 노력은 중심의 질서를 강조하는 주류 사회에 대한 저항으로 읽힌다. 감각 기관을 부정하되 불가지론不可知論으로 나아가지 않고 진실의 눈을 회복하자는 주장 역시 하나의 사상으로만 설명될 수 없다. 상대주의적 사고, 작은 존재에 대한 애정, 사물에 대한 새로운 접근 등은 조선 후기 일부 지식인들도 함께 공유한 생각이긴 하나, 미시적으로 들여다보면 연암 고유의 사유라고 할 만한 지점이 많다. 지식과 문자에 대한 관점, 빛과 색에 대한 인식 등은 연암의 독창적인 생각으로 보아도 좋을 것이다.

이와 같은 생각을 담아낸 연암의 글은 더욱 이채롭다. 연암의 글은 하나의 색만 지니고 있지 않아서 읽을 때마다 새롭게 읽힌다. 글 속에 담긴 사유, 글을 전개하는 능력, 글의 구성 방식은 구태舊態의 티가 전혀 없다. 무엇보다 자연 사물에서 발견한 깨달음을 삶과 현실에 적용하는 글쓰기는 고전의 산문이 나아간 성취를 잘 보여준다. 연암은 하찮고 평범한 사물에서 새로운 진실을 발견하고 이를 인식론, 철학, 미의식과 연결해 현실의 병폐를 성찰한 데로 나아간다. 연암이 소재로 삼은 사물은 똥, 기왓조각, 말똥구리, 까마귀 등 지극히 일상적이고 평범하다. 하지만 들려주고픈 진실은 지극히 심각하고 깊다.

연암의 창조적인 사유는 관습과 통념을 깨뜨리고 인간관, 역사관, 자연관을 비롯해, 공간과 시간, 글의 본질, 중화사상 등에 새로운 인식의 전환을 가져왔다. 연암의 창조적 사고는 오늘날에도 전혀 낡지 않은 새로운 문제의식을 던져준다는 점에서 현재성을 지닌다.

3장

모방이냐, 창조냐? 용사用事와 패러디

> 마음을 썩이고 피를 토해 스스로 잘 썼다고 생각하지만 이미 옛사람의 습성을 본뜬 것인 줄 누가 알았으랴? 생각을 쥐어짜고 은밀히 찾아내 스스로 새롭다고 생각하지만 이미 옛사람이 다 말한 것인 줄 누가 알았으랴?[10)]
>
> 〈성령집서性靈集序〉

19세기 문인 최성환崔瑆煥의 말이다. 심혈을 기울여 썩 괜찮은 문장을 썼는데 이미 누군가가 한 말이라면 어떤 심정일까? 과연 아무것도 모방하지 않는 생각이란 가능할까? 새롭게 표현하는 일의 어려움을 고민하는 건 중세 시대의 지식인만 해당하는 건 아니다. 인터넷에 무궁무진한 정보가 담겨 있는 오늘날엔 새로운 표현에 대한 한계 의식은 더욱 커가기만 한다. 아니 이젠 이전에 없던 생각을 쓴다는 건 더 이상 불가능하다고 생각하기에 이르렀다.

포스트모던의 조류와 더불어 패러디가 시학의 중심이 되었다. 창조성, 독창성과 비교해 열등한 취급을 받던 모방성, 반복성이 21세기 문학의 중심 시학으로 부상한 것이다. 수많은 표현과 생각이 축적되어 더 이상 새로운 표현이 불가능해졌다는 생각이 모방을 새로운 미감으로 불러들였다. 지금 시대는 이전 시절과는 비교를 불허할 정도로 무궁무진한 정보가 축적되고 있다. 이제는 기존의 지식을 잘 활용하는 편집 능력이 중요해졌다고 말한다.

고전에서 패러디 시학의 부상과 더불어 다시 부각된 용어가 용사用事다. 용사는 옛일을 끌어다 사용하는 것으로 동아시아 문학 전통에서 중요한 창작 기법이다. 패러디의 개념이 명확하지 않다 보니 그 기원을 찾아 고전 전통으로 거슬러 가서 형식적 장치가 비슷한 용사에 주목하게 되었다. 용사와 패러디는 원전을 모방한다는 점, 대화 관계를 지녔다는 점에서 기본 장치가 비슷하다. 이에 따라 패러디와 용사를 비교해 보는 논의가 나타났다.

과연 패러디는 우리 고전 전통에서부터 지속해서 이어온 장치일까? 많은 학자가 여기에 동의한다. 그리하여 고전에서 패러디 작품을 찾아보고 패러디와 용사를 관련짓는 논의들이 나타나게 되었다. 그런데 정말 〈해가海歌〉는 〈구지가龜旨歌〉의 '패러디'라고 말해야 하나? 굳이 고전 전통에서 패러디를 말할 필요가 있을까? 여러 복잡한 생각에도 불구하고 이 문제를 제기할 수밖에 없는 것은 다음과 같은 이유에서다.

첫째, 문학은 모방의 역사다. 단지 모방의 요소만으로 패러디와 용사를 결합하는 시도는 단순화와 과장의 위험성이 있다. 양자의 관련성을 입증하려면 동기와 의도, 미감과 효과까지 꼼꼼하게 검토해 봐야 한다. 패러디와 용사는 장치이면서 정신이므로 그 시대의 패러다임 및 세계관을 고려하지 않을 수 없다. 둘째 양자의 기법 장치가 유사하다면 반대로 용사의 전통이 오늘날의 패러디로 확장되었다고 말해도 되지 않을까? 패러디 전통이 용사에 있다고 말하는 것보다 용사 전통이 패러디로 이어졌다고 말하는 편이 더 합리적이지 않을까?

사실 이 문제는 패러디와 용사를 어떻게 이해하는가에 따라 다양한 논의의 장이 만들어질 수 있다. 또 실상에 부합하는 논의를 끌어내려면 현대와 고전 양쪽에 두루 해박해야 하는 어려움이 있다.

이 사안과 관련해 연암을 주목한다. 기존 연구자들이 우리 근대정신의 기원을 추적할 때면 이르는 곳이 18세기이고 연암이다. 연암은 분명 기존의 전통에 의문을 품고 세계의 밖에서 안을 들여다본 사람이다. 그의 강력한 풍자 정신은 패러디 전략과 상통하는 지점이 있다. 용사 전통이 지배하던 시대에 비슷하기를 거부했던 연암을 통해 이 문제에 접근해 보려 한다. 먼저 용사와 패러디의 관련성에 대한 생각을 정리해 보겠다.

패러디와 용사의 관계

현실의 재현(미메시스)이 더 이상 불가능해졌다는 생각, 모방의 대상이 자연에서 기술로 바뀐 시대 조건, 모방이 새로운 미적 장치가 될 수 있다는 미감의 전환 등은 패러디를 포스트모던 시대 시학의 핵심 개념으로 등장시켰다. 그러나 패러디라는 용어가 언제부터 사용되었는지, 정확한 개념이 무엇인지 등에 대해서는 각양각색의 논의가 있다. 전통을 찾다 보니 고전 〈구지가〉로 거슬러 올라가고, 개념을 찾다 보니 '텍스트가 다른 텍스트를 조롱하는 것'이라는 좁은 개념부터 '텍스트와 텍스트 간의 반복과 다름'이라는 넓은 개념까지 아우르게 되었다.[11]

패러디에 대한 각양각색의 논의에도 불구하고, 원본의 전경화前景化 장치와 원본과의 비평적 거리는 패러디를 규정짓는 필수 조건이라 본다. 원본의 전경화는 원전의 특정 부분이

나 요소를 의도적으로 두드러지게 만드는 기법이다. 일상적이거나 자동화된 표현을 낯설게 만들어 독자의 주의를 끌거나 원전의 특정 부분을 강조하거나 변형하여 새로운 의미를 만들어내기도 한다. 전자는 표절과의 상관성으로 인해, 후자는 패러디 정신을 규정하는 데에 중요하다. 패러디의 어원에 이미 '반대 노래'라는 뜻이 있듯이 원본과 패러디 작품과의 차이와 다름은 패러디를 규정짓는 본질적인 요소다.

반면 용사는 고전 창작과 비평의 중심 개념이다. 용사는 고전 전통의 문장 수사법의 하나로 과거의 시문詩文이나 사건[故事]에 나타난 용어나 구절, 언행이나 일화, 신화나 전설 등을 짧은 구절에 압축해서 인용하거나 활용하는 것을 말한다. 경전이나 사서 등의 권위를 가진 텍스트부터 장소, 인명, 출생지 등에 이르기까지 권위를 가진 과거의 것이라면 그 수용 범위는 거의 제한이 없다. 다만 패러디가 현재의 것도 포함하는 반면 용사 대상은 과거의 것이어야만 한다. 인간의 능력은 한계가 있다는 생각, 있는 그대로 쓸 뿐 새로 짓지 않는다는 술이부작述而不作의 정신과 옛것을 숭상하는 상고尙古의 세계관은 용사를 쉽게 받아들이게끔 했다. 용사의 효율성은 적은 문자로 많은 뜻을 포괄할 수 있다는 데 있다.

용사에는 다양한 기법이 있다. 원전의 표현과 의미를 그대로 끌어들이는 직용直用, 전거典據의 뜻을 반대로 하여 사용하는 반용反用, 원전을 분명하게 드러내는 차용借用, 원전의 흔적을 감추는 암용暗用, 특정 부분의 구절을 거꾸로 사용하는 번안법飜案法, 의경을 바꾸지 않고 문자를 만들어내는 환골법換骨法, 의경을 변형하는 탈태법奪胎法, 원전의 글자 수를 줄이는 감자법減字法, 원전의 글자 수를 늘리는 증자법增字法, 문장 구조는 그대로 두고 어휘만 바꾸는 환자법換字法 등 실로 다양하다. 또 용사가 잘되었을 때를 일컫는 점화點化, 환골탈태換骨奪胎, 점철성금點鐵成金 등과 더 퇴보하게 되었을 때를 일컫는 도습蹈襲, 점금성철點金成鐵 등의 용어도 용사와 관련이 있다.

용사는 수사학의 영역에서 확장하여 미학과 시학의 차원에서 바라볼 필요가 있다. 다산 정약용이 자식에게 보낸 편지에서, 용사를 전혀 쓰지 않고 자연을 노래하거나 바둑과 술 이야기를 한다면 압운을 잘하더라도 마을 촌부의 시에 불과하니 이후에는 용사를 위주로 하라고 당부했을 때[12] 용사는 이미 그의 시론詩論을 지배하는 정신이다. 용사가 특정 단락에 영향을 미칠 뿐이라는 주장도 있지만 모든 고전문학은 용사의 지배 아래 있다. 한 작품에는 수많은 용사가 있으며 작가의 의식을 지배하는 것은 용사 미학이다. 산문도 예외가 아니다. 독창성을 강조했던 연암의 글도, 두보杜甫와 한유韓愈의 글도 예외가 아니다. 북송의 시인 황정견黃庭堅은 "두보의 시와 한유의 문장에도 한 글자도 유래처가 없는 곳이 없다."라고 하였다. 용사는 수사학이면서 동시에 전략이고 정신이다. 그것은 패러디도 마찬가지다.

따라서 용사는 패러디에 종속된 개념이 아니라 그와 대등한 개념이다. 고전문학의 전통은 용사미학이라 말할 수 있다. 이 점을 염두에 두고 용사와 패러디의 상관성을 검토해 보겠다.

먼저 오늘날 패러디의 부각은 원전의 권위를 비트는 데서 비롯된다. 원전은 다시 읽기와 재해석을 통해 끊임없이 변주된다. 오늘날 원전은 불변의 텍스트가 될 수 없으면 패러디를 통해 새로운 대화적 관계를 형성하면서 살아 움직이는 텍스트가 된다. 원전은 패러디로 파괴되기도 하고 부정되기도 하며 오마주의 대상이 되기도 한다.

그러나 용사 대상인 원전은 시공간을 초월한 원형原型의 지위를 갖는다.[13] 한문학에선 원전의 권위를 조롱하거나 희화화하는 자체가 거의 불가능하다. 연암의 글을 빌리자면, 한마디 말만 새롭고 한 글자라도 이전에 없던 말을 쓰면 "어찌 감히 이따위 글을 쓰는 것이냐?"라는 비난을 받는다. 남공철南公轍은 그가 쓴 대책문對策文에서 '고동서화古董書畫'라는 소품小品의 용어를 썼다는 이유만으로 지제교知製教의 직함을 박탈당하고 반성하기 전까지는 경연에 나타나지 말라는 명을 받았다. 패러디와 유사하다고 지적되는 점화와 환골탈태도 오늘날의 변개變改와는 의미가 다르다. 둘은 원전을 모방하다 어느 지점에서 변화를 가해 새로운 뜻을 만드는 것이다. 실상 이것이야말로 용사의 '자기화' 정신이다.

그러나 원전의 권위는 고스란히 살아 있으며 작가는 다른 관점에서 원전의 수준에 이르려고 원전을 '차용'할 뿐이다. 어떤 작품이 원전을 조롱하거나 비판하는 풍자 형태를 띨 때도 있지만 개인 간의 관계에서 발생한 갈등이 상대방 작품을 조롱하는 형태인 경우다. 패러디가 원전의 권위를 높이기도 하지만 원전의 권위를 파괴하거나 조롱한다면 용사는 원전의 권위를 강화하고 숭상할 뿐이다.

다음으로 패러디의 본질은 원전과 패러디 작품 사이의 비평적 거리에 있다. 패러디 개념을 '텍스트와 텍스트 간의 반복과 다름'이라는 넓은 범주로 잡더라도 여기서 반복은 '차이를 둔 반복'이며, 원전과의 차이를 강조함으로써 패러디의 미감은 더욱 커진다.

그러나 용사에서는 원전과 패러디 작품 사이의 거리가 거의 없다.[13] 한문학 전통에서는 이 경향이 더욱 커서 작가는 용사 대상으로 삼은 원전의 수준에 이르는 것을 글쓰기의 목표로 삼았다. 문인들은 사서四書와 육경六經 등의 유가 경전과 《사기史記》, 《한서漢書》 등의 역사서를 원전의 모범으로 삼았다. 시인으로는 조선 전기까진 소식蘇軾과 황정견黃庭堅이 모범이었고 이후엔 이백李伯, 두보杜甫 등 성당盛唐 시대 인물이었다. 산문가로는 한유韓愈와 유종원柳宗元 등이 있었다. 문인들은 이러한 모범의 표현과 정신을 우러르고 따르고자 했다.

셋째, 패러디는 대체로 독자가 패러디임을 인지함으로써 기능을 발휘한다. 패러디 작품은 노출된 원전과의 차이와 다름을 강조하여 대화성, 곧 거리를 만든다. 그러나 용사는 반대로 출처가 드러나지 않도록 숨길수록 미적 가치가 높다. 출처가 쉽게 노출될수록 표절의 시비에 휘둘리기에 최대한 흔적을 감추어야 한다. 용사를 강조했던 이인로李仁老가 "작시상의 흔적이 없어야 하고 어떤 전고를 사용했는지 알지 못하게 해야 한다."라고 한 말은 용사 창작자들이 지향하는 세계였다. 패러디가 의도적으로 원전을 활용한다면 용사는 작위적인 느낌이 나지 않도록 원전을 자연스럽게 녹여야 한다. 이로 인해 글의 내용이 슬쩍 훔친 것인지 묘하게 점화한 것인지의 판단은 오직 독자의 수준과 심미 취향에 달렸다. 결국 표절인지 환골탈태인지의 구별은 작가의 양심과 독자의 지적 수준에 맡길 도리밖에 없었다.

여러 점으로 미루어 고전 전통 내에서 패러디를 찾는 작업은 좀 더 신중하고 꼼꼼해야 한다고 본다. 문학과 예술의 기본 속성인 모방의 형식만으로 양자를 결합하려는 논의는 단순 비교와 편의적 잣대 적용이라는 문제점을 낳을 수 있다. 그 당시 사람들은 패러디 정신으로 모방한 것이 아니라 용사 정신으로 원전을 빌려왔다. 용사의 시학을 한마디로 말하라면 "누에가 뽕잎을 먹되 토해내는 것은 비단실이지 뽕잎이 아니다."[14]라는 말로 집약할 수 있다. 바뀌기는 하지만 비단실의 근본은 뽕

잎의 성분으로 만든 것이다. 반면 패러디 시학은 다음과 같이 말할 수 있을 것이다. "누에가 뽕잎을 먹되 토해내는 것은 무명실이 되고 가죽옷도 된다."

고전과 현대를 연결하는 시도는 긴요하며, 그 가능성은 확대되어야 한다. 그러나 실상에 부합하는지를 잘 분별해야 의미 있는 결과를 얻을 수 있다. 물론 문학의 생명이 현실에 대한 반성과 자유로운 창조 정신에 있다는 점에서 어느 시대를 막론하고 당대의 관습과 권위를 깨뜨리려는 문학 정신은 존재하기 마련이다. 그러나 창조가 아닌 '모방'하기로 한 이상 상고尙古 정신과 절대 권위가 작용하는 고전 시대에 용사의 세계관을 벗어나기는 힘들었을 것이며, 따라서 서로 다른 정신을 기반으로 하는 용사와 패러디를 결합하려는 시도는 조심스럽다. 용사 시학으로 접근해야 할 것을 굳이 패러디로 접근함으로써 어떤 유의미한 결과를 끌어낼 수 있을까 하는 의문이 든다.

하지만 권위가 흔들리고 문학의 패러다임이 변하는 조선 후기에 이르면 패러디의 조건이 무르익는다. 이때 주목해야 할 인물이 연암 박지원이다. 연암의 소설은 풍자를 기저로 한다. 풍자가 패러디의 주요 장치라는 점에서 그 글은 더욱 주목된다. 게다가 연암은 "비슷한 것은 참되지 않다."라고 말한다. 또 "사마천司馬遷과 반고班固가 다시 태어난다고 해도 사마천과 반고를 결코 배우지 않겠다."라고 선언하기도 했다. 여전히 한문학 주류에선 절대 규범이 작동되고 있던 시대에 연암은 과연 원전을 어떻게 활용했을까? 연암이 원전을 끌어들인 장치는 용사 시학일까? 패러디 시학일까? 아니면 용사의 일탈로 봐야 할까?

연암 산문의 용사

시학詩學

글쓰기에는 법도가 있습니다. 소송하는 사람이 물증이 있어야 하고 장사치가 물건을 들고 사라고 외치는 것과 같다 하겠습니다. 아무리 진술이 분명하고 올바르다 하더라도 다른 물증이 없다면 어떻게 이길 수 있겠습니까? 따라서 글을 쓰는 사람은 경전을 여기저기 인용해 자기 생각을 밝히는 것입니다.

〈답창애答蒼厓〉

용사를 사용하면 글에 신뢰성을 부여하고 근거가 되기에 정당성을 확보한다. 옛사람들은 논리적으로 완벽하게 증명하기보다는 과거의 권위에 의지해서 설득의 무기로 삼았다. 전거典據를 사용하면 정당성을 크게 높일 수 있고 증거가 없으면 정당한 주장일지라도 효과적으로 설득시킬 수가 없었다.

멋지고 독창적인 표현일지라도 논거가 없으면 상대방을 설득하기가 어려웠다.

연암도 경전을 인용해 생각을 밝히는 것을 용사의 장점으로 여기고 있다. 법의 시비를 가리는 데 판례가 결정적인 잣대가 되듯 아무리 논리적으로 흠이 없는 주장일지라도 근거가 없으면 남을 설득하기 어렵다. 그 잣대 가운데 하나가 경전이었다. 글의 권위를 세우고 객관적인 신뢰를 얻기 위해 보편적으로 증험이 된 경전의 권위를 빌려와 썼다.

인용문처럼 연암은 용사의 필요성을 잘 알고 있다. 연암은 변화의 정신을 중요한 가치로 여기고, 새로운 창조 정신을 강조한 작가다. 모방을 적극적으로 반대하고 남과 비슷해지려고 하지 말라고 누누이 당부한다. 그러한 연암이 용사에 대해 적극적 의미를 부여한 것이 자못 이질적으로 보이기도 하다. 분명 연암은 작가의 생각을 전달하는 데 용사가 중요하다고 생각한다.

그런데 연암이 윗글에서 궁극적으로 말하고 싶었던 것은 실제에 맞지 않게 무분별하게 전고를 활용하는 행위다.

벼슬 이름과 지명은 남의 것을 빌려 쓰면 안 됩니다. 나무를 지고 다니면서 소금을 사라고 외친다면 종일 돌아다녀도 나무 한 짐 팔지 못할 것입니다. 만약 황제나 임금이 사는 도읍지 모두를 당나라 도읍지였던 '장안長安'이라 일컫고, 역대의 정승 모두를 진나라의 명칭이었던 '승상丞相'으로 부른다면, 이름과 실제가 혼동되어 도리어 속되고 비루하게 될 것입니다. 이는 동명이인인 진공陳公을 진짜 진공으로 알고 깜짝 놀랐던 사람들과 같은 꼴이고 미녀인 서시의 얼굴 찌푸림을 흉내 낸 추녀와 같다 하겠습니다. 그러므로 글을 쓰는 사람은 아무리 저급한 명칭이라도 꺼리지 말고, 아무리 비속한 이야기라도 없애지 말아야 합니다.

맹자는 말했습니다. "성은 다 같이 쓰지만 이름은 홀로 쓰는 것이다." 그렇다면 또한 "문자는 다 같이 쓰지만 글은 홀로 쓰는 것이다."라고 하겠습니다.

〈답창애答蒼厓〉

연암은 남의 나라 벼슬과 지명을 빌려 쓰는 행위가 잘못되었다고 지적한다. 용사 전통에서는 우리나라가 아닌 중국의 원시 유가 경전을 절대 모범으로 삼는다. 전통 고문에서는 우리나라 고유의 지명이나 땅 이름을 쓰지 않았다. 격이 떨어진다고 생각한 것이다. 우리의 수도인 한양을 당나라 시절 수도인 장안으로 표기하거나 우리나라 역대의 정승을 중국 진나라 때 벼슬 명칭인 승상으로 표기하곤 했다. 중국을 높이 떠받드느라 명칭과 실제가 어긋나는 표현을 하게 된 것이다.

고문론자들은 문장은 반드시 진한 시대의 글을 본떠야 하고, 시는 반드시 성당 시절의 두보와 이백을 좇아야 한다고 생각했다. 그러한 상황에서 과거 중국을 전범으로 삼던 관행을 없애고 지금 우리의 지명을 쓰자는 연암의 말은 평범하지 않다. 연암의 작가 정신에서는 글자가 비속한지 우아한지는 고려의 대상이 아니다. 명칭과 실제가 서로 일치하느냐의 여부가 중요하다.

이 지점에 용사 관습의 존중과 일탈이라는 아슬아슬한 경계가 있다. 연암의 용사 정신은 기존의 관행을 뒤집는다. 그것은 '옛날 중국'에서 '지금 이곳'으로의 이동이다. 여기엔 문자를 바라보는 연암의 새로운 패러다임이 있다. 연암은 문자는 '살아 움직이는 활물活物'이라고 본다.

한문학 전통에서 문자는 성현이나 현자의 정신세계를 담은 고정된 기호 체계다. 곧 문자는 도道를 구현하고 성인의 마음을 들여다보는 수단이었다. 그런데 가치가 공인된 고전은 문어로 쓰였다. 문어는 과거의 언어구조에 의지한다. 지식인들은 학식을 갖추기 위해 문어로 쓰인 경전과 제자백가의 사상서, 역사서를 읽고 고전의 통사구조를 완전하게 익혀서 창작에 활용했다. 이에 대해 강명관 선생은 지식인들의 새로운 창작은 과거 작품의 통사구조에 말만 바꾸어 넣거나 객관 현실과의 접촉에서 얻은 새로운 인식 내용도 자신이 습득한 과거의 언어와 비유를 통해 나타내게 되었다고 주장한다.[15]

그런데 연암에 이르면 문자의 개념에 대해 혁명적인 인식의 전환이 이루어진다. 천지 만물을 살아있는 글자라 보는 것이다. 연암은 명실名實의 관계에서 실實을 도道가 아닌 자연 사물이라 하고는, 그때의 자연 사물이 지금 눈앞에 있으니 이를 잘 보라고 말한다. 따라서 이름이 실질을 가장 적실하게 담아내려면 현재의 눈앞에서 펼쳐진 장면을 마주 보아야 한다. 이 또한 텍스트를 살아있는 존재로 대하는 패러디 정신과 상통하는 지점이 있다.

과거 지식인들은 도道를 불변하는 진리로 간주하고 그 도가 원시 유가 경전에 들어 있다고 믿었다. 형이상학적이고 보편적인 도는 아주 먼 과거에서 본래의 본질을 간직하고 있었다. 따라서 명名을 실實에 일치시키기 위해서는 아주 먼 과거로 돌아가야 했다. 그것이 옛것을 숭상한다는 상고尙古 정신이다. 하지만 연암에게는 시시각각 변화하며 생기를 머금은 지금 여기라는 시공간의 자연 사물이 훌륭한 텍스트이고 글자다. 이 자연 사물은 과거 속에 갇히지 않고 스스로 변화하는 가운데 지금의 내 눈앞에서 현전하고 있다. 따라서 문자가 실질을 적실히 담아내려면 눈앞 현실을 그려내야 한다. 사물과 내가 지금 일대일로 만나는 그 순간을 담아내야지, 특정한 시대나 특정한 고전에 얽매여서는 안 된다.

이러한 점에서 연암의 용사관用事觀은 과거 전아한 글을 모방해야 한다고 생각한 용사 전통과 거리가 있다. 연암은 지금에 주목하라고 말한다. 명칭이 속되고 비루해도 지금 이곳의 실제에 부합한다면 꺼리지 말고 담아내라고 말한다. 그것이 명실상부名實相符의 정신이다. 중국이 아닌 우리나라, 과거가 아닌 현재를 본받으라는 요구에는 용사 관습에서 일탈하는 아슬아슬한 긴장이 있다.

여러 상황을 고려할 때 전통적인 용사 창작 관행에서 벗어난 인물은 발견하기 쉽지 않아 보이는데, 그 가운데 연암이 있다. 연암은 이전의 문학 관습을 거스르며 다음과 같이 과감한 발언도 서슴지 않는다. “사마천과 반고가 다시 살아난다고 해도 그들을 배우지 않겠노라.” 전범典範의 숭배에서 자기 목소리로의 전환이다. 이 지점에 용사를 벗어나려는 의식이 있다.

하지만 연암도 사마천과 반고의 권위 자체를 부정한 것은 아니다. 그는 고전의 권위를 인정하고 수용했다. 그러면서 한편으로 상고에서 벗어나 현재를 들여다보았고, 변화의 정신을 바탕으로 새로운 표현을 쓰고자 했다. 법고와 창신 사이에서 적절한 균형 감각을 보여주는 연암의 문학 정신에는 전범을 깨뜨리려는 마음과 존중하려는 마음이 어지러이 교차한다.

용사의 정신은 원전과 똑같아서도 안 되고 원전과 달라서도 안 되는 그 사이에 있다. 닮으려 하면서도 닮지 않으려는 마음, 이는 곧 원전의 세계를 지향하면서도 자기 색깔을 찾으려는 태도다. 대부분 작가가 용사 존중의 미학을 지녔지만, 연암은 끊임없이 용사 전통에서 일탈하려는 정신을 보여준다.

이제 그가 실제 작품에서 전고를 어떻게 변용하여 새로운 미감을 창출하는지를 살펴보기로 한다. 대부분 작품마다 전고를 활용하고 있지만, 용사와 패러디 사이의 긴장이 뚜렷한 몇 구체적 사례를 살펴볼 것이다.

연암 산문의 용사와 패러디

일반적으로 용사는 적은 글자로 많은 뜻을 아우르는 효과를 준다. 용사가 한시에서 애용되는 이유도 글자 수가 엄격히 제한된 시가詩歌 장르에서 용사를 활용하면 단 몇 마디 말로도 수백 글자를 사용하는 효과를 주기 때문이다. 나아가 과거의 사실을 끌어다 작가의 현재 심정과 병치시킴으로써 말하지 않고 말하기의 효과를 준다. 과거의 권위를 빌려와 작가의 처지를 대신 말해주거나 주장의 신뢰성을 높여준다.

산문의 경우 용사는 대체로는 작가의 주장을 강화하고 설득력을 높이기 위한 근거로 사용된다. 연암의 경우 용사는 작가의 의도를 효과적으로 달성하기 위한 전략으로 사용된다. 대표적인 사례를 통해 논의를 전개해 가겠다.

짜깁기로 변용하기

청나라의 섭변葉變은, "옛사람의 일을 그대로 사용한다면 비록 형체나 이목구비는 다 갖춰져 있을지라도 짚으로 만든 개와 같아서 전혀 생기가 없을 것"이라고 말한다.[16] 옛 표현을 그대로 모방해서 세부적인 부분까지 완벽하게 재현하더라도 생기와 창의성이 없다면 죽은 문자의 나열이 되고 짜깁기가 된다. 연암의 글에는 여러 개의 고사를 짜깁기처럼 연속적으로 배열하는 경우가 있다. 과연 어떤 효과를 염두에 둔 것일까?

아래의 글은 연암이 제자인 박제가에게 써준 〈초정집서楚亭集序〉의 일부다. 이 글에서 연암은 저 유명한 "옛것을 본받되 변화를 알고[法古而知變] 새롭게 만들되 법도에 맞는다면[創新而能典] 지금 글도 옛글과 같다."라고 하여 '법고창신法古創新'을 주장한다.[17] 이어 변화의 중요성을 말하는 가운데 다음과 같이 말한다.

이로써 보건대, 하늘과 땅이 아무리 오래되어도 끊임없이 생명을 낳고, 해와 달이 아무리 오래되어도 그 빛은 날마다 새롭다. (중략) 문자는 말을 다 표현하지 못하고 그림은 뜻을 다 표현하지 못한다.(①) 어진 이가 도道를 보면 '인仁'이라고 이르고 지혜로운 자가 도를 보면 '지智'라 이른다.(②) 그런 까닭에 백세 뒤에 성인이 나오더라도 내 말에 의혹을 갖지 않을 것이

> 라고 한 것은(③) 앞선 성인인 공자의 뜻이고, 순임금과 요임금이 다시 태어난다 해도 나의 말을 바꾸지 않을 것이라고 한 것은(④) 뒤의 현자인 맹자가 성인의 뜻을 계승한 말이다. 우임금과 후직后稷과 안회는 그 이치가 하나이고(⑤), 편협함과 공손하지 않음은 군자가 따르지 않는다.(⑥)
>
> 〈초정집서楚亭集序〉

윗글에는 여섯 개의 고사가 있다. 간단하게 정리해 보겠다.

①은 《주역周易》〈계사전繫辭傳〉에 나오는 '문자는 말을 다 표현하지 못하고 말은 뜻을 다 표현하지 못한다[書不盡言言不盡意]'는 구절을 그대로 빌려온 뒤 '말[言]' 대신에 '그림[圖]'만 바꾼 것이다. 언어와 문자의 한계를 지적한 말이다.

②의 구절도 《주역》〈계사전〉에 나온다. 글의 본의本義에 대해 '인仁의 양陽과 지智의 음陰은 각각 이 도의 한쪽만을 얻었다. 그러므로 그 보는 바에 따라 전체라고 지목하는 것이다'라고 하였다.

③은 《중용中庸》에 나온다. 공자는 말하길, 후대 성현이 나오더라도 군자의 도를 실천하려는 자신의 말을 의심하지 않을 것이라 하였다.

④는 《맹자孟子》〈등문공하滕文公下〉에 나온다. 앞선 성인의 도를 지키려는 맹자 본인의 뜻은 선대 우임금이나 순임금도 마찬가지였을 거라는 의미다.

⑤는 《맹자》 〈이루하離婁下〉에 나온다. 우임금과 후직后稷은 태평한 시절에 자기 집 문 앞을 세 번이나 지나면서도 들어가지 않았다. 자신의 직책에 책임을 다하기 위해 백성 구원하기를 우선한 것이다. 안회顔回는 누추한 집에 살면서도 가난의 즐거움을 변치 않았다. 이에 대해 맹자는 우임금, 후직과 안회의 도는 같다고 하면서 우임금, 후직과 안회가 처지를 바꾸었다면 모두 같은 행동을 했을 것이라 했다.

⑥은 《맹자》 〈공손추상公孫丑上〉에 나온다. 백이伯夷는 남의 더러움으로 자신을 더럽힐까 봐 더러움을 가까이하지 않았다. 반면 유하혜柳下惠는 남이 아무리 더러워도 자신은 더럽히지 않을 것이라며 무엇이든 사양하지 않았다. 맹자는 이 두 사람에 대해 백이는 편협하고 유하혜는 삼가지 않았으니 군자는 편협함과 삼가지 않음을 따르지 않는다고 했다.

여섯 고사는 원전의 구절을 거의 그대로 끌어다 썼다. 각기 다른 출전에서 고사를 뽑아와 연속적으로 배치했다. 각기 고사는 표면적으로 아무 상관성이 없다. 고쳐 쓴 구절도 없다. 이미 잘 알려진 고사를 그대로 나열하고 있을 뿐이다. 그야말로 짜깁기로, 외형상 오늘날의 패스티시(Pastiche)와 닮았다. 패스티시는 목적의식도 없이 단순하게 베끼는 수준 낮은 짜깁기를 말한다.

위 고사들은 배경지식을 이해해도 자연스럽게 연결되지 않는다. 각 고사가 독립적인 의미를 지닌 가운데 선택한 것이기에 구절과 구절 사이에는 비약이 있다. 작가는 독자에게 맥락을 연결해서 읽기를 요구하고 있다. 이제 독자는 짜깁기된 고사를 전체 구조 속에서 유기적으로 연결하는 능력이 필요하다. 이것이 용사에서 독자에게 요구하는 정예주의다.

그렇다면 작가는 무엇을 말하려는 걸까? 그 논리를 따라가 보겠다. ①, ②는 똑같은 것도 보는 사람의 처지에 따라 다르게 생각되므로 특정한 입장만 고집하지 말라는 뜻으로 해석된다. 글과 그림은 본의本意를 다 담아내지 못한다. 도를 담아내는 수단인 글의 한계를 지적하고 있는 자못 진지한 발언이다. 글이 도를 온전히 싣지 못한다면 도가 달리 해석되는 여지가 마련된다. 따라서 도에 대해 이 사람이 보면 A라고 할 수도 있고 저 사람이 보면 B라고 할 수 있다. 서로 다른 관점을 갖더라도 그것은 입장의 차이일 뿐 어느 편이 꼭 옳고 그른 것은 아니므로 어느 하나만을 옳다고 할 수는 없다.

③, ④는 앞의 전제를 바탕 삼아 서로 다른 상황의 표현이나 행동도 그 근본은 똑같다는 점을 말한다. 공자는 뒷날 성현이 나타나도 자신의 말을 의심하지 않았을 것이라 말했다. 반면 백 년 뒤의 맹자는 순임금과 우임금이 다시 태어난다 해도 자신의 말을 바꾸지 않을 것이라 했다. 서로 다른 시대를 살다 간 공자와 맹자의 말은 각기 다른 성현을 빗대어 표현하고 있지만 실제로는 그 담긴 정신은 똑같다. 다른 시대에 다른 표현을 하더라도 정신은 같은 것이다. 뒤집어 생각하자면 같은 뜻

의 말이라도 시대와 상황에 따라 달리 표현될 수 있다.

⑤에서 우임금과 후직은 나랏일을 돌보다가 자신의 집을 그대로 지나쳤고 안회는 집 밖을 나가지 않고 집 안에서 안빈낙도를 즐겼으니 서로 다른 행동을 한 것이다. 그렇지만 나아가면 백성을 구원하고 물러나면 자기 몸을 닦는 도를 행함에는 같은 정신이었다. 그러므로 이들이 서로 처지를 바꾸었다면 똑같이 행동했을 것이다. 처지에 따라 정반대의 행동을 했지만, 근본정신은 같았다는 것이다.

⑥에서 은나라 폭군인 주왕紂王 시대를 살았던 백이는 눈에 올바르지 않은 것은 보지 않았고 귀로 올바르지 않은 것은 듣지 않았으며 자기 뜻에 맞지 않은 임금은 섬기지 않았을 만큼 청렴결백하게 살았다. 반면 노나라의 유하혜는 3번이나 파직을 당했음에도 더러운 임금을 부끄럽게 여기지 않고 작은 벼슬도 마다하지 않았다. 곧 백이는 자신의 청렴을 지키기 위해 무엇과도 타협하지 않았고 유하혜는 어떤 더러움도 마다하지 않았다. 둘은 모두 한쪽에 치우친 바가 있는 것이다.

이를 정리하면 다음과 같다. 똑같은 것을 두고서도 보는 이의 입장에 따라 다르게 이해되기도 한다. 반대로 서로 다른 행동을 했어도 그 근본은 같은 정신을 품고 있기도 하다. 그러니 자기 입장만 옳다고 고집하지 말고 반대편의 입장을 헤아리라는 것이다. 이 단락은 '법고이지변 창신이능전法古而知變 創新而能典'의 논리적 근거가 되어준다. 옛것을 본받는 법고法

古를 주장하는 사람은 변화의 정신을 잘 갖추고, 새롭게 표현하는 창신創新을 주장하는 사람은 법도에 맞게 쓴다면 법고든 창신이든 고전이 될 수 있다는 것이다. 법고와 창신은 서로 대립하는 주장이지만 각자의 문제점을 잘 보완하면 둘 다 고전이 될 수 있다. 연암은 격렬하게 대립했던 법고와 창신에 대해 두 입장이 서로를 배척하지 않고 각자의 약점을 잘 보완하면 둘 다 훌륭한 고전이 될 수 있다는 생각을 전달하기 위해 각종 고사를 끌어들여 자신의 주장에 대한 정당성을 밝혔다.

문장가들이 법고와 창신 가운데 한 편에 서서 치열하게 다툴 때 연암은 과감히 상생相生의 가치를 이야기했다. 이러한 생각은 자칫 양시론자, 양비론자의 비난을 감수해야 한다. 양쪽이 격렬하게 대립할 때 어느 한 편에 서지 않으면 따돌림을 당할 수 있다. 이때 연암은 친숙한 전고들을 활용하여 주장의 정당성을 내세웠다. 각각의 고사는 떼어놓고 보면 아무 관련이 없지만, 연암은 교묘하게 하나의 맥락 아래 엮어냈다.

작가는 왜 직접 말하지 않고 여기저기서 고사를 인용해 짜깁기의 방식을 사용했을까? 변화와 상생의 정신을 강조하는 연암의 주장은 당시의 시대 조건을 고려하면 대단히 도전적이고 혁신적인 생각이다. 한쪽의 입장에 서야 안전한데 자칫 양쪽에서 비난받을 수 있다. 이에 연암은 용사의 권위를 이용했다. 원전에서 필요한 부분을 가져와 연암의 뜻에 맞게끔 재해석하여 새로운 의미로 녹였다. 각 전고는 연암에 의해 새로운 맥락으로 쓰였으며 독자에게는 구절 간의 단절감으로 인해 글뜻이 낯설어 보이는 효과를 가져다주었다. 익숙한 전고를 사용했지만, 연암의 의도적 배치에 따라 의미가 새롭게 환골탈태했고 독자들은 작품의 해석에 적극적으로 참여하게 되었다.

이같이 연암은 원전의 권위를 손상하지 않으면서도 재배치만으로 의미를 새롭게 바꾸는 재능을 보여주었다. 표현은 경전의 권위를 그대로 사용했지만, 작가의 뜻으로 의미가 새롭게 바뀌게 된 것이다.

장황하게 늘리기

용사의 기본 원칙은 궁벽한 전고는 정확하게 쓰고, 익숙한 전고는 간략하게 쓰는 것이다. 낯선 사실은 구체적으로 전달해야겠지만 익숙한 고사는 시시콜콜히 다 쓸 필요가 없다. 그렇다면 연암은 익숙한 전고를 어떻게 활용할까?

아래는 〈이존당기以存堂記〉의 일부다. 장중거라는 사람이 술버릇 때문에 사람들의 비난을 피해 칩거하자 연암이 그 잘못을 지적하며 몸을 보존하는 방법을 일러준 글이다. 연암은 외물外物이 자신을 해치는 것이 두려워 칩거하거나 사물에 의탁하여 숨는 행위는 졸렬하다며 다음과 같이 충고한다.

나는 충분히 그대의 몸을 귓구멍이나 눈구멍 속에 집어넣을 수 있네. 비록 하늘과 땅이 크고 세상이 넓다지만 눈구멍이나 귓구멍보다 더 여유롭고 넓을 수는 없네. 그대는 이 속에 숨고 싶은가? 무릇 사람과 사물의 접촉과 사물과 이치의 만남에는 도가 존재하는데 그것을 일러 예禮라고 하네. 자네가 자네 몸 이기기를 큰 적을 막는 것같이 해서, 이 예에 따라 절제하고 이 예에 따라 기준을 세워 그 예가 아닌 것은 귀에 머무르게 하지 않는다면 몸을 숨기는 데에 넓고 넓어 여지가 있게 된다네. 눈이 몸에 대해서도 또한 그러하네. 예가 아닌 것을 눈에 접하지 않는다면 몸은 남의 눈 흘김에 걸리지 않을 것이네. 입의 경우에도 또한 그러하네. 그 예가 아닌 것은 입에 올리지 않는다면 몸은 남의 말밥에 오르지 않을 것이네. 마음은 귀와 눈보다 중요하다네. 그 예가 아닌 것으로 마음이 흔들리지 않는다면 내 몸의 온전한 체體와 큰 용用이 진실로 한 치 넓이의 마음을 떠나지 않아 어딜 가든지 보존되지 못할 곳이 없다네.

〈이존당기以存堂記〉

이 글이 저 유명한 사물장四勿章의 변용임을 눈치채는 것은 그리 어렵지 않다. 예란 천리天理의 절문節文이고, 인사人事의 의칙儀則이라고 한 《논어》 구절을 첨가한 다음, 익숙한 사물장四勿章을 변용했다. 《논어論語》 〈안연편顔淵篇〉에 의하면 극기복례의 조목으로서, "예가 아닌 것은 보지 말고, 듣지 말고, 말하지 말고, 행동하지 말라[非禮勿視非禮勿聽非禮勿言非禮勿動]."라는 구절이 있다. 윗글은 이 구절을 확장한 것이다. 용사의 방법으로 보자면 간단하게 표현해도 되는 것을 일부러 장황하게 말하는 증자법增字法에 해당한다. 사물장은 유학자들의 일상 지침으로 매우 흔하고 평범한 말이다. 진부하고 관습적인 표현을 금기시하던 그는 왜 처세의 방법으로써 너무도 익숙한 사물장을 끌어들였을까?

공자의 사물장은 극기복례의 구체적 덕목이다. 자기의 욕심을 이겨 예로 돌아가는 것이 인仁의 요체다. 이는 남에게 달린 것이 아니라 자기 몸에 달렸다. 그 구체적 생활 덕목이 사물장이다. 그렇다면 연암의 위 구절은 사물장의 각주 역할을 하는 것으로, 예로 몸을 단속하라는 가르침을 말하는 것일까?

그렇지 않다고 본다. 얼핏 예로써 몸을 보존하라는 상식적 주제를 말하는 듯 보이나 그 실질은 사물장을 끌어와 이를 교묘하게 변용한 뒤 오히려 유가儒家의 출처관을 비판하고 있다. 은거가 내 몸을 지키는 진정한 방법이 될 수 없다는 것이다. 세상과 맞지 않으면 산속에 들어가 은거하는 삶을 출처의 기준으로 삼은 유자들의 태도를 은근히 비판하는 뜻으로 읽힌다.

연암이 제시한 방법은 '예법에 맞지 않는 것으로 마음이 흔들리지 말게 하라'는 것이다.[18] 마음을 제어한다면 어디를 가든지 몸을 보존할 수 있다는 것이다. 곧 '몸 안에 몸을 숨기고 몸을 보존하지 않음으로써 보존하게 하라'는 역설적인 깨우침이다.

이 글의 묘처는 '움직이지 말라'는 물동勿動의 의미를 행동 차원이 아닌 '마음'으로 이해한 것이다. 곧 진정한 자기 보존은 외물에 의존하는 데 있지 않고 자기 자신에게 있다. 마음을 동요시키지 않는 것이야말로 몸을 보존하지 않음으로써 몸을 보존케 하는 가장 좋은 방법이다. 이렇게 보자니 '마음을 동요하지 말라'는 해법은 저 〈일야구도하기一夜九渡河記〉에서 마음을 잠잠하게 한다는 '명심冥心'과 맞닿게 된다. 명심은 눈과 귀로 인해 생기는 선입견에 흔들리지 않고 순수한 마음으로 편견 없이 보는 것이다. 세상을 살아가는 일이 강을 건너는 것보다 훨씬 위험할진대, 외부의 소리와 색에 현혹되지 말고 마음을 잘 다스리라는 것이 명심의 요체다. 외물에 기대지 말고 마음을 잘 다스리라는 연암의 발언은 유가적이라기보다 선가禪家와 맞닿아 있다.

이처럼 연암은 해묵은 용사를 끌어와 독자들에게 친숙함을 느끼게 한 뒤 교묘하게 자기 뜻으로 변형해서 자신의 논지에 설득되도록 했다. 익숙한 전고를 변용함으로써 독자들은 연암의 새로운 주장에 쉽게 동화된다. 유가의 논법을 끌어와 유가의 행동 윤리를 비판하는 이이제이以夷制夷의 전략이다. 글의 속뜻에는 모든 것은 마음의 문제이므로, 인위적으로 외물에 의존하는 태도를 버리고 일상의 현장에서 진리를 실천해야 한다는 뜻이 담겨 있다.

문맥 속에서 전도시키기

연암의 여러 글에는 풍자의 정신이 있다. 고전 산문가를 통틀어 연암만큼 강력하고 날카로운 풍자 정신을 드러낸 작가는 없다. 풍자는 인간의 위선과 사회의 부조리를 폭로하고 개선하려 하며 도덕적 이상을 추구한다. 이에 따라 풍자하려는 대상과 비평적 거리가 생기는데 여기서 풍자와 패러디가 만난다. 그러나 풍자와 패러디의 경계가 모호한 탓에 양자의 상관관계에 대해 논란이 분분하다. 풍자를 패러디의 한 범주로 이해하기도 하며 패러디를 풍자의 한 형태로 보기도 한다. 린다 허천(Linda Hutcheon)은 풍자와 패러디를 교집합의 형태로 본다.

여러 논란에도 불구하고 풍자가 패러디를 실현하는 중요한 전략 장치인 것만큼은 틀림없다. 풍자한다는 것은 그 대상을 조롱하거나 비판하려는 의도가 있다는 의미다. 그런데 용사 전통에서는 모방 대상으로 삼은 원전을 조롱하거나 비판하는 것이 아니라 좇아가거나 계승하려 한다. 곧 원전을 풍자한다는 것은 용사의 일탈을 의미한다. 그렇다면 풍자 작품의 경우 과연 연암은 원전을 풍자하고 있는가 아니면 원전의 권위를 빌려 또 다른 대상을 공격하고 있는가를 알아보기로 한다.

연암 산문 가운데서도 가장 강력한 풍자를 담은 작품이 〈호질虎叱〉이다. 그 일부를 옮겨 보겠다.

범이 수염을 떨치며 화난 빛으로 말했다.

"① 의원 의醫는 의심할 의疑다. 그 의심스러운 바를 사람들에게 시험해 해마다 수만 명을 죽게 만든다. ② 무당 무巫는 속일 무誣다. 귀신을 속이고 백성을 미혹케 해 해마다 수만 명의 목숨을 앗아간다. 그래서 사람들의 분노가 뼛속으로 들어와 금잠金簪으로 변했으니 독해서 먹을 수가 없다."

육혼이 말했다.

"③ 숲속[林]에 고기가 있습니다. 어진 간과 의로운 쓸개에 충성스럽고 결백한 마음을 품고 예禮와 악樂을 실천하면서 입으로는 수많은 사상가의 말을 외우고 다니고 마음으로는 만물의 이치에 통달했으니 이름을 '덕이 높은 선비'라고 합니다. ④ 등이 불룩하고 몸이 살져[背盎體胖] 다섯 가지 맛을 다 갖추고 있습니다."

범이 눈썹을 치켜뜨고 침을 흘리며 고개를 젖히고 웃었다.

"짐도 들었다만 어떠한 자냐?"

창귀들이 앞다투어 범에게 아뢰었다.

"⑤ 한 번은 음陰이었다가 한 번은 양陽이 되는 것을 도道라고 하는데 ⑥ 유자儒者들은 그 도를 꿰뚫고 있습니다. ⑦ 오행五行이 서로 낳고 ⑧ 육기六氣가 서로 조화를 이루는데 선비가 이를 이끌어 줍니다. 음식이 맛있기로는 이보다 좋은 것은 없습니다."

범은 발끈해 낯빛이 변하더니 정색을 하고 불쾌해하며 말했다.

"음양陰陽이란 하나의 기운이 나타났다 사라졌다 하는 것인데, 기를 둘로 나누었으니 그 고기는 잡스러울 것이다. 오행은 자리가 정해져 있어 애초에 서로 낳는 관계가 아닌데도 지금 억지로 자식과 어머니로 만들고 짠맛과 신맛 등을 분배해 놓았으니 그 맛은 순수하지 못할 것이다. 육기는 스스로 운행하므로 서로 펴고 이끌어 줄 필요가 없는데도 지금 망령되이 도와주고 보충해 준다 일컬으며 사사로이 자기의 공로를 드러내려 하니 그것을 잡아먹으면 너무 딱딱해 체하거나 토할 것이니 쉽게 소화가 되겠느냐?"

〈호질虎叱〉

①, ②는 일종의 언어유희다. 의원[醫]을 의심스럽다[疑]는 뜻으로 비꼬았고, 무당[巫]을 속이는 사람[誣]으로 비틀었다.[19] 동음이의어를 이용한 언어유희로 사람을 치료하던 직업인 의원과 무당을 조롱하고 있다. 연암은 이들 직업이 혹세무민惑世誣民하여 사람들을 속이고 개인의 이익을 취한다고 생각한 듯하다. 이는 용사 혹은 패러디라고 말하기는 어려우며 희화화를 이용한 풍자라고 보면 될 것이다. 풍자가 꼭 패러디는 아니다.

③, ④는 의미의 전도다. ③의 숲[林]은 선비를 사림士林이나 유림儒林이라고 하는 것을 염두에 두고 의도적으로 쓴 말

이다. ④는 《맹자孟子》와 《대학大學》에서 두 글자씩 따왔다. 《맹자》의 "군자는 인의예지에 뿌리박힌 광채가 등에도 흘러넘친다[盎於背]."와 《대학》의 "마음이 넓어지매 몸도 편안해진다[心廣體胖]."는 말에서 각기 두 자씩 따온 것이다. 이 전고는 본래는 긍정적인 의미의 말이지만 본문의 문맥 속에서는 부정적으로 바뀐다. 곧 원전에서는 군자의 아름다운 모습을 형용한 표현이지만 작품 속에 들어오자 범이 먹기에 좋은 모습으로 의미가 전도된다. 긍정의 어휘가 특수한 상황 속에서 우스꽝스럽고 조롱받는 어휘로 바뀐 것이다. 글자를 조합했을 뿐 왜곡하거나 비틀지도 않았다. 그런데도 특수한 문맥 속에 놓아 아이러니한 전도를 만들었다.

⑤~⑧은 유명한 전고를 나열하고 있다. 이 전고도 문맥 속에서 의미가 전도되었다. 선비의 멋진 행위가 범이 먹기에 좋은 행동으로 바뀐 것이다. 여기까지는 아이러니다. 그런데 다음 범의 입을 통해 다시 강력한 조롱으로 바뀐다. 하나에서 나오는 음양을 선비들이 억지로 쪼개었으며, 오행은 제자리에 있는데 선비들이 인위적으로 만들고 오미五味를 대응시켰다는 것이다. 또 육기六氣는 스스로 운행함에도 선비들이 제멋대로 조절하고 생색을 낸다는 것이다. 상황 속에서 전도시킨 전고를 다시 재해석하여 이중의 풍자를 만들었다.

범의 발언은 유학자의 세계에선 받아들이기 힘든 신랄한 조롱이다. 일상적이고 전통적인 개념인 의술, 선비의 덕, 음양

오행론, 육기六氣 등을 풍자적인 시각으로 비판하고 있다. 긍정적이고 중요한 가치를 지녔던 전고들을 풍자의 의미로 바꾸어 유학자를 공격하는 양상이다. 자칫 연암 자신이 큰 박해를 받을 수도 있을 만큼 노골적이다. 〈호질〉을 자신이 직접 쓴 것이 아니라 중국 옥전현의 한 가게 액자에 걸려 있던 글을 베낀 것이라고 한 발언도 이 맥락에서 이해할 수 있다. 자신에게 닥칠 칼날을 피해 가려는 전략이다.

윗글의 용사는 이전의 용사 전통에서 벗어나 있다. 이를 용사의 일탈 혹은 용사의 확장이라고 불러도 좋고 패러디라고 불러도 좋겠다. 용사와 패러디에 대한 논의가 여전히 분분한 상황에서 '용사다, 패러디다'라고 구별 짓기에 앞서 그 지향과 정신에 대한 더욱 충분한 논의가 이루어져야 할 것이다.

흥미로운 것은 연암의 용사 활용에 담긴 정신에서 중세의 일탈을 떠올리게 된다는 것이다. '세계와 주체와의 의도적 거리' 문제가 개입되기 때문이다. 연암은 세계를 바라볼 때, 일정한 비판적 거리를 유지하며 현실을 있는 그대로 받아들이지 않고 그 안에 담긴 문제점이나 모순을 지적하려고 한다. 나아가 경전을 해석할 때도 수동적으로 받아들이지 않고 일정한 거리를 갖고 적극적으로 해석하고 그 안에 담긴 의미를 자신의 관점에서 새로운 맥락으로 활용한다. 이는 연암의 글쓰기가 단순히 현실을 재현하는 것을 넘어 현실이 담고 있는 사회정치적 의미를 탐구하려는 태도를 보여준다는 것을 의미한다.

원전의 권위를 조롱한 패러디 정신

성인의 말을 전하기만 할 뿐 창작하지는 않는다는 술이부작述而不作의 고전 전통 속에서 '비평적 거리'를 요구하는 패러디 요소를 찾아내는 일은 쉽지 않다. 또 과거의 문학적 전통 속에서 사용되던 용사란 용어가 있는데 굳이 굴러온 돌이 박힌 돌을 빼내어 얻는 보람도 그리 크지 않아 보인다. 흔히 〈해가〉를 〈구지가〉의 패러디라고 말들 하지만 오히려 '용사'의 관점에서 접근할 때 더 유효한 결과를 얻을 수 있을지 모르겠다. 이미 우리가 '패러디'라고 인식하는 순간 그 속엔 작가의 의도적이면서 비평적인 거리를 생각하기 때문이다. 그러나 〈해가〉는 〈구지가〉와 동일한 통사구조를 지닌 채 양식적 틀에 맞게 확장했을 뿐이다. 작가가 의도적으로 변형시켰다기보다는 달라진 양식에 맞추어 줄이거나 늘였을 개연성이 크다. 패러디라고 말해지는 다른 고전 작품들도 실제 양상은 비슷하다. 한문학은 용사의 전통에서, 시가 장르는 구전口傳의 전승과 파생 측면에서 이해될 여지가 많다. 그러니 고전의 모방은 용사로, 현대의 모방은 패러디로 접근하는 것이 실제적인 결과를 얻을 수 있다고 본다. 이런 생각은 패러디를 근대 이후의 정신으로 보고 싶은 필자의 욕구가 반영된 것이다. 원전의 권위를 붙좇는 정신은 '용사 시학'으로, 원전의 권위를 비트는 정신은 '패러디 시학'으로 구분하는 것이 낫다고 본다. 또 오늘날에는 패러디와 구분하여 혼성 모방인 패스티시가 있다.

그렇다면 연암의 원전 활용은 어떻게 바라보아야 할까? 위의 경우를 놓고 보자면 연암의 경우 패러디의 요소가 분명하게 나타난다. 원전을 그대로 끌어들이는 것이 아니라 변용하되, 원전을 재해석하며, 나아가 원전의 권위를 조롱하거나 비판하기도 한다. 그런데 〈호질〉의 경우는 패러디 요소가 확실히 뚜렷하나 나머지 둘은 꼭 패러디라고 말하기가 조심스럽다. 왜냐하면 용사한 구절을 재해석함으로써 당시의 일반 상식에서 벗어나고 있는 것은 맞지만 그의 주장을 꼼꼼히 들여다보면 원시 유가의 정신과 어긋나는 것은 아니다. 즉 그는 원시 유가를 이데올로기화한 현실 유가를 비판하고 있을 뿐 원시 경전에 충실한 면모를 보인다. 그러니까 연암은 유가 경전을 자신의 독법으로 읽고 이를 현실 규범을 비판하는 근거로 활용하는 것이다. 또 그의 전고 활용엔 용사가 많으며, 위의 예문들은 패러디 요소가 뚜렷하다고 판단한 부분들을 다룬 것이다.

그럼에도 연암 산문에 패러디 요소가 분명하다는 점은 그의 세계관이 중세를 일탈하고 있음을 보여주는 한 증거가 될 것이다. 특히 풍자와 패러디, 주체와의 관계에서 연암의 글쓰기 전략을 검토해 보면 의외의 흥미로운 결과를 얻을 수 있다. 연암 문학을 통해 용사와 패러디의 관계를 생각해 보고자 했던 시도가 고전과 현대의 접점 모색에 하나의 시사점을 던져 줄 수 있었으면 하는 바람이다.

4장

물리적 공간에서 실존 체험으로, 장소의 발견

공간은 단순히 물리적 배경이 아니다. 공간은 상징과 의미로 가득한 곳이며, 그 시대를 살아가는 사람들의 관습, 한 개인의 경험과 의식을 담은 실존의 장소다. 추상적이고 관념적인 공간과 대비하여 구체적이고 경험적인 공간은 '장소'라는 말로 구별하기도 한다. 이 관점은 인본주의 지리학의 대표적 인물인 이-푸 투안(Yi-Fu Tuan)과 에드워드 렐프(Edward Relph)에 힘입은 것이다.

공간을 인간의 삶과 연결해서 바라보는 시선은 이미 중세에도 있었다. 우리의 고전 시절만 해도 공간과 삶은 분리되지 않았다. 따라서 우리 고전에서 공간과 장소에 대해 살펴보는 작업은 지금 이곳에서 공간이 지닌 의미를 새기는 데 좋은 논의거리를 제공할 것이다.

고전의 공간 가운데 특별히 사행使行 공간에 주목해 보려고 한다. 조선 시대에는 중화사상에 따라 중국을 천자天子의 나라로 받들어 해마다 중국에 사신을 보내 조공을 바치는 관습이 있었다. 조선의 사신들은 매년 중국에 사행使行을 떠나 중국과 외교 관계를 유지하고 사회, 문화적 교류를 지속해 갔다.

사행 여정은 미지를 향한 새로운 타자他者 체험의 공간이었다. 중세 시대엔 해외 자유 여행이 허락되지 않았으므로 밖의 나라를 견문하는 거의 유일한 방법은 사행使行을 통한 체험이었다.

사행길은 어떤 이에겐 단순히 공식 업무차 지나치는 물리적 공간이었지만 누군가에겐 개인적인 체험이 깃든 의미 있는 장소였다.

중세엔 이른바 중화사상이라고 하는 내면화된 이데올로기가 있었다. 조선은 중국의 문화와 제도를 가장 뛰어난 문명으로 생각하고 중국의 문물을 자신들의 정체성과 대외 관계의 기준으로 삼았다. 유학의 정신이 깃든 공간이면 그곳을 높이 떠받들고 노정에서 벗어나 있으면 일부러라도 찾아가 제사를 지냈다. 반면 청나라 오랑캐 땅은 밟은 것조차 수치스럽게 생각했다. 그리하여 중국의 공간 체험은 누구나가 똑같이 느끼는 스테레오 타입의 표준화된 장소 경험이기 일쑤였다. 많은 사람에게 사행 공간은 이미 마음속에서 규정된 심상 지리로 기능했다. 심상 지리는 실제로 경험하지 않고서 어떤 공간을 특정 이미지로 상상하거나 인식하는 것이다.

그런데 심상 지리에서 벗어나 내가 지금 발 딛고 있는 실제의 현장, 곧 실지實地로서의 공간을 체험하고 새로운 장소 경험을 한 사람이 연암 박지원이다. 연암이 미지의 공간을 체험하고 인식하는 태도는 기존 사람들과는 사뭇 다르다. 여기에는 공간을 개인 경험의 장소로 만드는 연암만의 주체적 시각과 진정성이 있다. 연암의 공간 의식과 장소 경험을 통해 연암의 남다른 공간 감수성 및 진정한 장소 경험에 대해 생각해 보고 공간이 갖는 의미를 되짚어 보려 한다.

연암의 공간 인식

율곡栗谷, 퇴계退溪, 다산茶山, 연암燕巖, 성호星湖……. 고전에서 익히 알려진 이들의 공통점은 자신이 태어나고 자란 곳이나 자신이 사는 거처를 호號로 삼은 것이다.

고전 시대의 공간은 인간과 가깝게 연결되어 있었다. 집과 고향은 자신의 몸이자 존재의 근거였다. 자신이 사는 집, 사는 동네를 자字나 호號로 삼아 자기 정체성과 동일하게 생각했다. 집과 동네는 친밀한 장소였고 자궁과도 같은 곳이었다. 산수 자연과의 관계에서 쓰는 물아일체物我一體라는 말에는 나와 공간을 일체화시키려는 인식이 담겨 있었다. 산수山水에 대해 흔히 풍월주인風月主人이라고 하여 산수에 대한 소유 의식을 드러냄으로써 나를 둘러싼 공간을 정신적으로 소유하려는 의식을 보여주기도 했다.

그렇긴 하나 문학에서 보여주는 공간은 대체로 관습적이고 초월적인 곳으로 인식되곤 했다. 자연은 자기 수양의 공간이자 삶의 본질을 깨닫는 곳이었다. 선비들은 평소 산과 강으로 유람을 다녔지만, 새로운 장소 경험을 위해서라기보다는 이미 학습된 의미를 확인하고 느끼는 행위였다. 특히 유학자들에게 자연은 문화 공간이라기보다는 이념의 장에 가까웠다. 가산의식家山意識이라고 하여 그 지역의 중심이 되는 진산鎭山에 정신적 의미를 마련해놓고 그 산에 들러 그곳에 깃든 정신을 확인하고 유학의 가르침을 좇고자 했다. 이들에게 장소감은 개별적인 체험의 의미를 지녔다기보다는 이념공동체의 동일성을 확인하는 것이었다.

물론 성리학의 자장에서 벗어나 개인적인 장소 경험을 한 이들도 많았을 것이다. 특히 조선 후기에 이르면 자연은 유람과 유흥이 이루어지는 문화 공간으로 기능했다. 그렇다 하더라도 기본적으로 자연은 불변의 정형화된 공간이었다. 유학자들은 '그때 저기'라고 하는 이상적인 공간을 만들어놓고 그곳에 자신의 정체성을 이입시켰다. 특정한 공간을 머릿속에 그려놓고 그 공간을 실제라고 인식했다. 눈으로 직접 보고 실제의 경치를 감상하기보다는 와유臥遊를 통해 멀리 떨어진 공간을 관념적으로 체험하였다. 옛이야기 속 인물이나 사건을 그린 고사인물도故事人物圖라든가 주자가 늘그막에 지냈던 무이산武夷山을 그려놓고 심신을 달랬다. 기본적으로 자연 공간은 변하지 않는 가치를 지닌 정형화된 곳이었다.

그렇지만 주지하듯이 연암은 '그때 저기'를 거부하고 '지금 여기'의 시공간을 지향한다. 연암은 지금 내가 발 딛고 있는 현장의 경험을 소중히 생각한다. 연암은 이상적이고 초월적인 전형典型의 공간을 거부하고 지금 내가 선 자리를 이야기하고자 한다. 만물은 변화하는 과정 가운데 놓여 있으며 시간과 공간 역시 변화하는 상황 속에 있다. 〈영처고서嬰處稿序〉에서 '조선풍朝鮮風'을 주장할 때도 상고尙古를 거부하고 시간과 공간의 상대성을 지지한다.

> 지금 무관은 조선 사람이다. 산천과 기후는 중국과 다르고 언어와 풍속도 한나라, 당나라 시대와 다르다. 그런데도 중국의 법을 따르고 한나라, 당나라의 문체를 답습한다면 나는 그 법이 높으면 높을수록 그 내용은 실로 낮아지고, 문체가 비슷할수록 그 말은 더욱 거짓이 됨을 볼 뿐이다.
>
> 〈영처고서嬰處稿序〉

연암은 옛날을 살던 사람도 그 당시에는 하나의 '지금'일 뿐이라고 하여 옛날과 지금은 상대적인 개념일 뿐임을 말하면서 옛날이 아닌 지금이 중요하다고 말한다. 이를 바탕으로 고대 한나라, 당나라의 시공간이 아닌 지금 이곳 인간이 발 딛고 있는 조선이라는 시공간이 중요하다고 역설한다. 과거가 아닌 지금의 삶과 소재, 남의 공간이 아닌 내가 살아가는 공간의 생활과 정서를 노래하자는 것이 조선풍 선언의 요체다. 연암은 조선 지식인들이 과거의 중국 문물을 무비판적으로 답습하는 풍조를 비판하고, 지금 내가 살아가는 시공간인 조선의 실정에 맞는 풍속과 정서를 이야기하는 것이 문학의 본질임을 말한다.

지금 이곳의 현장에 진실이 깃들어 있다는 생각을 즉사卽事라고 부른다.

> 나는 보았네. 세상 사람들이, 남의 문장을 기릴 때면, 문장은 반드시 양한兩漢을 본떠야 하고, 시는 성당盛唐이어야 한다네. 비슷하단 말은 이미 참되지 않으니, 한나라, 당나라가 어이해 다시 있으리 (중략) 눈앞의 일[卽事]에 참된 정취 있거늘, 하필이면 먼 옛것을 찾아야 하나? 한나라, 당나라는 지금 세상 아니요, 부르는 노래도 중국과는 다르다네. 사마천과 반고가 다시 태어난대도, 사마천과 반고를 배우진 않으리. 새 글자 만들어내긴 어렵다 해도, 내 생각은 의당 다 쏟아내야 하네. 어이해 옛 법에 얽매여, 두고두고 여기에만 매달리는가? 지금이 낮다고 말하지 말라, 천년 뒤엔 응당 높을 터이니.
>
> 〈증좌소산인贈左蘇山人〉

옛것을 따르자고 주장하는 의고주의자들은 문필진한 시필

성당文必秦漢 詩必盛唐이라고 하여 문장은 반드시 진나라, 한나라의 글을 모범으로 삼아야 하고, 시는 반드시 성당盛唐 시대의 작품을 모범으로 삼아야 한다고 주장했다. 하지만 연암은 과거의 한나라나 당나라 시대의 문체를 무조건 따르려는 문단 풍토를 비판하면서, 지금 여기의 감정과 생각을 있는 그대로 표현하는 것이 더 가치 있다고 주장한다. 사람들이 비루하다고 손가락질하는 '지금'이라는 시공간은 천년 뒤엔 다시 '옛날'이 된다. 그러니 옛것은 귀하고 지금은 천하다는 생각을 버리고 지금의 시대정신을 잘 담아내면 미래에는 소중한 고전이 될 수 있다는 것이다.

그런 까닭에 연암에게 공간은 와유臥遊가 아니라 실지實地의 대상이 된다.

> 무릇 도道란 길과 같으니, 청컨대 길을 들어 비유해 보겠다. 동서남북 각처로 가는 나그네는 반드시 먼저 목적지까지 노정이 몇 리나 되고, 필요한 양식이 얼마나 되며, 거쳐 가는 정자·나루·역참·봉후烽堠의 거리와 차례를 자세히 물어 눈으로 보듯 훤히 알고 있어야 한다. 그런 뒤에야 다리로 실지實地를 밟고 평소의 발걸음으로 평탄한 길을 가는 법이다. 먼저 분명히 알고 있었으므로, 바르지 못한 샛길로 달려가거나 엉뚱한 갈림길에서 방황하게 되지 않으며, 또 지름길로 가다가 가시덤불을 만날 위험이나 중도에 포기해 버릴 걱정도 없게 되

는 것이다.

〈위학지방도발爲學之方圖跋〉

실지實地는 실제의 땅 곧 지금 이곳에서의 경험의 장소다. 나그네가 길[공간]을 찾아 떠날 때 무작정 막연하게 가서는 안 된다. 목적지까지의 거리, 필요한 양식, 여정을 분명하게 알고 있어야 제대로 된 길[공간] 체험을 할 수가 있다. 연암은 막연히 머릿속으로 상상한 관념의 공간을 기대해서는 안 되며 실천적이고 체험적인 장소를 경험해야 한다고 말한다. 연암은 관념에서 벗어나 실제로 장소를 '경험'하기를 원했다.

연암은 '장소성'이 중요하다는 사실을 잘 알고 있었다.

> 괴롭기로 말한다면 하나는 떠나고 하나는 남는 생이별보다 더 괴로운 건 없다. 이별할 때 그 장소가 어디냐에 따라 괴로움은 더욱 커가는 것이다. 그 장소란 정자도 아니요, 누각도 아니며, 산도 아니고 들도 아니다. 물이 있는 곳이 바로 그러한 장소다. 큰물인 강과 바다, 작은 물인 도랑과 시냇물만을 물이라 말하는 것은 아니다. 되돌아오지 않고 흘러가는 곳이야말로 모두 물이 있는 이별의 장소다.
>
> 그러므로 천고에 이별한 자를 어찌 다 셀 수 있을까마는 오직 하량河粱에서의 이별을 가장 괴로운 이별로 꼽는 까닭은 무엇인가? 소무蘇武와 이릉李陵만이 천하에서 유별나게 정이

많은 사람이어서가 아니라 다만 하량이란 곳이 이별하기에 아주 적합한 장소였기 때문이다. 이별의 장소로 최적지를 얻었기 때문에 가장 괴로운 감정이 된 것이다.

《열하일기》, 8월 5일 기사

소무는 전한 시대의 장군이다. 한 무제의 사신 자격으로 흉노에 갔다가 포로가 되어 흉노 땅에서 19년을 살았다. 이릉 역시 전한 때의 장군으로 흉노와 싸우다 항복하고 흉노 땅에서 살게 되었다. 소무와 이릉은 함께 흉노 땅에 억류되어 있다가 소무가 먼저 고국으로 돌아가게 되었다. 남아 있던 이릉은 하량 강가에서 소무에게 〈소무에게 주다與蘇武詩〉라는 이별시를 지어주었다. 시구 가운데 "손잡고 하량에 오르니, 그대는 저물녘 어디로 가려는가携手上河梁, 遊子暮何之?"라는 구절은 이별 문학의 정수로 꼽히고 있다. 연암은 이 시가 하량이라는 강물을 배경으로 했기에 이별의 감정을 곡진하게 드러낼 수 있었다고 말한다. 연암은 장소가 어디냐에 따라 정서 효과가 달라진다고 본다. 이별할 때 물가를 배경으로 하면 그 정서가 극대화된다고 생각한다. 한번 흘러가면 돌아오지 않는 물의 특성은 이별의 속성과 닮았다. 연암의 묘지명 가운데 최고로 꼽히는 연암의 〈백자증정부인박씨묘지명伯姊贈貞夫人朴氏墓誌銘〉도 강물을 배경 공간으로 삼아 누나를 떠나보내는 슬픔을 극대화한 작품이다.

연암은 작가의 의도를 효과적으로 드러내는 데 공간이 중요하다는 점을 잘 알고 있었다. 그리하여 연암은 공간을 작가의식을 드러내는 중요한 도구로 삼거나 공간마다 새롭게 의미를 만들어 개인적이고 경험적인 공간을 만들어낸다.

사행使行 공간과 장소의 발견

중국은 조선 사람들이 새로운 세계를 체험하는 거의 유일한 공간이었다. 한양에서 북경을 오가는 길은 장장 5개월이 걸렸다. 사행길은 어떤 사람에겐 공식적인 정치 외교의 장場이었으며 누군가에겐 새로운 체험을 위한 여행이었다. 사행에는 수많은 체류 공간이 있었으며, 그곳에는 새로운 인종, 새로운 문화, 새로운 볼거리가 있었다. 사행 공간에서 여행자는 새로운 문화를 체험하고 자신을 새롭게 구성해 갔다.

그렇지만 중국은 타자他者의 땅이었다. 명나라에 대한 의리와 병자호란丙子胡亂의 상처를 품고 있었던 조선은 청淸을 오랑캐로 규정하고 혐오했다. '무찌르자, 오랑캐'라는 북벌 의식은 집권층부터 하층민에 이르기까지 오랫동안 뼛속 깊이 내재화된 국가 이데올로기였다. 사대부들은 오랑캐 땅은 군자가 밟을 바가 아니며, 오랑캐 복장을 한 사람들과는 절대 말을 붙여서는 안 된다고 생각했다. 사람들은 중국을 경험하는 것이 아니라 외면하려고 했다.

그러나 한편으로 중국의 땅에는 공자의 사당이 있었고 백이·숙제의 묘가 있었으며 조선 선비들이 숭상해 마지않는 역사적인 인물의 자취가 있었다. 어떤 공간은 동경의 땅이자 거룩하게 우러르는 제사 의례의 공간이었다. 그리하여 조선 후기의 사행 공간에는 두려움, 기대, 설렘, 낯섦, 동경, 혐오 등 복합적인 감정들이 뒤섞여 있었다. 사행 공간은 단순히 물리적 공간에 그치지 않았으며, 어떤 형태로든 '의미 있는 공간'이었다.

그렇긴 하나 사신단이 지나간 대부분 노정은 지식의 재고在庫에 기여했을 뿐이다. 단순한 견문을 넘어 공간을 개인적으로 경험하거나 인식을 넓히지는 못했다. 곧 대명의리對明義理에 기반을 둔 북벌北伐 이데올로기와 고대 중국을 지향하는 관습적 시선이 사행 공간에서의 진정한 장소 체험을 가로막았다. 사람들은 심상 지리로 중국을 바라보았기에 이미 주입된 관념으로 공간을 상상하거나 인식했다. 그것은 이들의 사행 경험이 표준화된 장소 체험임을 의미한다.

그렇다면 연암은 어떠했을까?

작별 나온 사람들은 아직까지 모래사장에 서 있는데 마치

콩알처럼 작고 까마득해 보인다. 나는 홍명복 군에게 물었다. "자네는 도道를 아는가?" 홍 군이 조아리며 대답했다. "예에? 그게 무슨 말씀입니까?" 내가 말했다. "도란 알기 어려운 것이 아닐세. 바로 저 강기슭에 있다네." 홍 군이 말했다. "이른바 《시경》에서 말한 '먼저 저 기슭에 오른다.'는 구절을 말씀하시는 건가요?" 내가 말했다. "그걸 말하는 것이 아닐세. 이 강물은 저쪽[중국]과 이쪽[조선]이 만나는 경계로서 기슭 아니면 물이라네. 무릇 세상 사람들의 윤리와 만물의 이치는 물이 기슭과 '경계'하고 있는 것과 같다네. 도는 다른 데서 구할 게 아니라 곧 그 '경계'에 있다네."

《열하일기》, 6월 24일 기사

사신단이 연행燕行을 위해 압록강을 건너는 장면이다. 선문답처럼 보이는 위의 대화에는 앞으로 경험하게 될 중국을 향한 연암의 마음가짐이 드러나 있다. 압록강은 조선과 중국의 사이에 있다. 조선과 중국의 접경 공간인 강기슭에 진실이 있다는 것이다. 무슨 의미일까? 조선은 명나라를 무너뜨린 청나라를 반드시 무찔러 병자호란의 치욕을 씻고 명나라를 위해 대신 복수해주어야 한다고 생각했다. 조선 사람 박지원은 조선 땅을 건너 악의 축이라 불리는 청나라 땅으로 들어가고 있다. 강물을 건너 기슭에 닿는 순간 오랑캐 땅이다. 과연 저 청나라를 어떤 시선으로 대할 것인가? 연암은 깊이 고민했다.

이때 연암은 결심한다. 그래, '경계'에서 바라보자. 조선 편도 아니고 중국 편도 아닌 객관적인 자리에서 경험하자. 그것이 바로 '경계'의 자리다. 강물과 뭍의 사이에서 조선과 중국의 경계가 나누어진다. 진실의 자리는 조선 땅도 아니고 중국 땅도 아닌 그 '경계'에 있다. 중화사상에 기반한 중국[명]의 숭앙 의식과 한편으로는 대명의리에 기반한 청나라에 대한 북벌 의식, 중화와 오랑캐가 분명하게 갈라져 있는 현실에서 생각의 패러다임을 바꾸는 인식의 전환이다.

여기에 이르러 중국이라는 공간에 대해 심상 지리를 해체하고 경계인의 시선으로 직접 타자의 땅을 밟은 선구자의 모습을 본다. 경계에 선다는 것은 중심과 보편의 자리에서 벗어나 주변과 개별의 자리에 서는 것이다. 그러므로 경계에서 체험하는 것은 의식의 로컬리티를 경험하는 것이다. 경계의 자리는 지극히 개인적이고 위험하다. 앞으로 그가 경험하게 될 새로운 공간은 기대와 모험이 공존하는 자리가 될 것임을 예고한다.

연암의 공간 체험 양상을 살피기 위해 실증주의 지리학을 넘어 인본주의 지리학과 구조주의 지리학 등을 활용해 갈 것이다. 인본주의 지리학의 대표적 인물인 이-푸 투안과 에드워드 렐프에 따르면 공간은 단순히 객관적이고 독립적인 곳이 아니라 인간의 실존이 이루어지는 생활 세계다. 그리하여 추상적이고 관념적인 곳을 '공간'으로 부르고 구체적이고 경험적인 곳은 '장소'라는 말로 구별한다.[20] 인본주의 지리학에서 사용하는 장소성, 장소애, 장소 신화 등의 개념을 작품 분석에 참고할 것이다. 나아가 앙리 르페브르(Henri Lefebvre)가 말한 공간의 정치성에 주목하고자 한다. 그는 공간은 단순히 자연의 사물이 아니라 정치적이고 전략적으로 만들어진 곳이므로 공간을 만들어온 지배 집단의 오랜 전략의 흔적을 찾아내야 한다고 말한다.[21] 사행 공간에 형상화된 공간의 사회 정치적 맥락을 살펴 공간의 의미와 연암의 현실 인식에 대해서도 생각해 보고자 한다.

연암이 마주친 수많은 공간 중에서 의미가 깊다고 판단되는 공간에 주목해 보았다.

변방의 중심화, 책문柵門

연암의 생각을 지배하는 강력한 정신은 '작은 것에 참된 가치가 있다.'는 것이다. 소외된 주변 존재를 향한 특별한 시선을 파악하는 일은 연암의 세계관과 미적 태도를 이해할 수 있는 핵심이다. 작고 사소하며 쓸모없는 존재에게서 지극한 이치를 발견하는 연암의 시선은 연암 문학 전편全篇에 걸쳐 나타난다. 연암은 크고 거창한 것이라든가 중심에 눈길을 두지 않는다. 보이지 않는 곳, 작은 존재에 본질이 있다고 생각한다.

이러한 지향은 공간 의식에서도 나타난다. 연암이 더욱 관심을 두는 공간은 성곽이나 만리장성, 궁궐과 누각, 화려한 별판과 같이 많은 사람이 몰리는 화려하고 거대한 공간이 아니다. 사람들이 눈길을 두지 않는 곳, 변두리, 경계의 공간에 진실이 담겨 있다고 생각한다. 이를 변방 의식으로 부르겠다.

《열하일기》에서 변방 의식의 정수가 나타나는 공간은 책문柵門이다. 책문은 중국인이 사는 최초의 마을로 압록강과의 거리는 130여 리다. 조선과 중국의 실질적인 국경 관문으로 말뚝을 박아 울타리로 만든 까닭에 책문이라 부른다. 조선 사람들은 책문이라고 부르고 현지 사람들은 가자문架子門, 중국인들은 변문邊門으로 부른다. 책문에서는 조선과 청나라의 출입국 절차와 세관 통관 절차가 이루어진다. 조선의 사신들이 책문을 통과할 때는 조선과 청나라 상인 사이에 대규모의 무역이 행해지기도 했다.

그러나 각종 연행록을 살펴보면 조선 사신들은 책문에 별다른 의미를 두지 않았으며 그저 중국의 궁벽한 변방 마을이라 여겼다.

> 책문은 변방의 황무하고 궁벽진 지방으로, 습속이 유치하고 사나우며, 입고 먹는 것을 오로지 조선에 의존하고 있기 때문에, 사행이 도착할 때마다 땔나무 같은 모든 물건의 값이 때를 틈타서 마구 뛰어오르고 방세도 매우 비싸게 받는다. 의주 강

가 사람[灣人]들과는 이웃처럼 가깝게 지내며 우리나라 사정을 잘 알고 있어, 이해타산에 밝고 교활한 것이 모두 우리나라의 풍속이다. 그들이 사는 집이나 물건들은 거칠고 더러워 볼만한 것이라곤 없었으나, 다만 초행길에 처음 보는 것이어서 귀와 눈이 모두 새로웠으니, 이것이 이번 사행길에 제일 보람을 느끼게 한 것이다.

홍대용, 《연기燕記》, 〈연로기략沿路記略〉

낮에 책문에 닿았다. 책문이란 곧 1칸쯤 되는 초가집인데, 두 짝으로 만든 판자문의 높이는 겨우 한 길 남짓 되며, 목책木柵이란 것이 우리나라 목장의 말우리 같아서 단지 경계만 표시했을 뿐 가리어 막을 만하지는 않았다. 책문이 24곳이나 되는데, 이것이 제일 복판이라 한다. 내가 평소에, 책문은 전쟁 시의 목책처럼 성이나 궁궐의 층문 같은 줄 알았더니, 지금 와서 본 것은 작은 나라 사람의 안목에도 만족하지 않으니, 참으로 볼 것이 없다. 그래서 나는 마음속으로 뉘우쳤다. '우리나라 사람들의 장관으로는 으레 연경을 말했는데 지금 책문에 와서 이런 것을 보니 연경을 알 만하다' 책문에 도리어 사직동 우리 집의 사립문 같은 것도 없으니, 어째서 구차하기가 이러한가?

서경순徐慶淳, 《몽경당일사夢經堂日史》,
〈마자인정기馬訾軔征紀〉, 을묘년(1855) 10월 28일

홍대용은 책문을 변방의 황폐한 외진 곳으로 인식한다. 실제로 책문은 중국을 기준으로 보자면 가장 동쪽의 변두리 마을이다. 마을 규모는 20~30여 호에 불과했기에 사신들은 허술하게 두른 책문의 울타리를 보며 한심하게 여겼다. 북벌 이데올로기의 편견이 더해져 책문은 아주 형편없고 구차한 곳으로 인식되었다. 첫 번째 인용문은 연암 시대의 시선이고 두 번째 인용문은 19세기 중반의 연행록 기록이니 조선인들이 생각한 책문은 작고 초라한 변두리 마을이었다.

그러나 연암이 인식한 책문은 전혀 달랐다. 책문에 도착하자마자 본 첫인상에 대해 연암은 "양과 돼지가 산을 가득 메우고 있고 아침밥 짓는 연기가 푸르게 감돌았다."라고 하여 자못 서정적 운치가 깃든 공간으로 묘사했다. 여느 사신들에게 책문은 작은 변방 마을이거나 잠시 스치는 공간이었지만 연암은 물질문명의 공간으로 형상화한다.

책문 밖에 이르러 다시 책문 안쪽을 바라보았다. 여염집들은 모두 오량집처럼 높다. 띠풀로 이엉을 했으나 등마루는 훤칠하고 대문은 가지런했다. 거리는 평평하고 곧아서 양쪽 길가로 먹줄을 친 것 같았다. 담은 모두 벽돌로 쌓았다. 사람용 수레와 짐 싣는 수레들이 길에서 왔다 갔다 했다. 벌여 놓은 그릇들은 모두 그림을 그린 도자기다. 그 모양새가 시골티라고는 조금도 없었다. 예전에 나의 벗 홍대용이 그 규모는 크면서

씀씀이는 꼼꼼하다고 한 적이 있다. 책문은 중국의 맨 동쪽 변두리일 뿐임에도 오히려 이 정도다. 앞으로 구경거리를 생각하니 문득 기가 죽고 곧장 발길을 돌리고 싶으면서 온몸이 후끈거린다.

순간 나는 깊이 반성했다. '이것이 질투심이구나. 내 본래 천성이 담박해서 남을 부러워하거나 시기하는 마음이 전혀 없었는데, 지금 국경을 한발 넘자 만분의 일도 보지 못했는데 벌써 잘못된 마음이 생기는 건 왜일까? 이는 곧 본 것이 적기 때문이리라. 만약 석가여래의 밝은 눈으로 온 세상을 두루 본다면, 평등하지 않은 것이 없을 것이다. 모든 게 평등하다면 질투와 부러움은 저절로 사라지리라.'

장복을 돌아보며 물었다. "네가 만일 중국에서 태어난다면 어떠하겠느냐?" "중국은 오랑캐입니다. 소인은 싫습니다요." 마침 한 소경이 어깨에 비단 주머니를 둘러메고 손으로는 월금月琴을 뜯으며 지나갔다. 나는 크게 깨달았다. "저 사람이야말로 평등한 눈[平等眼]을 지닌 사람이 아니겠느냐?"

《열하일기》, 6월 27일 기사

연암의 눈에 비친 책문은 지극히 번화한 마을이었다. 여느 연행 작가들은 허술하게 두른 책문의 울타리를 보았지만, 연암은 그 너머 등마루가 높이 솟고 대문이 가지런한 모습을 보았다. 집은 벽돌로 지었고 곧은 거리엔 수많은 수레가 돌아다녔다. 중국의 맨 동쪽 변두리 마을임에도 촌티라고는 전혀 없이 화려한 생활을 보여주고 있었다. 오랑캐 변두리 마을이 너무 번성한 것을 본 연암은 질투심이 일어나 발길을 돌리고 싶어 했다.

누군가는 책문의 울타리를 보며 초라함을 비웃을 때 연암은 책문 안의 수레와 벽돌에 주목했다. 연암이 연행을 떠나기 전, 홍대용과 박제가, 이덕무 등 이른바 백탑白塔 구성원들은 이미 북경을 다녀와서 자신들이 보고 들은 중국의 제도와 문물을 자랑하며 의견을 나누었다. 특히 이들 구성원이 주목한 것은 수레와 벽돌이었다. 연행을 떠나기 전 학문 공동체로부터 중국의 선진 문물에 대해 익히 들어왔던 연암으로서는 벽돌로 집을 짓고 수레가 다니는 모습이 눈에 먼저 들어왔을 것이다.

똑같은 공간을 보면서도 정반대의 목격담으로 갈라진 까닭은 북벌 이데올로기가 크게 작용한 탓이다. 청나라는 오랑캐 나라이고 오랑캐는 잘살아서는 안 되므로, 사신들은 책문을 애써 초라한 곳으로 업신여긴 것이다.[22] 아니, 인간은 보고 싶은 것만 보고 믿고 싶은 대로 믿는 존재이므로 정말로 책문이 초라하게 보였을 것이다. 그러나 북학 정신을 지닌 연암은 변방에서 진실을 찾는다. 연암이 본 책문은 물질문명을 구가하는 번화한 마을이었다.

연암이 평등한 눈[平等眼]을 깨닫자 곧바로 소경이 거문고를 뜬으며 지나가는 장면은 상황이 매우 우연적이어서 의도적으로 만들어낸 문학적 허구일 가능성이 크다. 거주인이 많지 않은 책문에 맹인 악사가 존재할 확률은 극히 드물다.[23] 평등안은 모든 차별을 없애고 공평한 마음으로 보는 눈을 뜻한다. 그러한 존재가 바로 소경이다. 소경은 앞을 볼 수가 없기에 오히려 선입견과 편견 없이 명심冥心으로 보는 사람이다. 평등안을 설파하고 나서 연암은 책문의 한 술집으로 들어가 이용후생의 중요성을 깨닫는다.

> 책문 안 인가는 20~30호에 지나지 않았지만 모두 웅장하고 깊었다. 짙은 버드나무 그늘 속에 술집을 알리는 푸른 깃발 하나가 공중에 솟아 있기에 변 군과 함께 들어갔다. 이미 조선 사람들로 가득했다 (중략) 주변의 진열 상태를 둘러보니 모든 것이 단정하고 반듯하게 정리되어 있었다. 한 가지도 구차하거나 대충한 법이 없고, 물건 하나도 너저분하게 늘어 놓은 것이 없었다. 심지어 소 외양간과 돼지우리도 널찍하고 곧아서 법도가 갖추어져 있고 장작더미와 두엄더미도 그림처럼 고왔다.
>
> 아! 이와 같이 한 다음에야 비로소 이용利用이라고 말할 수 있겠다. 이용利用을 한 다음에야 후생厚生이 될 것이고, 후생厚生을 한 다음에야 덕을 바로잡을 수 있겠다.
>
> 《열하일기》, 6월 27일 기사

연암은 한 술집에 들어가 탁자마다 다양한 무게의 술잔이 있는 것과 소 외양간과 돼지우리가 정갈하게 정비된 모습을 보고 나서 이용利用을 해야 후생厚生이 가능하고 후생厚生이 이루어져야 정덕正德이 이루어진다는 깨달음을 얻는다.

앞선 인용문에선 책문의 집과 물건들이 거칠고 더러워 볼만한 것이 없고 사립문도 없을 만큼 구차하다고 했으나 연암은 정반대로 이야기한다. 가게 물건들은 반듯하게 진열되어 있었고 너저분한 것이 없었다. 외양간과 돼지우리는 정갈하고 거름더미조차 그림같이 깨끗했다. 술병의 크기와 외양간을 살피고 나서 이용후생利用厚生이 이루어져야 정덕正德이 실현될 수 있다는 깨달음에 이른다. 이용후생은 북학파의 사상을 상징하는 개념이자 연암의 실학사상을 대표하는 용어다.

연암이 술집에서 이용후생의 중요성을 깨닫는 장면도 의도적으로 구성한 문학 장치로 보인다. 연암을 비롯한 동료 그룹은 이전부터 이용후생이 갖추어져야 정덕이 실현될 수 있다는 말을 해왔고 연암 자신도 이용후생의 중요성을 계속 강조해 왔다. 술집에서 마시는 술잔의 다양한 크기를 보고 비로소 이용후생을 깨닫게 되는 과정은 드러난 내용 그대로 믿기가 어렵다. 이미 연암은 이전부터 《서경書經》에서 유래한 '정덕이용후생正德利用厚生'이라는 기존의 유학 윤리를 따르지 않고 먼저 이용후생이 이루어져야 정덕이 실현된다는 생각을 드러냈다. 이용후생을 책문의 술집에서 깨달은 것처럼 기술한 것은 연암의 의도가 다분히 담겨 있는 것으로 보인다.

곧 평등안과 이용후생에 관한 일화는 연암이 책문이라는 공간에서 의도적으로 구성한 담론이다. 책문은 작고 보잘것없는 변두리 마을이었다. 하지만 연암은 화려한 문명을 구가하는 공간으로 형상화하였다. 가장 변두리였던 책문은 소경의 평등안과 이용후생의 발견으로 인해 연암의 특별한 사상이 만들어진 의미 있는 장소가 되었다. 연암은 변방 마을인 책문에서 다양한 사건을 구성함으로써 주변의 공간을 중심성을 획득한 중요한 장소로 만들었다.

자유와 해방의 울음터, 요동 벌판

《열하일기》《도강록渡江錄》에는 이른바 〈호곡장好哭場〉이 실려 있다. 〈호곡장〉은 본래 7월 8일 기사에 있는 한 부분인데 후대 학자들이 따로 떼어내 이름을 붙여주었다. 이 글은 《열하일기》에 수록된 많은 작품 중에서도 명문으로 꼽히고 있다. 추사秋史 김정희金正喜는 요동 벌판을 읊은 시에서 연암의 〈호곡장〉을 인용했으며, 일제 강점기에 경성제국대학 대륙문화연구회에서 열하와 북경 일대를 답사한 후 펴낸 보고서의 끝에서는 〈호곡장〉의 구절을 인용하였다.

〈호곡장〉의 공간은 요동 벌판이다. 요동 벌판은 사행길에서 맨 처음 만나는 장관으로 꼽힌다. 백탑이 한가운데 우뚝 서 있는 요동 벌판은 그 길이가 일천이백여 리에 달해 조선 사신들이 하나같이 최고의 장관으로 꼽는다. 이덕무는 《입연기入燕記》에서 "큰 벌판은 평평하여 시야가 다하도록 끝이 없고 일행의 인마人馬는 개미 떼가 땅을 기어가는 것만 같았다."라고 기록했다. 홍대용은 《연기燕記》에서 "하늘과 벌판은 서로 이어져 아마득히 드넓다. 오직 요양의 백탑만이 우뚝 자욱한 구름 가운데 서 있으니, 연행에서 으뜸가는 장관"이라고 적었다.

그런데 연암은 요동 벌판에서 받은 충격을 '울음'과 연결하고 있어 흥미롭다.

> 정사와 가마를 같이 타고 삼류하를 건너 냉정에서 아침을 먹었다. 10여 리를 가서 한 줄기 산기슭을 돌아 나오자 태복이가 갑자기 몸을 숙이고 종종걸음으로 말 머리를 지나더니 땅에 엎디어 크게 외친다. "백탑이 눈앞에 납시기에 아뢰옵니다." 태복이는 정 진사의 마부다. 산기슭에 가려 아직도 백탑은 보이지 않았다. 채찍질하며 수십 보를 더 가 겨우 산기슭을 벗어나자 눈앞이 어질어질하며 갑자기 한 무더기 흑점들이 오르락내리락 헛것이 보인다. 나는 오늘에야 비로소 알았다. 인생이란 본래 아무 의지할 곳이 없으며 단지 하늘을 이고 땅을 디디면서 떠돌아다니는 존재임을.
>
> 말을 세우고 사방을 돌아보다 나도 모르게 손을 올려 이마

에 대고 읊조렸다. "좋은 울음터로다. 울 만하구나." 정 진사가 물었다. "하늘과 땅 사이에 이렇게 넓은 시야를 만나 새삼스레 다시 울 생각을 하다니요?" 나는 말했다. "참 그렇겠네만 아니라네. 옛날부터 영웅은 울기를 잘하고 미인은 눈물이 많다고 하지만 고작 몇 줄기 소리 없는 눈물이 옷깃을 적셨을 뿐이네. 울음소리가 하늘과 땅 사이에 가득 해 쇠나 돌에서 나오는 것 같다는 말은 아직 들어보지 못했네. 사람들은 단지 일곱 가지 정 가운데 슬퍼야만 눈물이 나오는 줄 알 뿐, 일곱 가지 정이 모두 울음을 자아내는 줄은 모른다네. 기쁨이 지극하면 울 수가 있고, 분함이 사무쳐도 울 수가 있네. 즐거움이 넘쳐도 울 수가 있고, 사랑이 극에 달해도 울 수가 있지. 너무 미워해도 울 수가 있고, 욕망이 가득해도 울 수 있다네. 맺힌 감정을 푸는 데는 소리보다 더 효과가 빠른 것이 없지. 울음은 하늘과 땅 사이의 우레에 견줄 만하네. 지극한 정을 펼친 것이 저절로 이치에 맞아떨어진다면 울음이나 웃음이나 뭐가 다르겠는가? 사람의 정이 지금껏 이러한 지극한 감정을 겪어 보질 못해 교묘하게 일곱 가지 정으로 나누어, 슬픈 감정에 울음을 짝지은 것이라네. 이런 이유로 죽어 초상을 치를 때 비로소 억지로라도 '아이고' 등의 말을 부르짖는 것이지. 그러나 정말로 일곱 가지 정에 느낀바, 지극한 마음에서 나오는 참된 소리는 참고 억눌러 하늘과 땅 사이에 쌓이고 맺혀 감히 펼치지 못한다네.

《열하일기》, 7월 8일 기사

요동 벌판을 본 연암의 일성一聲은 뜻밖에도 '좋은 울음터'라는 소감이다. 드넓고 툭 터진 곳을 보면 마음이 확 트여 '야호' 함성을 지르고 싶다. 그렇지만 연암은 한바탕 울고 싶다고 말한다. 의아해하는 정 진사에게 말하길, 눈물은 슬플 때만 나오는 것이 아니라 감정이 지극해지면 모든 감정에서 눈물이 나온다고 한다. 너무 미워도 눈물이 나지만 지극히 즐거워도 울음이 난다. 너무 사랑해도 눈물이 나지만 너무 욕심이 나도 눈물이 난다. 생각해 보라! 깊이 믿었던 친구가 배신했을 때 분노와 배신의 상처로 눈물이 나던 상황을, 너무 사랑하는 마음을 견디지 못해 흘리던 눈물을, 간절함과 욕심이 너무 커서 눈물이 나던 때를!

연암의 울음론은 인간 감정의 본질을 날카롭게 꿰뚫어 본다. 우리는 흔히 웃음은 기쁨의 표현이고 울음은 슬픔의 표현이라는 이분법 사고에 익숙해 있다. 그러나 연암은 이러한 고정관념에서 벗어나 모든 감정은 극한 상태가 되면 눈물이 나온다고 말한다. 연암은 인간의 감정 표출이 단순히 기계적 대응이 아니라 미묘한 층위에서 이루어진다는 점을 알고 있다. 나아가 연암은 울음이 단순한 감정 표현이 아니라 감정을 푸는 수단이라 본다. 맺힌 감정을 푸는 데는 소리보다 더 효과가 좋은 것이 없다고 하여 울음의 치유 기능까지 포착한다. 일찍이 울음에 대해 이같이 역설적인 생각을 들려준 사람은 없다.

'울음론'을 펼치는 연암의 실제 의도는 이러하다.

> 아기가 엄마 뱃속에 있을 때는 캄캄하고 막히고 에워싸여 비좁아 하다가 하루아침에 넓은 곳으로 빠져나와 손을 펴고 다리를 뻗게 되고 마음이 시원스레 트이게 되니 어찌 참된 소리로 정을 다해 한바탕 울지 않을 수 있겠나? 그런 까닭에 마땅히 어린아이를 본받아야만 소리에 거짓을 짓지 않게 되네.

연암은 자신이 우는 까닭을 막 태어난 아기 울음으로 비유한다. 아기가 엄마 뱃속에 있을 때는 캄캄하고 막혀 비좁아 하다가 갑자기 넓은 세상으로 나오게 되면 손과 다리를 마음대로 펴게 되어 마음이 시원스레 트여 마음껏 운다는 것이다. 이는 일종의 비유다.

아기가 뱃속에 있는 상황은 캄캄하고 막히고 비좁은 조선의 현실 공간을 상징한다. 〈북학의서北學議序〉에서 연암은 "우리나라 선비들은 한쪽 모퉁이 땅에 편협한 기질을 타고나, 발은 중국 대륙의 땅을 밟아보지도 못하고 눈은 중국 사람을 만나보지도 못한 채, 태어나 늙고 병들어 죽기까지 국경의 밖을 떠나 본 적이 없다."라고 한탄하면서 자신이 사는 곳만을 최고라 여기고, 가난을 검소한 것이라 여기는 갑갑한 조선의 현실을 비판한 바 있다. 조선의 선비들이 편협한 지식과 좁은 견문을 고집하며, 자신이 본 것만을 옳다고 우기는 현실을 안타까워했다. 아기가 좁은 뱃속에 있는 상황은 평소 연암의 이러한 생각을 은유적으로 표현한 것이다.

반면 '울음터'로 표상된 드넓은 요동 벌판은 억압과 편협함에서 벗어난 자유로운 공간을 상징한다. 연암이 마음껏 울고 싶다고 한 것은 갑갑한 조선 땅에서 벗어나 자유롭게 외칠 수 있는 공간에 선 기쁨을 역설적으로 표현한 것이다. 연암 자신도 좁은 조선 땅에서 태어나 주자학 일변도의 세계 속에서 울울하게 살아온 선비였다. 연암은 진리는 주자학에만 있지 않으며 장자에도 있고 불교에도 있고 서학에도 있다고 생각했다. 그러나 주자 성리학에 반反하는 견해를 드러내면 유교를 어지럽히는 도적, 곧 사문난적斯文亂賊으로 몰려 공격받거나 큰 해를 입었다. 이제 중원의 넓은 벌판에 서고 보니 가슴이 확 트이는 감격을 누리게 되었을 뿐만 아니라, 한편으로는 막히고 좁은 조선의 현실 공간이 떠올라 착잡한 마음이 들었을 것이다.

그러니 그가 요동 벌판을 '울음터'로 표현한 속에는 지극한 기쁨과 슬픔이 뒤섞여 있었을 것이다.[24] 아니, 연암의 통곡에는 일곱 가지 감정이 모두 들어 있다고 해야 할 것이다. 앞서 일곱 가지 감정이 지극하면 울음이 난다는 말은 이 단락과 조응을 이룬다. 그리고 통곡의 이면에는 폐쇄성에 갇힌 조선이라는 작은 공간에서 벗어나 마음대로 표현과 사상의 자유를 이야기할 수 있는 공간을 염원하는 한 지식인의 소망이 담겨 있다.

이같이 〈호곡장〉은 연암에 의해 물리적 공간에서 심미적 공간으로 전환되고 있다. 조선의 사신들은 끝없는 평원이 하늘과 맞닿은 요동 벌판의 장관에 입이 떡 벌어졌다. 사신들은 요동 벌판을 보면서 한 인간을 왜소하게 만드는 압도감과 넓은 기상을 갖게 만드는 호연지기浩然之氣를 느꼈다. 그런데 연암은 요동 벌판에서 드넓은 공간이라는 물리적 실체를 '자유로운 공간'이라는 심미적 이미지로 확장한다. 그리하여 울음은 '자유롭게 마음껏 소리 내다'는 현실의 의미를 갖게 되었다. 요동 벌판을 '울음터'로 부르는 연암의 의식에는 물리적 공간을 사회 정치적 맥락에서 바라보는 새로운 공간 인식이 있다.

도그마의 해체, 황금대黃金臺

황금대는 북경 부근에 있는 높은 누대로 연燕나라 소왕昭王이 즉위 초에 황금을 축대 위에 두고서 천하의 어진 선비를 맞이했던 데서 붙여진 이름이다. 황금대는 본래 초현대招賢臺 혹은 현사대賢士臺로 불린 연나라의 누대樓臺다. 연燕나라 소왕은 제나라에 빼앗긴 영토를 되찾고 아버지 쾌의 복수를 하고 싶었다. 그리하여 재상 곽외의 조언에 따라 높은 누각을 짓고 그 위에 황금을 쌓은 후 천하의 어진 인재들을 모았다. 마침내 소왕은 제나라를 무너뜨리고 강대국으로 성장할 수 있었다. 초현대는 예를 두터이 하여 어진 선비를 맞는다는 후례초현厚禮招賢의 의미를 갖게 되었으며 황금의 의미를 부각해 점차 황금대로 불리게 되었다. 조선의 선비들은 북경에 가면 황금대를 찾아가 후례초현의 의미를 새기며 연 소왕의 행위를 기리고 사라진 인재를 그리워했다. 황금대는 점차 일종의 성지순례처럼 되어 중국에 사행 가는 선비들의 필수 답사 코스가 되었다. 역대로 많은 문인과 선비들은 황금대에 대한 시문을 남겨 그때를 기리고 추억했다.

소왕이 즉위한 해가 기원전 314년이니 연암 당시와는 무려 이천 년이 넘는 거리가 있다. 황금대라는 이름만 전해질 뿐, 그 위치에 어디인지에 대한 자세한 언급이 없었으므로 황금대의 위치에 대한 이러저러한 설이 무성했으며, 중국에 사신을 간 선비들은 황금대의 위치를 찾아 여기저기 수소문하였다. 연암도 황금대를 찾아 나서고 나서 그에 대한 소회를 남기고 있다. 다음은 〈황금대〉에 나타난 기록이다.

> 노이점盧以漸 군은 나라에서 경학과 행실로 일컬어졌다. 평소에 춘추의 존왕양이에 엄격해서 길에서 사람을 만나면 만주족이든 한족이든 따지지 않고 한가지로 '되놈'이라고 불렀으며, 지나는 곳의 산천이나 누대는 노린내 나는 고장의 것이라고 하여 거들떠보지도 않았다. 그러나 황금대, 사호석射虎石, 태자하太子河 등과 같은 옛 유적지[古跡]는 거리가 멀어 에돌거나 이름이 잘못되어도 따지지 않고 반드시 끝까지 찾아내고야

말았다.

〈황금대黃金臺〉

노이점은 중화를 높이고 오랑캐를 물리친다는 의미의 존화양이尊華攘夷에 투철한 조선의 선비다. 소중화 의식을 지닌 조선 사회는 만주족인 청나라를 오랑캐로 규정하고서 그 땅은 노린내가 진동하고 사람들은 개와 돼지만도 못하다며 적대시했다. 많은 조선 선비들은 중국의 땅을 밟는 것조차 부끄럽게 여겼다. 그러나 중화 문명의 자취가 서린 곳, 곧 정신적인 지향으로 내면화된 공간은 사뭇 다르게 바라보았다. 유교의 춘추 의리와 충절의 표상을 담은 공간은 공식 사행길이 아니더라도 굳이 애를 써서 찾아갔다. 그 공간을 찾아가 추모함으로써 오랑캐 세력에게 조공을 바치러 간다는 정신적 수치감을 대신 보상받고 존화양이의 의미를 되새기며 자기 정체성을 확인하고자 하였다.

황금대는 이제묘夷齊廟와 더불어 조선 사신이 동경하는 역사적 공간이었다. 명청明清 시절을 막론하고 중국에 사신을 가는 선비들은 황금대를 찾아 황금으로 인재를 맞으려 했던 어진 군주의 행적을 추억하고 감회에 젖었다. 황금의 이미지는 인품과 능력을 갖춘 인재를 후하게 대우하기 위한 도구였다. 사행을 가는 유학자들은 연대燕臺를 꼭 들르기를 원했으며 이에 따라 연대는 연경을 대신하는 말로도 쓰였다.

특히 조선 후기에 황금대는 유교의 치도治道와 더불어 복수설치復讐雪恥를 실현한 상징적 공간이 되었다. 연 소왕이 황금대를 지은 이유는 천하의 어진 선비를 초빙하여 강대국인 제나라의 원수를 갚기 위해서였다. 강대국에 복수한 연 소왕의 행위는 강대국 청나라를 무너뜨려 명나라가 회복되기를 갈망하는 조선 선비들에게 동일시의 감정을 심어주었다. 조선 선비들은 지금의 청나라 땅을 밟으면서 그때의 연나라 땅에 선 기분으로 옛날을 회상하고 추억했다. 황금대는 북벌의 명분을 확인하는 명분론적 공간이자 제사 의례儀禮의 공간이었고 황금대를 찾는 행위는 손상된 정체성을 다시 되돌리려는 의미였다.[25)]

연암에게 황금대는 어떤 곳일까? 연암은 노이점과 황금대를 찾아 나선다. 하지만 아무리 수소문해도 황금대의 위치를 아는 사람들은 아무도 없었다. 저 중국인들에게 황금대는 아무 의미도 없는 공간이었다. 그런데 황금대와 아무런 연고도 없는 조선 선비들은 정작 있지도 않은 황금대를 기를 쓰고 찾아 헤맨 것이다. '후세에 한갓 그 이름만 전해올 뿐 그 누대는 없었음을 알 수 있다'는 것이 연암의 판단이다.

황금대를 향한 노이점의 노력은 다음과 같이 결론 맺는다.

> 하루는 노이점 군이 몽고 사람 박명博明에게서 얻었다면서 그 적은 것을 보여주는데 《장안객화長安客話》라 하였다. 이르기

를 '조양문을 나와서 해자를 따라 남쪽으로 가다가 동남쪽 모퉁이에 이르면 우뚝 솟은 하나의 흙언덕이 바로 황금대다. 해가 서산에 넘어가고 사방이 아득하고 쓸쓸해질 때 옛날을 조문하는 선비로 황금대에 오른 자는 문득 고개를 숙이고 둘러보며 천고의 옛일을 회상한다'고 하였다. 노 군은 이로 인해 실망하여 가보려던 것을 그만두더니 다시는 황금대를 입에 올리지 않았다.

〈황금대黃金臺〉

《장안객화》는 명나라 사람 장일규張一葵가 지은 책이다. 노이점은 왜 책의 내용에 실망하고 다시는 황금대를 입에 올리지 않았을까? '황금대의 저녁놀[金臺夕照]'이라는 말도 있듯이 조선 선비들은 황금대를 연경의 여덟 가지 빼어난 경치[燕都八景] 가운데 하나로 생각해 왔다. 저녁놀이 어찌나 아름다운지 사람들은 황금대 근처의 절 이름을 석조사夕照寺라 일컬었다.

잡을 수 없는 것, 보지 못한 것은 그리움이고 환상이 된다. 조선 선비들에게 황금대는 낭만과 신비로움이 깃든 '환상의 공간'이었다. 이들의 머릿속에 존재하는 황금대는 누런 황금으로 반짝반짝 빛나는 황홀한 누대였다. 조선의 선비들은 지인이 사행을 떠날 때는 황금대를 찾아보라는 당부를 잊지 않았다. 하지만 막상 직접 황금대를 찾아낸 이들은 황금은 전혀 없고

북경(北京) 금대역(金臺驛) 역사 안에 조성된 황금대 ©신춘호

누대만 덩그러니 방치된 모습에 실망감을 감추지 못했다. 후대로 가면서 '저녁놀이 그리 볼 만한 것이 없으니, 무슨 까닭으로 팔경八景에 들었는지 모르겠다'는 소감이 나오기도 했다.

노이점은 연경에 가면 황금대를 꼭 찾아보려고 벼르던 사람이다. 노이점은 공주 출신의 시골 선비였다. 한양에 거주하는 지식인들은 중국의 발달한 문화를 직간접적으로 경험했기에 비교적 객관적인 정보를 얻을 수 있었지만, 지방의 선비들은 문화의 변화를 알 길이 없었고 기존의 전통과 이념을 충실하게 따르는 삶을 살아갔다. 노이점의 황금대 이미지는 이전부터 학습된 황금을 쌓아둔 화려한 누대로 각인되어 있었을 것이다. 지금의 황금대에 관한 정보를 모른 채 상상으로 쌓아 올린 연 소왕 시절의 황금대를 실체로 여기고 있었을 것이다. 그는 누대에 오르면 찬란한 저녁놀로 물든 누대에 기대어 황금대의 의미를 곱씹으리라 소망했을 것이다. 그런데 황금대가 단지 흙무더기에 불과하다고 하니 실망할 수밖에 없는 것이다. 기대를 배반하는 실체라면 애써 외면하는 편이 나은 것이다.

노이점의 황금대 찾기 여정은 다음과 같이 끝맺는다.

> 어느 한가한 날 노이점 군과 함께 동악묘의 연희 구경을 위해 수레를 같이 타고 조양문을 나섰다가 돌아오려 할 때 태사 고역생을 만났다. 고 태사는 사헌 능야를 함께 태우고서 황금대를 찾아가는 길이라고 했다. 능야는 월중越中 사람으로 또한 기특한 선비였는데, 연경이 초행인데도 고적을 찾아가는 길이었다. 나에게 함께 가자고 하니, 노군은 크게 기뻐하며 하늘의 인연이 있다고 했다. 도착하고 보니 그저 몇 길 안 되는 허물어진 흙 언덕으로, 주인 없는 황폐한 무덤에 불과했는데 억지로 황금대라고 이름 붙인 것이었다.
>
> 〈황금대黃金臺〉

짐짓 차분한 서술로 노이점의 황금대 찾기 여정을 기술하던 글은 마지막에 이르러 황금대의 실체를 드러냈다. 노이점이 그토록 기를 쓰고 찾아 헤매던 황금대는 알고 보니 주인도 없는 황폐한 무덤이었다.

연암이 노이점의 황금대 찾기 행위를 통해 말하려는 것은 황금대를 찾는 사람들의 허위의식이다. 이들이 그토록 찾아 헤매는 공간의 실체는 무엇인가? 이들은 실체로서의 황금대를 찾는 것이 아니라 실제로 존재하지도 않는 허상의 공간을 그려왔다. 실제의 황금대는 '그저 몇 길에 불과한 허물어진 흙 언덕'이고, '후손이 없는 황폐한 무덤 꼴'의 버려진 땅에 불과했다. 정작 그 땅에 사는 사람들은 관심조차 없는 공간을, 낡은 도그마에 사로잡힌 선비들은 심상 공간으로 만들어 실체를 부풀리고 거대한 의미를 담은 공간으로 확대 재생산해 왔던 것이다.

이어지는 〈황금대기黃金臺記〉에서 연암은 여러 가지 고사를 동원하여 황금에 대한 탐욕이 재앙을 부른 역사적 사실들을 제시하고 있다. 그러면서 세상 사람들에게, 황금이 있다고 반드시 기뻐하거나 없다고 슬퍼하지 말고, 이유도 없이 황금이 굴러들면 귀신을 만나듯 무서워하고 갑자기 뱀을 만난 듯 물러나라는 당부의 말로 끝맺었다. 표면적으로는 황금에 대한 탐욕을 경계하는 교훈적 주제를 담고 있다.

그러나 연암은 황금을 조심하라는 교훈적 주제로 갈무리함으로써 진짜 속뜻을 감추고 있다. 그는 이른바 성동격서聲東擊西 전략을 쓰고 있다. 황금대의 황금은 인재를 등용하는 도구의 의미를 지닌다. 초현대에서 황금대로 이름이 바뀐 것도 황금을 부각하고픈 인간의 욕망이 작용했을 것이다. 하지만 연암은 기실 황금이란 복수와 욕망의 수단일 뿐임을 이야기한다. 황금으로 인재를 구하려 한 소왕의 행위는 더 많은 황금을 차지하려는 이전투구로 귀결되었을 뿐이다. 연암은 조선조 선비들이 그토록 숭상하던 황금대의 '황금'의 실체를 폭로함으로써 허위 이데올로기에 사로잡힌 유학자들의 허상을 꼬집으려 한다. 황금의 의미가 부정적으로 변하니 황금대도 허망한 곳으로 떨어지고 마는 것이다.

사람들은 지금 여기의 땅을 밟으면서도 과거 역사에만 집착했다. 황금대라는 공간에서 느껴야 할 소감은 그 땅을 밟기도 전에 내면화되어 있었다. 황금대를 둘러보는 행위는 의식화된 의미를 확인하는 작업이었다. 황금대를 꼭 찾아가려는 행위에는 현실적으로 치욕의 공간에 있으면서 황금대라는 공간에서나마 과거로 들어가 심리적으로 위안을 얻으려는 심리가 있었다. 연경을 대신해 황금대의 또 다른 이름인 연대燕臺라고 부르는 의식 속에는 현실의 청나라를 인정할 수 없어 옛날의 중국으로 돌아가려는 무의식적 욕구가 있었다.

그러나 연암은 현재의 공간을 객관적으로 바라보려 한다. 조선 선비들이 그토록 자랑해 마지않는 애타게 찾는 공간은 고작 무너진 흙더미에 불과할 뿐이다. 그때의 황금은 다 사라져 버렸고 지금은 욕망과 복수의 도구가 된 황금만이 주인을 찾아 떠돌고 있을 뿐이다. 연암에게 황금대는 유학자들의 낡은 도그마와 허위의식을 고발하는 장소였다.

조선 유학자들은 역사적 공간에 자신을 가둠으로써 진정한 장소 경험을 하는 데 실패했다. 그들은 현재의 황금대를 밟으면서 이천 년 전의 황금대를 보려 했다. 그리하여 그들은 개인적인 장소 체험을 하지 못하고 하나같이 슬픔과 탄식이 주조를 이루는 의식화된 감정을 경험했다. 연암은 현재의 황금대는 고작 무너진 흙더미에 불과하며 조선 선비들이 그토록 숭앙해 마지않던 황금은 복수의 화신이 되어 떠돌고 있을 뿐이라고 말함으로써 낡은 도그마에 사로잡힌 유학자들의 허상을 폭로했다.[26)]

황금대는 실체가 아닌 이데올로기에 의해 만들어진 허상의 공간이었다. 연암에 의해 파헤쳐진 지금의 황금대는 흙무덤이었다. 그럼에도 황금대를 찾는 사람들은 지금 여기를 버리고 그때 저기로 돌아가려고 함으로써 장소의 진정성을 훼손시켰다. 연암은 조선 선비들에게 허상의 장소에서 무엇을 찾아 헤매느냐고 묻는 것이다.

도시 감수성의 체험, 유리창琉璃廠

북경의 유리창은 중국 여행자들이 최고의 볼거리로 꼽는 곳 가운데 하나다. 유리창은 18세기 중후반 이래 중국에서 가장 번화한 문화의 중심지이자 서적 출판과 유통의 메카였다. 유리창은 한 가지로만 규정하기 어려운 복합 소비 공간의 성격을 띠고 있다. 서점가이면서 유흥가였고, 소비 공간이자 문화 공간이었으며, 연희 공간이자 교유 공간이기도 했다. 오늘날의 명동과 인사동을 합한 곳으로 생각하면 되겠다. 각종 연행록에 실린 유리창 관련 기록을 살펴보면 거리에는 수많은 인파로 북적여 어깨가 서로 부딪힐 정도였고, 수레 역시 서로 부딪힐 정도로 사람들이 가득 돌아다녔다. 가게마다 수많은 서적과 그림, 골동품, 문방사우, 제철 과일과 패물 등이 차고 넘쳤다. 앞의 황금대가 '이데올로기의 공간'이라고 한다면 유리창은 이념성이 거세되고 재화와 욕망이 뒤섞인 '시장으로서의 공간'이라고 하겠다.

유리창은 중국의 문명 수준을 확인할 수 있는 최고의 문화 공간이자 상업 도시였다. 18세기 청나라는 세계적으로 부강한 문명을 누리고 있었으며, 당시 북경의 문화 수준은 세계 도시 가운데서도 최고 수준이었다. 사방으로 곧게 뻗은 거리, 아라비아 상인을 중심으로 유럽의 상인까지 가세한 물물교환, 서점마다 수천 수만 권을 헤아리는 책들, 눈을 휘둥그레 만드는 각종 예술품, 화려하게 치장한 시장의 가게들, 거대한 성곽과 궁궐, 이 모든 것들이 북경에 있었으며 유리창은 그 중심에 있었다. 유리창은 조선 사람들이 외국의 서적과 문화를 접하는 유일한 창구였다. 18세기 후반 조선 사회의 문화 변동은 유리창으로부터 들어온 각종 서적과 문화 상품들 때문이라고 해도 과언이 아니다.

유리창이 조선에 알려지기 시작한 것은 18세기 중후반이었으며 유리창을 방문하고 그 화려함에 경악한 사람들의 입소문이 더해져 조선인의 필수 방문 코스가 된 것은 18세기 후반부터다. 곧 유리창은 오랫동안 이어온 정식 사행 공간이 아니라 새롭게 만들어진 관광 코스였다.

특히 조선 사람들이 유리창에 대해 느끼는 이미지는 '페르시아의 시장'이었다. 시장은 돈을 매개로 물건을 사고파는 곳이다. 곧 시장의 장소성은 욕망을 교환하고 이익을 꾀하는 데 있다. 유리창 주인들은 손님을 더 끌기 위해 가게를 최대한 화려하게 꾸몄으며 온갖 진귀하고 잡다한 물건을 늘어놓았다. 관광지로서의 시장이 유리창의 장소성이었다.

그런데 유리창을 들른 여행자들의 감정은 서로 반대되었다. 먼저는 유리창의 화려함에 끌리는 것이다. 유리창을 들른 조선인들은 이전에는 듣도 보도 못한 화려한 광경에 압도되어 눈과 귀를 빼앗겼다. 이른바 감각의 현혹이다. 수만 권의 책이 꽂힌 유리창 서점은 '눈이 침침해져 다 볼 수 없게' 만들었고, 생전 처음 보는 진귀한 물품들은 '너무 황홀하여 어리둥절하게' 만들었다. 시장의 수많은 볼거리를 '정신없이 구경하느라 고개가 아플 지경'이었고, 물건이 너무 많아 '일일이 살필 수 없을' 정도였다. 그리하여 이조원李肇源은 "여기 와 탐천 샘물 아니 먹고 어찌하리. 만 종의 상아 찌와 비단 상자 부러워라."

고 읊었다.[27] 여기엔 북벌北伐의 강박 관념도 검약儉約의 가치도 없었다. 풍부한 재화와 화려한 물품들에 탐닉하고 빠져들어 감탄과 놀라움, 경이와 황홀함을 경험할 뿐이었다.

하지만 누군가는 유리창에 우려의 시선을 보냈다.

> 아! 이 좁은 길에 여러 가게가 몇백, 몇천 개인지 모르겠으며, 그 재화와 공비工費가 또한 얼마나 많은지 모르겠다. 이 모두가 기묘한 재주와 간사한 기교를 부린 것들이고 백성들의 일용日用에 없어서는 안 될 것들은 아니니, 중국의 사치 풍조를 참으로 개탄할 만하다. 그러나 많고 많은 물건 같은 것들은 오히려 교역交易의 이로움이 있으니, 또한 중국이 거대함을 볼 수 있다.
>
> 김경선, 《연원직지》, 〈유리창기琉璃廠記〉

> 대략 이 길을 끼고 있는 여러 점포는 몇백, 몇천 개인지를 알 수 없다. 그 재화와 물건을 만드는 비용으로 몇만의 거금이 드는지 알 수 없다. 그런데 백성들이 살아가는 데 필수품[養生送死]은 하나도 없다. 다만 이는 기이한 재주에 음란하고 교묘하며 사치스럽고 화려하여 뜻을 상하게 하는 물건뿐이다. 기이한 물건들이 불어나고 많아져 선비들의 풍속이 방탕해지니, 중국이 떨쳐 일어나지 못하는 까닭이다. 탄식할 만하다.
>
> 홍대용, 《연기燕記》, 〈유리창琉璃廠〉

조선 유학자들에게 검소함은 내면화된 일상의 생활 윤리였다. 이들은 화려하고 사치스러운 유리창의 상품을 보고 경계의 시선을 보냈다. 잠시 유리창의 황홀함에 넋을 빼앗겼지만 자기 검열이 작동되었다. 유리창의 화려하고 값비싼 물건들은 사치와 낭비로 다가왔다. 크고 멋진 집은 기교를 부린 사치일 뿐이고 수많은 문화 상품과 수만 권의 책은 음란한 잡서에 불과했다. 권복인權復仁은 시 〈유리창琉璃廠〉에서, "사물 완상 도리어 뜻 잃게 하니, 잡아 묶어야 도道 어긋남 없으리. 하물며 저 집에 가득한 책들, 어지러이 잡스럽게 섞여 있구나. 천천히 돌이켜 옛 나를 지켜, 마음의 담박함이 끝없게 하리."[28] 라고 하여 완물상지玩物喪志를 경계하고 유학자의 본분으로 돌아가고자 하였다.

이-푸 투안에 따르면 진정성을 경험하는 장소가 훼손되거나 사라져서 장소가 획일화되어 가는 것을 무장소성이라고 한다. 디즈니랜드나 쇼핑센터 등이 무장소성을 대표하는 공간이다. 유리창은 각종 진귀한 상품과 서적이 가득한 특별한 공간이었다. 하지만 유리창을 들른 조선 사람들은 유리창에 친밀감을 형성하지를 못하고 하나의 시장으로서만 경험했다. 유리창의 화려한 상품들을 보며 사치 풍조를 개탄하거나 풍속이 방탕해지는 현상으로 보았다. 소중화 의식과 검소함을 미덕으로 지닌 조선인들은 청나라 유리창의 호화롭고 값비싼 물건들을 사치와 향락의 증거로 바라보았다.

곧 조선의 선비들은 유리창을 페르시아의 시장으로 인식하면서 한편에서는 화려한 공간에 이끌렸고 한편에서는 사치스러운 공간을 외면했다. 한쪽에선 감각이 욕망에 휩쓸렸다면 다른 한쪽에선 현실을 애써 부정하거나 외면했다.

하지만 연암은 유리창에서 특별한 감정에 젖는다. 연암은 1780년 8월 4일에 유리창에 들렀다. 일반적인 상황을 떠올려 보면 연암은 화려한 시장 풍경에 압도당해 각종 진귀한 상품들을 구경하느라 여념이 없었을 것이다. 그런데 유리창을 들른 연암의 행동은 완전히 생뚱맞다.

> 무더위가 심해 삼복더위와 다름이 없었다. 수레를 몰아 정양문을 나와 유리창琉璃廠을 지나면서 누군가에게 물었다. "유리창은 몇 칸이나 됩니까?" 대답이 돌아왔다. "모두 27만 칸입니다." 대개 정양문正陽門부터 가로로 길게 선무문宣武門에 이르기까지 다섯 거리가 모두 유리창이다. 국내외의 진기한 보물들이 모여 있는 곳이다.
>
> 나는 한 누각에 올라 난간에 기댄 채 탄식하였다. '이 세상에 진실로 한 사람의 지기만 만나도 한이 없으리라.
>
> 《열하일기》, 8월 4일 기사

유리창에 들른 연암의 감성은 여느 선비들과는 사뭇 달랐다. 연암은 화려한 시장 구경을 뒤로한 채 홀로 한 누각에 올랐다. 그러곤 난간에 기대어 한 사람의 지기를 얻을 수만 있다면 여한이 없을 것이라 탄식했다. 연암은 수많은 인파가 붐비는 장면을 보며 깊은 외로움을 느꼈다. 그러곤 이른바 지기론知己論을 펼친다. 사람은 남들이 자신을 알아보기를 원하지 않아서 기꺼이 고독의 자리에 서지만, 단 한 사람 정도는 자신을 알아주기를 바란다는 것이다. 그러면서 다음과 같이 말한다.

> 지금 나는 이 유리창 가운데 홀로 서 있다. 내가 입고 있는 옷과 갓은 천하가 모르는 것이고, 나의 얼굴은 천하가 처음 보는 모습이며, 반남 박씨는 천하가 듣지 못했을 것이다. 내가 이에 성인도 되고 부처도 되며 현자도 되고 호걸도 되어, 그 미친 행동이 기자나 접여와 같다고 하자. 장차 누구와 함께 이 지극한 즐거움을 이야기할 수 있겠는가?

그가 유리창 한복판에서 느낀 감정은 이른바 근대의 '고독한 군중'에 가까워 보인다. 미국의 사회학자인 데이비드 리스먼(David Riesman)은 산업사회 속의 인간은 겉으로 드러난 사교성과 다른 내면의 고독함을 경험한다고 하며 대도시 속에서 불안과 고독에 젖는 현상을 '고독한 군중'이라고 일컬었다. 이후 대중 사회 속에서 타인들에 둘러싸여 살아가면서도 내면의 고립감을 경험하는 사람을 '군중 속의 고독'이라고 부르고 있다.

그 당시 북경은 세계의 도시 가운데서도 최고 수준의 문화를 누리고 있었으며, 그 가운데서도 유리창은 가장 번화한 공간이었다. 연암은 그러한 도시 한복판의 무수한 사람들 속에서 진정한 친구가 하나도 없다는 데 이르자 깊은 외로움을 느꼈다. 더불어 근대 도시의 특징인 '익명성'을 경험하고 있다. 낯선 공간에서 수많은 인파가 오가지만 자신을 아는 사람이 한 명도 없으니 어떤 미친 행동을 해도 아무런 제약이 없는 것이다. 이와 동시에 자신의 즐거움을 함께할 사람이 아무도 없다는 데 이르러 깊은 외로움이 밀려왔다. 군중 속의 고독과 익명성은 근대 산업사회가 낳은 근대적 감수성이다. 우리나라 중세 시대 문학에서 위와 같이 도시 속에서 고독과 익명성을 드러낸 작품은 희귀하다.

18세기 연암을 비롯한 북학파들은 이른바 한양이라는 도회지에서 활동함으로써 도시적 분위기와 깊은 관련을 맺는 것으로 이야기되고 있다. 그러나 도시라는 공간에서 형성된 도시적 감수성의 실체가 무엇인지에 대한 언급은 없었다. 그런데 위의 글에서 소박한 형태이긴 하나 '익명성', 혹은 '군중 속의 고독'을 확인한다. 연암은 지금 근대 도시성의 한 특징인 '익명성'을 경험하고 있다.

유리창이라는 도회 공간에서 도시적 감수성이라 할 '군중 속의 외로움'을 읊조린 이는 연암이 유일하다. 인파로 가득한 유리창에서 조선의 선비들은 그 화려함에 놀라 입을 다물지 못하거나 이것저것 필요한 물건을 구매하기에 여념이 없었지만,

연암은 반대로 물밀 듯이 밀려오는 외로움을 느꼈다. 무수한 사람이 오고 가는 속에서 자신을 아는 사람이 하나도 없다는 생각이 들자 지기知己가 떠오르고 고독에 젖어 들었다.

지기知己란 자신을 알아주는 이를 말한다. 인간은 외롭기에 사람을 그리워한다. 연암은 일찍이 조선 땅에서는 경험하지 못한 새로운 문화를 목격했다. 유리창의 인파와 수레들, 번쩍이는 상품들은 가장 번화하다는 한양에서도 체험하지 못한 것들이었다. 게다가 유리창엔 수많은 인종이 북적거렸다. 하지만 그 수많은 사람 중에 연암을 아는 이는 단 한 명도 없었으며 같은 성씨조차 한 명도 없었다. 그때 문득 연암은 외로움을 느꼈다. 그 외로움은 보편적인 고독과는 다른 성격의 것이다. 고독은 인간의 보편적인 감정이지만 연암은 도시의 익명성에서 고독을 느꼈다는 데에 특별함이 있다. 근대의 인간들이 익명성에서 편리함을 느끼는 데 반해 연암은 외로움을 느꼈다.

연암 자신은 전혀 인지하지 못했을 테지만 그는 이른바 '근대 도시의 감수성'을 느끼고 있다. 익명성과 군중 속의 고독은 도시성의 본질이다. 유리창은 아는 이가 한 명도 없는 낯선 타자의 땅이다. 게다가 한양과는 비교가 되지 않을 만큼 화려하고 사치스러운 소비의 공간이었다. 이러한 점들이 한 경계인에게 익명성과 군중 속의 고독을 경험하게 했다고 본다.

요컨대 유리창은 연암에 의해 고독이라는 이미지와 맞물

려 새로운 의미를 가진 장소로 거듭났다. 조선 선비들에게 서적 구매와 시장의 의미를 지닌 유리창은 오직 연암에 의해 도시적 감수성을 품은 공간이 되었다. '익명성'과 '고독'으로서의 유리창 공간을 효과적으로 드러내기 위해 연암은 당시의 독자들에게 익숙한 지기知己의 문제로 글을 구성했다. 유리창이란 공간에서 연암은 매우 특별한 느낌의 감수성을 들려줄 수 있었다. 한양의 도회지 문화에서 성장해 왔으며, 청년 시절부터 현실에 대한 깊은 우울 증세를 비롯하여 예민한 감수성을 지니며 살아온 연암이기에 생긴 특별한 감성으로 보인다. 적극적으로 의미 부여를 하자면, 유리창은 연암에 의해 근대적 감수성을 품은 공간으로 재탄생하고 있다고 보아도 좋을 것이다.

장소애場所愛의 발현, 고북구古北口

연암은 이제묘, 황금대와 같이 유교 이데올로기 공간을 비판할 때는 짐짓 자신과 무관해 보이도록 객관적 거리두기나 제3자를 통해 공간의 권위를 허문다. 반면 지배 이데올로기를 품은 공간이 아니면서 특별한 감정을 경험한 공간에서는 자신만의 감수성으로 개인적이고 경험적인 공간을 만들어낸다.

조선과 중국과의 조공 관계가 맺어진 이래 해마다 수백 명이 북경을 다녀갔다. 매년 똑같은 길을 오가면서 한중교류의 연결고리인 사행로가 만들어졌고, 사행의 공간을 오갈 때마다 그곳엔 수많은 사연과 추억이 차곡차곡 쌓였다. 그런데 오직 연암 일행만이 밟고 오직 연암 한 사람의 경험 덕분에 세상에 드러난 공간이 있으니 바로 고북구古北口다. 연암은 〈야출고북구기夜出古北口記〉란 작품을 남겨 고북구의 존재를 조선 사회에 알렸고 고북구는 연암의 사행 경험 가운데 가장 빛나는 장소가 되었다. 〈야출고북구기〉는 밤에 고북구를 나선 기록이란 뜻으로, 연암이 열하로 달려가는 도중 한밤중에 옛 전쟁터인 고북구 장성을 지나면서 느낀 감회를 쓴 작품이다. 창강 김택영은 《여한십가문초麗韓十家文鈔》에 〈야출고북구기〉를 포함하면서 조선 5천 년 이래 최고의 명문이라고 평가했고, 중국의 사학자인 도기屠寄는 '천하의 기문奇文'이라고 탄복했다.

고북구는 만리장성의 한 지점으로 과거부터 한족이 북방 유목 민족의 침입을 방어하기 위해 세운 성곽이다. 평화 시기에는 내몽골과 북경을 잇는 정치 외교의 통로로 활용되었지만, 갈등의 시기에는 수많은 무력 충돌이 일어난 곳이기도 하다. 앞의 황금대와 유리창이 무수한 사람들의 답사 공간이었다면 고북구는 연암 이전과 이후 누구도 가본 적이 없는 미지의 공간이다. 고북구는 오직 연암만의 체험 공간이자, 연암에 의해서만 의미가 드러난 곳이다. 필자는 연암의 《열하일기》에 등장하는 사행로 가운데 연암이 가장 인상 깊어했던 곳을 들라면 단연 '고북구'를 꼽겠다. 그만큼 고북구는 연암의 '장소애'

가 잘 드러난 공간이다.

그동안 여러 학자가 〈야출고북구기〉를 분석했다. 고북구를 연암의 내면 의식과 연결하기도 했으며, 연암의 대청對淸 의식과 전쟁의 분위기를 잘 형상화한 작품으로 바라보기도 했다. 하지만 이 작품은 무엇보다 고북구의 장소성을 제대로 보여준 작품이다. 초점을 작가의 내면 의식에서 '고북구의 장소성'으로 돌리면 〈야출고북구기〉를 이해하는 방식이 달라진다.

이제 '고북구의 장소성'에 주목하여 작품을 들여다보자. 이 작품은 '고북구의 내력—석벽에 이름 쓰기—고북구의 역사적 사건들—고북구 주변의 경물 묘사' 순으로 구성되었다. '고북구의 내력'에서는 고염무顧炎武의 〈창평산수기昌平山水記〉를 인용하여 고북구의 지리적 위치와 명칭, 발자취에 대해 전체 작품의 3분의 1가량을 할애했다.[29] 전체 분량을 고려할 때 건조한 문헌학적 정보가 지루할 정도로 많다. 왜 그랬을까? 고전작품을 통틀어 고북구가 주요 제재로 등장하는 작품은 몇 편의 시詩를 제외하면 〈야출고북구기〉뿐이다. 고북구는 조선 사람은 누구도 밟아본 적이 없는 초유初有의 공간이었다. 연암은 고북구 땅을 밟은 이는 오직 자신뿐임을 잘 알고 있었다. 고북구에 대한 정보를 장황할 정도로 기술한 것은 이곳을 역사적 공간으로 알리고픈 일종의 소명 의식이 작용한 결과다.

두 번째 단락에서는 연암의 자의식이 드러난다.

나는 무령산을 따라 배로 광형하를 건너 밤에 고북구로 나갔다. 때는 밤이 이미 삼경三更이었다. 겹겹의 관문을 나와 만리장성 아래에서 말을 세웠다. 성의 높이를 헤아려보니 10여 길이었다. 붓과 벼루를 꺼낸 뒤 술을 부어 먹을 갈았다. 성벽을 쓰다듬고서 이렇게 썼다. "건륭 45년 경자년 8월 7일 야삼경에 조선의 박지원이 이곳을 지나다." 그러고 나서 크게 웃으며 말했다. "나는 서생일 뿐이라 머리가 하얗게 되고서야 만리장성 밖을 한번 나가 보는구나."

옛날 몽염 장군은 홀로 말했다. "내가 임조로부터 시작해 요동까지 계속 성을 만여 리를 쌓느라 그 중간에 지맥地脈을 끊지 않을 수 없었다." 지금 그가 산을 파헤치고 골짜기를 메운 곳을 살펴보니 사실이었다.

고북구에 대한 연암의 장소애가 드러난다. "건륭 45년 경자년 8월 7일 야삼경에 조선의 박지원이 이곳을 지나다."라고 쓴 행위는 역사적 현장에 선 감격을 기념하고 흔적을 남기고픈 '장소애'의 발현이다. 평소 자연물에 무언가를 새기는 행위를 좋지 않게 생각했던 연암이 흔적을 남기려 했다는 건 그만큼 연암이 이 공간에 대해 특별한 의미를 부여하고 있다는 걸 말해준다. 연암은 사방을 둘러보아도 벼룻물을 구할 수가 없자 고육지책으로 말안장에 매달아둔 술을 벼루에 쏟아부었다. 어떻게든 자취를 남기고픈 의식의 발로다. 성벽을 쓰다듬는 행위에서 그가 얼마나 지금의 상황을 감격하고 벅차하는지를 알 수 있다. 글을 쓸 때의 상황을 다음과 같이 말했다.

> 별빛 아래에서 먹을 갈아 서늘한 이슬이 내리는 가운데에 붓을 적셔 큰 글자로 수십 자를 썼다. 봄도 아니고 여름도 아니며 겨울도 아닌 계절, 아침도 아니고 대낮도 아니며 저녁도 아닌 시각, 가을을 주관하는 금신金神이 때를 만난 계절이요, 관문의 닭이 울려는 시각, 이것이 어찌 우연이겠는가?
>
> 《열하일기》, 8월 7일 기사

한가을의 새벽녘이라고 해도 될 말을 위와 같이 절묘하게 표현했다. 고요한 새벽에 얼마간 서늘한 기운을 받으며 오직 연암 홀로 고북구 석벽에 감격을 기록하고 있다. 가을날의 새벽이라는 시간과 고북구라는 공간, 석벽에 글을 쓰는 인간, 셋이 한 곳에서 만나 묘한 앙상블을 이루며 환상적인 상황을 연출했다. 그리하여 '그날 그때'의 특별한 분위기는 연암의 기억에 또렷하게 재현되었다.

쓰고 나서는 크게 웃으며 "나는 서생일 뿐이라 머리가 하얗게 되고서야 만리장성 밖을 한번 나가 보는구나."라고 뿌듯해했다. 장소성에 주목하면 최초의 역사적 현장에 선 자부심을 표현한 발언이리라. 내로라하는 조선의 그 누구도 만리장성 밖을 나가 보지는 못했다. 그러나 한갓 글 읽는 서생에 불과한 연암만이 장성의 밖을 벗어난 것이다. 연암은 전인미답의 고북구 성벽에 흔적을 남긴 조선인은 오직 자신뿐이라는 자긍심에 젖어 있다. 자신을 '서생일 뿐'이라고 낮춘 것은 고북구의 존재감을 높이기 위한 전략이다. 후반부의 몽염의 말은 고북구 양편이 깎아지른 듯이 패여 있는 상황을 보여주기 위한 것이다. 이어지는 세 번째 단원에서는 고북구의 역사적 사건들을 열거함으로써 고북구의 역사성과 중요성을 보여주었다. 이 작품의 백미는 마지막 단락에 있다.

> 그 성 아래는 모두 날고 뛰고 베고 치던 싸움터지만 지금은 온 천하가 군사를 쓰지 않는다. 하지만 여전히 사방의 산들이 빈틈없이 에워싸고 수많은 골짜기가 음침하고 삼엄하였다. 때마침 달은 상현上弦인지라, 고개에 걸려 떨어지려 하였다. 그 빛이 싸늘하고 예리하기가 칼을 숫돌에 갈아놓은 것 같았다. 잠시 후 달이 더욱 고개 아래로 떨어졌으나 뾰족한 두 끝은 여전히 드러나 있더니 갑자기 시뻘건 불처럼 변해서 두 횃불이 산에서 나오는 듯했다. 북두칠성이 관문 안으로 반쯤 꽂히자 벌레 소리가 사방에서 일어나고 긴 바람이 으스스 불자 숲과 골짜기가 함께 운다. 그 짐승 같은 가파른 산과 귀신같은 봉우리들은 창을 늘어놓고 방패를 한데 모아 서 있는 듯하며, 강물이 두 산 사이에서 쏟아져 사납게 울부짖는 것은 철갑 입은 기병들이 징과 북을 울리는 듯하다. 하늘 너머에서 학의 울음소리

가 대여섯 차례 들린다. 맑고 곱기가 피리 소리가 길게 퍼지는 듯하다. 누군가 말했다. "이것은 천아天鵝야."

깊은 밤중에 혼자서 딱 그날 그 시각의 고북구 장성 주변의 자연 경물을 묘사하고 있다. 상상력을 동원한 비유만으로 작가의 심리를 대신하고 있다. 산과 골짜기, 달, 고개, 북두성, 벌레, 바람, 숲, 강물, 학은 본래 낭만적인 분위기를 자아내는 사물들이다. 그러나 골짝이라는 공간과 한밤중이라는 시간은 숫돌에 간 칼, 불, 횃불, 짐승, 귀신, 창, 방패, 철갑 입은 기병, 징과 북 등 전쟁 관련 사물과 어우러져 을씨년스러운 분위기를 만든다. 나아가 붉은색의 시각과 싸늘한 촉각, 시끄러운 청각이 고루 섞여 전쟁터의 치열한 분위기를 자아낸다. 으스스한 분위기는 객관적인 상황이 아니라 연암이라는 한 개인이 느끼는 주관적인 심리 상태다.

고북구 장성의 주변 묘사는 단순히 전쟁터의 상황을 상기하는 데 그치지 않는다. 연암은 어릴 적부터 겁이 많았다고 고백했다. 한밤중에 머나먼 이국의 땅, 낯선 공간에 홀로 서 있고 보니 무섭고도 두려운 것이다. 고북구 장성 주변의 경물을 오싹하고 섬뜩한 분위기로 묘사한 것은 이와 같은 복합적인 심리를 담고 있다.

특히 마지막 '천아天鵝'는 고북구의 장소성에 화룡점정을 찍는다. 천아는 고니다. 깊은 한밤에 고니의 길게 빼는 청아한 울음소리는 으스스한 고북구 풍경을 일순간 환상적인 분위기로 바꾼다. 연암은 작품의 후지後識에서 밤중에 홀로 장성 밑에 서 있는데 '홀연 두려운 마음이 사라지고 특이한 흥취가 도도하게 솟아나며 헛것으로 보이며 사람을 놀라게 했던 숲과 바위에도 내 마음이 동요되지 않았다'라고 고백했다. 연암의 두려운 심리를 낭만적으로 바꿔준 매개물이 '고니'의 울음이다. 여기에 이르러 고북구는 환상적이고 기묘한 장소로 거듭났다.

객관적이고 물리적인 공간이었던 고북구는 연암이 성벽에 흔적을 남기는 행위로 인해 개인적인 장소가 되었다. 역사적 사건들을 기술한 부분에서 고북구는 다시 역사적 현장으로 돌아갔다. 그러다가 마지막 단락에 이르러 고북구는 환상적인 장소로 또다시 탈바꿈했다. 과거의 역사적 공간과 현재 경험의 장소, 이 둘이 서로 교차하면서 전쟁의 격전지였던 고북구는 한 인간의 심리에 투영된 경물과 결합하여 신비하고 기묘한 장소를 만들어냈다. 연암은 작가 의식의 노출을 최대한 자제하고 오직 고북구라는 공간을 제대로 형상화하기 위해 치밀하게 구성했다. 고북구라는 초유의 공간은 연암을 만나 조선인의 뇌리에 비로소 역사화되고 기이하고도 환상적인 장소로 탈바꿈하게 되었다.

이렇게 공간에 주목하여 〈야출고북구기〉를 바라보면 미지의 공간을 장소화하려는 작가의 의지를 읽을 수 있다. 연암의 수많은 연행 공간 체험 가운데 고북구가 특별하게 느껴지는 것은 이 공간을 개인의 순수한 미적 체험으로 끌어들인 데 있다. 연암은 일반적으로는 공간에서 현실을 읽고 비판과 풍자를 담아낸다. 그렇지만 고북구는 순수하게 장소성을 드러내는 데 집중했다. 미지의 공간이었고 오로지 자신만이 밟았다는 감격이 작용했을 듯싶다.

연암은 고북구의 장소성을 보여주기 위해 '구심화' 전략을 택했다. 처음엔 역사적 공간으로서의 고북구를 객관적으로 부각한 후, 석벽을 어루만지며 흔적을 남기는 행위를 통해 '장소애'를 보여주었다. 이어 고북구의 경관을 환상적으로 묘사함으로써 장소의 의미화를 드러냈다. 고북구는 객관적으로는 장성을 드나드는 수많은 길목 가운데 하나일 뿐이었다. 오직 연암으로 인해 고북구는 조선 사람들에게 알려졌고 물리적 공간에서 의미 있는 '장소'가 되었다. 그것은 단 1번의 경험이 빚어낸 개인 체험이었다.

허구와 진실의 교직 공간, 옥갑玉匣

《옥갑야화玉匣夜話》에 실린 〈허생전許生傳〉은 풍자 문학의 대표작이다. 허생전은 사대부 계층에 대한 비판의 강도가 높아서 당시에도 분분한 논란을 일으켰다. 연암의 작품으로 알려져 있지만, 연암은 자신이 썼다고 말하지 않고 윤영이란 노인이 들려준 이야기라고 했다. 지배층에 대한 풍자의 강도가 매우 높아서 해害를 당하지 않으려고 자신이 쓰지 않은 척 능쳤다고 생각한다.

이와 관련해 작품의 배경 공간이 주목된다. 〈허생전〉 이야기가 나오게 된 공간은 '옥갑玉匣'이다. 그런데 옥갑은 실제로 존재하지 않는다. 가상의 공간일 가능성이 크다. 연암은 왜 〈허생전〉의 배경 공간을 옥갑이라고 했을까? 이 궁금증을 품고서 작품에 접근해 보겠다.

연암 일행은 열하에서 북경으로 돌아오는 도중에 옥갑에 이르러 한밤중에 여러 비장과 침대를 나란히 하고 대화를 나눈다. 글에 따르면 〈허생전〉은 연암이 비장들과의 대화 도중에 윤영에게 들은 이야기를 옮긴 글이다.

그런데 옥갑玉匣이라는 실제 지명은 현재까지도 밝혀지지 않고 있다. 게다가 다른 이본에는 옥갑 대신 진덕재進德齋라는 명칭으로 나타나고 있어 논란은 더욱 커졌다. 기존 연구에 따르면 《열하일기》의 초고본 계열에는 《옥갑야화》라는 제목 대신에 《진덕재야화進德齋夜話》로 되어 있다. 진덕재는 조선 사신들의 열하 숙소인 태학관 안에 있는 재실의 명칭이다. 그런데 이곳에서는 비장이나 역관이 묵지 않았다고 한다.[30] 이곳은 주방 사람들이 묵는 곳이었다. 진덕재에서 비장들과 대화를 나누었다는 기록은 거짓일 가능성이 크다. 나아가 옥갑은 아예 연행 노정에서 그 지명이 확인되지 않는다. 설령 비장들과 대화를 나누었다는 기록이 사실이라고 하더라도 옥갑이란 지명이 연행 노정에서 확인이 되지 않는다는 점은 옥갑의 진위에 의문이 들게 한다.

《열하일기》는 실제의 여행 경험을 바탕으로 쓴 기행 일기이므로 거짓일 리 없다는 측면에서 연암의 관련 기록을 그대로 믿고, 연암이 기억이나 지명을 착각했을 것이라 보는 주장도 있다. 그리하여 사행길에 실제로 존재하는 석갑石匣의 오기誤記거나 북경의 조선 사신 숙소를 운치 있게 바꾸어 썼을 거라고 보기도 한다.[31] 그러나 필자 생각은 다르다. 옥갑은 연암이 만들어낸 상상의 공간이라 본다. 진덕재를 옥갑으로 고친 행위에 이미 의도성이 있으며, 실제 지명이라면 찾아내지 못할 리 없다. 연암이 체험한 수많은 연행 공간 가운데 오직 옥갑玉匣의 진위만이 문제가 되고 있다는 건 이상한 일이다.

연암은 사실을 말하기보다는 진실에 대해 말하려 한 사람이다. 연암은 작품에서 지명을 다른 장소로 살짝 바꾸기도 했으며[32] 《열하일기》 곳곳에서 우언의 언어를 썼다. 사실을 기록한다는 연행록의 일반적인 특성에 얽매여 《열하일기》를 바라보면 연암의 진실을 놓친다. 《열하일기》는 단순한 기행문이나 보고문이 아니다. 거대한 우언의 세계이며 진실을 말하기 위한 도구다. 연암은 진실을 효과적으로 드러내기 위해 허구의 언어를 종종 썼다. 그러므로 옥갑의 진위에 매달리기보다 옥갑이라는 공간을 만든 연암의 전략을 숙고해 보아야 한다.

왜 연암은 실제 존재하지 않는 옥갑이라는 상상의 공간을 만들었을까? 《열하일기》를 읽는 독자들은 옥갑이 실제 공간이라고 믿을 테지만 연암은 이 공간을 허구로 설정함으로써 《옥갑야화》 전체를 우언으로 만들려 한 것으로 보인다. 《옥갑야화》를 사실의 언어로 믿는 독자들은 〈허생전〉이 연암이 직접 창작한 작품이 아니라고 믿음으로써, 연암은 당시 양반들의 비난으로부터 비끼게 된다. 또 《옥갑야화》가 우언의 언어임을 알아챈 독자들은 연암이 창작한 〈허생전〉의 내용에 공감하고 연암의 속생각을 이해하게 될 것이다. 옥갑이라는 가상의 지명은 연암과 그를 잘 이해하는 이들만 알아챌 수 있는 일종의 암호인 셈이다.

〈허생전〉의 비중을 고려할 때, 〈허생전〉의 배경인 옥갑은 매우 중요한 공간이다. 그런데도 연암은 옥갑에 대해 어떠한 최소한의 정보도 말하지 않았다. 〈호질〉에서 옥전현의 유래와 지리적 특성을 자세하게 말해준 것과는 대조적이다. 〈야출고북구기夜出古北口記〉의 공간인 고북구에 대해서는 작품의 절반 분량을 지명 소개로 할애했다. 연암은 의미가 있다고 판단되는 연행 공간은 구체적이고 자세하게 기록했다. 그런데 옥갑은 편명의 제목임에도 불구하고 단 한마디의 정보조차 언급하지 않았다. 옥갑이 허구의 공간이므로 말해줄 정보가 없었던 것이다.

그렇다면 왜 연암은 제목을 허구의 공간으로 바꾸었을까? 진덕재를 옥갑으로 바꾼 것은 실제 공간을 허구의 공간으로 바꾸었다는 걸 의미한다. 기존 연구에 따르면 연암은 진덕재에서 비장들과 대화를 나눌 상황이나 여건이 되지 않았다. 사실 연암 입장에든 《옥갑야화》의 구성에서든 대화를 나눈 장소가 진덕재인지 옥갑인지는 별 상관이 없다. 비장들과의 대화 장면은 〈허생전〉을 수록하기 위한 장치이므로, 장소가 어디인지는 작품에 영향을 끼치지 않는다. 그럼에도 굳이 진덕재를 옥갑으로 바꾼 것은 진덕재에서 대화를 나누었다고 한다면 불필요한 오해를 낳을 수 있다. 황제의 고희연을 축하하는 사절단으로 간 상황에서 태학관 재실에서 한밤중에 한가하게 잡담이나 나누었다고 한다면 충분히 논란이 될 만하다.

옥갑이 가상의 공간이 되는 순간, 《옥갑야화》는 순수하게 연암이 창작한 우언의 성격을 갖는다. 옥갑에서 나눈 대화도 연암의 주제 의식을 보여주기 위해 만든 이야기가 되고 〈허생전〉은 연암이 지은 작품이 된다. 일반 독자는 옥갑을 실제 공간으로 여기고 〈허생전〉은 글의 내용대로 윤영에게 들은 이야기라고 믿겠지만 진실을 아는 자는 《옥갑야화》가 우언임을 알아챌 것이다.

연암은 좋은 제목을 짓기 위해 고심한 작가다. 연암은 〈소단적치인騷壇赤幟引〉에서 제목은 적국이라고 말한다. 적국을 공략하기 위해선 치밀한 작전을 세워야 하듯 제목을 성공적으로 짓기 위해선 치열하게 고민하고 계획을 잘 세워야 한다. 사실 《옥갑야화》는 작품의 주제 의식, 허생 이야기가 차지하는 분량, 두 개의 후지後識가 있는 점을 고려할 때 제목을 〈허생전〉이라고 하는 것이 낫다. 그렇지만 연암은 대화를 나눈 공간을 작품의 제목으로 삼았다. 게다가 옥갑은 단지 문장의 첫 줄에 단 한 번 언급된다. 옥갑이란 공간이 매우 중요한 기호임을 짐작할 수 있다.

옥갑은 독자들에게 전혀 생소하고 낯선 공간이다. 그 공간에서 나누는 한밤중의 수다는 독자들에게 낭만과 환상을 심어준다. 아무런 정보도 없는 옥갑에 대해 독자들은 각기 상상의 나래를 펼 것이고, 그럼으로써 옥갑은 신비의 공간이 된다. 가보고 싶지만 아무도 갈 수 없는 곳, 옥갑은 바로 독자의 상상력을 자극하는 공간이자 《옥갑야화》를 우언의 세계로 인도하는 통로다.

옥갑은 환상과 현실, 실제와 허구가 절묘하게 교직된 공간이다. 연암은 독자를 속이기 위한 전략으로써 현실과 허구가 섞인 공간을 만들어냈다. 그럼으로써 옥갑은 허구적 진실을 간직한 공간이 되었다.

진정한 장소
경험의 조건

책문은 연암의 변방 의식에 따라 주변의 공간을 중심성을 획득한 장소로 만든 공간이었다. 황금대가 조선 사람들에게 지속해서 의식화된 정치적 공간이었다면 유리창은 새롭게 형성된 소비, 문화 공간이었다. 반면 고북구는 한 번도 밟아본 적이 없는 초유의 공간이었고 옥갑은 실제와 허구가 섞인 공간이었다. 황금대에선 장소의 객관화를 시도하여 이념의 도그마를 해체하려 했다면 유리창에선 주관적인 감성을 드러내어 근대의 감성이 작동하는 장소를 만들었다. 고북구에선 감각을 열어 환상적인 장소를 만들어냈다. 의식의 측면에서 황금대와 유리창이 중심의 주변화를 꾀한 것이라면 책문과 고북구는 주변의 중심화를 시도한 것이다. 요동 벌판은 자유로운 생각을 펼칠 수 있는 사회 정치적 맥락을 담은 공간으로 형상화하였고 옥갑은 허구의 공간에 진실을 담은 공간으로 형상화하였다. 연암은 그만의 독특한 감수성과 주체적 태도로 물리적 공간을 개인의 특별한 체험 장소로 만들었다. 이는 모두 '의식의 로컬리티'라 하겠다.

이제 연암의 장소 경험이 갖는 의미에 대해 생각해 보고자 한다. 먼저는 '문학에서의' 장소 경험에 관해서다. 연암의 사행 체험은 단 1회였다. 단 한 번의 장소 경험으로 '장소애'와 '장소성의 형성'이라 할 만한 의식을 보여주었다. 이-푸 투안과 랠프에 따르면 '장소 경험'에서 중요한 요소는 경험과 의미다. 인간은 직간접으로 다양한 체험을 하며 경험을 통해 미지의 공간은 친밀한 장소로 바뀐다. 낯설고 추상적인 공간은 의미로 가득한 구체적 장소가 된다. 그리하여 진정한 장소 체험에는 '경험과 친밀함'이 중요한 요소로 자리 잡는다. 장소에 대한 경험이 많아질수록 친밀한 장소가 되며 진정한 장소 경험을 하게 된다. 그런데 이러한 장소 논의는 문학에서 온전히 적용되는 것 같지는 않다. 문학에서는 1회의 장소 체험만으로도 얼마든지 '장소성의 형성'이 가능하다. 이들의 이론은 일상의 생활세계 공간, 사회 문화적 공간에 기반을 둔 것이다. 따라서 문학의 공간은 일상의 공간과 구분해서 바라볼 필요가 있다.

연암의 경우를 보자면 그의 장소 경험을 이루는 기반은 '진정성(authenticity)'과 '미적 체험'이다. 진정성은 에드워드 렐프가 참된 장소감을 형성하기 위한 본질로서 이야기하고 있는 것이기도 하다. 진정성은 진실성(sincerity)과 비슷한 개념으로서 인위적인 사회적 지적 유행에 매개되거나 왜곡되지 않고, 판에 박은 관습을 따르지 않는 태도를 말한다. 장소에 대한 진정하지 못한 태도는 관광하듯이 가이드 말이라든가 일반적으로 알려진 의견을 따르는 것이다. 이들은 주변 환경에는 거의 주목하지 않으며 누군가가 구경할 가치가 있다고 정해준 것을 관람할 뿐이다. 황금대와 유리창을 찾는 사람들에게서 이러한 모습을 확인한다. 이와 대비하여 연암은 고북구 주변 분위기에 집중함으로써 참된 장소성을 만든다.

나아가 '미적 체험'은 문학에서의 진정한 장소 체험에 중요한 요소다. 연암의 고북구 발견은 미적이며 체험적이다. 의식적으로 발견한 것이 아니며 모든 감각이 한순간에 열려 환상적인 장소감을 체험했다. 그의 고북구 체험은 하룻밤에 강을 아홉 번 건너야 하는 긴박한 상황에서 이루어졌다. 다시는 그곳을 밟지 못하리라는 아쉬움과 장소에 대한 애착은 그날 밤의 고북구 인상을 더욱 강렬하게 만들었다.

두 번째는 진정한 장소 경험이란 무엇인가에 대해서다. 황금대는 역사적 공간이었다. 조선의 선비들은 황금대를 찾아가 황금의 의미를 되새기고 훌륭한 군주, 어진 인재를 생각했다. 장소를 경험하지 않은 사람들도 북경 하면 으레 황금대를 떠올렸고 황금대의 의미를 곱씹었다. 따라서 황금대의 체험과 기억은 대부분이 엇비슷한 표준화된 장소 체험이었다.

장소 경험은 집단성을 띠기도 하지만 본질은 개인적인 체험에 있다. 하나의 달을 보면서 사람들은 저마다 서로 다른 생각에 잠긴다. 똑같은 경관을 보더라도 체험하는 이의 심리 상태와 처지에 따라 장소의 의미는 다르게 다가온다. 그러나 외적 조건에 의해 스테레오 타입의 표준화된 체험을 경험하기도 한다. 오늘날엔 주로 매스컴이나 인터넷 등의 매체가 장소의 획일성을 조장한다면 과거엔 국가 이데올로기, 보편적인 세계관이 획일적으로 체험하게 했다. 황금대를 보편의 경험 공간으로 만든 것은 화이론華夷論과 주자 성리학의 세계관이었다.

연암이 저들을 비판한 것은 저들이 단순히 과거를 기려서가 아니었다. 역사적 공간을 과거에만 가두고 현재를 부정하려는 의식이 숨어 있어서였다. 유학자들은 현재의 황금대를 부정하고 과거의 황금대 속에만 머물러 있었다. 황금은 이미 사라졌음에도 황금에 집착하고, 황금대는 흙무더기에 불과하건만 과거의 찬란한 황금대를 끊임없이 찾아 헤맸다. 그들은 현재의 청나라를 부정하고 없어진 명나라를 찾아 헤맸다. 거기에는 배타성도 작동되었다. 실지實地에 단단히 발을 붙일 것, 자유로운 영혼을 지닐 것, 둘은 진정한 장소 경험을 위한 전제다.

사행 노정을 중심으로 연암의 공간 의식을 살폈지만 《열하일기》의 많은 기사와 산문에는 공간이 주요한 배경으로 등장한다. 앞서 살핀 공간들 외에도 연암은 전쟁의 상흔을 담은 심양을 우정이 꽃피는 장소로 만들었으며, 압록강을 경계의 땅으로 만들었다. 열하에서는 건륭제가 판첸라마를 위해 만든 공간들의 정치적 의미를 파헤쳤으며 열하에서 돌아오는 중에 들른 관제묘에서는 관제 신앙의 허위성을 꼬집었다. 연암의 공간 인식은 현실의 공간에만 머물지 않는다. 무인공도無人空島와 옥갑玉匣과 같이 가상의 공간을 만들어내기도 하며, 《곡정필담》에 나타난 지구와 우주에 대한 견해는 연암의 공간 의식이 우주까지 확장되고 있음을 보여준다.

연암의 공간 의식과 공간형상화 전략을 살피는 것은 《열하일기》의 진면목을 밝혀내는 관건이 됨은 물론 인간과 공간의 관계를 이해하는 데 크게 기여한다. 《열하일기》 전체 일정을 공간 중심으로 새롭게 접근해 보면 의미 있는 결과를 기대할 수 있다. 공간을 장소화하는 연암의 다양한 서술 전략과 장소성에 대해 더욱 많은 연구자가 관심을 가졌으면 하는 바람이다.

5장

연암 문학 연구의 새로운 향방

우리는 지금 근대를 넘어 포스트모더니즘 시대를 살아가고 있다. 인공지능으로 대표되는 4차산업혁명을 이야기하고 메타버스와 하이퍼리얼리티의 시대가 도래했다고 말한다. 연암은 '비슷한 것은 참되지 않다'고 말했지만, 이제는 '비슷한 것은 진짜다'라고 말하는 시대를 살아간다. 과연 연암의 사유와 문학 정신은 오늘날에도 여전히 잘 통할 수 있을까? 이 물음은 연암이 고전문학사에서 차지하는 위상을 떠올린다면 고전문학의 미래상과도 연관될 터다.

연암에 관한 수많은 논의와 연구 성과에도 불구하고 연암의 문학이 고전문학의 유효성, 나아가 지금의 우리의 삶과 현실에 얼마만큼 유의미한 영향을 끼치고 있는지를 자문하게 된다. 기존의 연구 성과들이 연암을 이해하는 풍부한 자료와 근거들을 제시해 준 것은 틀림없지만, 그가 도달한 사유의 깊이를 제대로 말하고 있는 것인지, 그가 이룩한 문학과 사상의 성취를 잘 규명했는지는 여전히 물음표로 남는다. 일차적 이유로는 연암은 우언, 비유 등을 사용하면서 전략적으로 글을 배치하고 있어서 작가의 의도를 잡아내기가 쉽지 않은 데 있다. 연암의 작품에 대한 해석이 귀에 걸면 귀걸이, 코에 걸면 코걸이 식으로 각양각색인 경우가 많다. 연암 작품의 다채로운 빛깔, 풍부한 형상성을 증명해주는 것이긴 하겠지만 연암을 이해하는 일관되고 통일된 시각이 부재하다는 뜻이기도 하려니와 여전히 우리 연구자들이 연암이 도달한 사유에 이르지 못했다는 뜻이기도 하다. 다행인 것은 연암을 깊이 있게 연구해 온 연구자들에 의해 《과정록過庭錄》, 《연암집燕巖集》, 《열하일기熱河日記》가 완역되었다.

이제 연암을 탐구하기 위한 토대가 잘 마련되어 있다고 보기에 그의 탁월한 위상, 우리가 자랑할 만한 문호라는 평가를 명실상부하게 뒷받침해 주기 위한 새로운 모색이 필요하다고 본다. 그가 도달한 사유의 깊이, 글쓰기 수준을 지금 여기의 현실에서 새롭게 읽어내는 작업이 필요하며, 필자 나름대로 고민해 본 연암 문학의 방향성을 이야기해 보고자 한다.

연암 문학의 새로운 향방

연암 문학을 탐구하는 일은 연암의 정신을 배우는 것이므로, 연암이 추구한 '지금 이곳'의 정신을 현재의 이곳에서 고민해 보는 일이 될 것이다. 곧 연암의 작가 정신과 문학 성취를 우리가 살아가는 지금의 시대정신과 연결하는 작업이 연암 탐구의 새로운 방향이 되어야 한다. 시대정신에 대한 고려는 고전 문학 연구의 방향과도 연결되어야 한다.

20세기엔 연암의 정신에서 실학사상과 근대성을 찾아내려는 연구가 이루어졌다. 18세기에서 근대성을 찾는 시도가 타당한지는 계속되는 논란이지만, 연암 사상의 새로움과 탈중세 정신을 찾는 일련의 탐색은 연암 문학의 성취를 이해하는 데 많은 도움을 주었다고 생각한다. 그러나 포스트모던 시대에 이르러서도 여전히 근대의 흔적 찾기에 머물러서는 안 되며,

지금 이곳의 정신과 연결하는 시도가 필요하리란 생각이다. 이러한 시도는 시류에 영합하는 자의적인 접근 태도라는 비판을 받을 소지도 있겠다. 하지만 모든 인간이 '그때 저기'를 진리의 근원으로 여길 때 '지금 이곳'에 진실이 있다고 주장한 연암의 정신을 헤아려 본다면, 연암의 문학을 시대와의 소통 속에서 고민해 보는 시도는 의미 있다고 생각한다. 따라서 연암 문학의 새로운 방향에 대한 논의는 연암 정신과 현재와의 연결이라는 관점에서 이루어질 것이다. 편의상 산문과 《열하일기》를 두 축으로 하여 논의를 진행하고자 한다.

연암 산문의 방향성

연암의 사유와 문학이 오늘날과 연결되는 정신을 고민해 본 결과 생명, 생태, 다양성, 해체를 꼽아 보았다. 생명 중시와 생태사상은 연암의 문학과 사상을 지배하는 요체다.

하지만 기실, 생명 중시와 생태사상은 굳이 연암을 거론하지 않더라도 우리 동양에 깊이 내재한 근원적인 정신이다. 우리 동양에서는 만물이 근본적으로 하나로 연결되어 있다고 생각했다. 모든 생명과 사물이 우주를 구성하는 근본적인 생명력인 기氣의 흐름으로 연결되었다고 보는가 하면, 불교에서는 연기설緣起說을 통해 도교는 도道라는 개념을 통해 모든 존재와 현상은 서로 의존하여 생겨나며 독립적으로 존재하는 것은 없다고 생각했다.

그럼에도 굳이 연암의 생명과 생태사상을 주목해야 한다고 말하는 이유는 연암의 생명을 향한 관심이 문명과 사회에 대한 깊은 관련 속에서 이야기되고 있기 때문일 터이다. 이는 반문명과 욕망의 거세를 추구하는 동양의 전통 사상과는 결을 달리한다. 더불어 성리학에서는 자연을 조화와 질서의 공간으로 바라보는 데 비해 연암은 창조와 변화의 장으로 바라보고 있다는 점도 여타 유학자들과 구별되는 연암의 특별한 시각이다. 따라서 연암의 생명 중시와 생태적 사고는 문명사회를 지향하는 지금에도 여전히 유의미한 시사점을 제공하리라 생각한다.

연암은 쓸모없는 것은 하나도 없으며, 모든 존재는 저마다의 방식으로 삶을 영위해 간다고 생각한다. 사람과 사물이 생겨날 때는 본래 구별되지 않았고 나와 남은 모두 사물이었다고 주장하며, 사람도 본래 벌레의 한 종족이라고 말한다. 인간은 만물의 영장이 아니며 모든 생명체는 다 같이 소중하다. 그러므로 벌레든 가축이든 함부로 대해서는 안 되며 그 처지에서 그 고통을 헤아려주고 그 살아가는 방식을 존중해야 한다고 본다.

평소에도 연암은 작은 생명을 가까이했다. 《과정록》 등에서 잘 나타나 있듯이 사사로이 죽인 고기는 먹지 않았으며, 다리가 부러진 까치와 농담을 나누기도 했다. 뜰에 앉은 까마귀에겐 고기 조각을 주고, 사람들이 눈길조차 두지 않는 파초를 홀로 사랑한다고 했다. 거지, 똥 푸는 사람, 비렁뱅이를 가까이하고 이들에게서 진실함을 배웠다. 그는 인간과 사물을 차별하지 않고 모두 배워야 할 대상으로 여겼다. 연암이 냉소冷笑한 인물 군상은 겉과 속이 다른 위선자, 지식을 자기 합리화의 도구로 삼는 군자, 의리와 예의를 내세워 자기 배만 불리는 거짓 유학자였다. 연암은 낮은 존재에겐 따뜻한 시선을 보냈지만, 위선자에겐 차가운 눈길을 보냈다. 연암의 생명 존중은 단순히 낮은 존재에 대한 동정 차원이 아니라, 차별과 차등의 세계에 대한 저항 정신과 연결되고 있기에 더욱 깊이 탐구되어야 한다. 자연 사물을 도덕을 드러내는 도구로 보지 않고 자연 그 자체를 독립적인 존재로 인식한 것도 새로운데, 〈호질〉에서 그러한 태도가 두드러진다.

연암의 생명존중은 생태사상과 연결된다. 생태사상은 단순히 자연친화, 자연보호의 개념이 아니다. 자연을 도구적 개념으로 보는 세계관을 극복하고 인간이 자연을 지배하는 존재라 아니라 그 일부임을 인식하고 모든 생명체 간의 평화와 평등의 정신을 이야기한다. 생태사상은 지구에서 살아가는 모든 생명이 긴밀하게 연결되어 있다고 보며 인간과 다른 생명체가 공존하고 상생해야 한다고 말한다. 인물성동론과도 관련되는 지점이 있을 터이지만 연암은 관념의 층위에 머물지 않고 실제의 생각으로 나아간다. 연암은 인간이 지각과 깨닫는 능력이 있다고 해서 남에게 잘난 척하거나 사물을 업신여기지 말라고 말한다. 인간의 지식은 냄새나는 가죽 부대에 문자 몇 개 더 아는 수준에 불과하다고 말한다. 그러므로 인간이 최고라는 자만에 빠져 다른 존재를 밀어내거나 업신여겨서는 안 된다. 자연은 단순한 질서와 조화의 공간이 아니며 창조와 변화의 장場이다. 자연의 소리는 일종의 예술 활동이며 자연의 몸짓은 일종의 생활 윤리다.

문명사회를 비판하며 사물을 돌아본 생명과 생태에 대한 성찰은 연암의 문학 전반에 깊게 배여 있다. 따라서 연암의 문학에 접근할 때는 이 지점을 잘 고려해야 한다. 예컨대 〈호질〉도 생태사상의 시각에서 바라볼 때 더욱 유의미한 작가 의식을 읽어낼 수 있다. 지금까지 교과 과정에서는 〈호질〉에 대해 북곽 선생과 동리자가 밀회하는 장면에 주목했지만 '범의 꾸짖음'이라는 제목을 고려하면 범이 꾸짖는 내용을 유심히 살펴야 한다. 북곽 선생과 동리자가 등장하는 부분에는 범이 나타나지도 않는다. 범은 북곽 선생이 다섯 아들을 피해 필사적으로 도망치다 똥구덩이에 빠진 이후부터 등장한다. 학계에서는 범 호虎와 오랑캐 호胡가 같은 발음임에 주목해 범을 중국(청)으로 보려는 시선들이 많지만, 중국이 우월한 지위에서 인간을 꾸짖는 전개가 조선 사람들에게 웃음과 흥미를 유발할 까닭이 없다.

범이 꾸짖는 내용은 생태적 성찰에 관한 것이다. 범(사물)의 입장에서 범(사물)의 시선으로 인간의 위선과 잔인함, 야만성과 폭력성을 엄중하게 꾸짖고 있다. 곧 〈호질〉은 청나라와 한족 간의 관계 속에서 바라보던 접근 태도에서 벗어나 인간과 자연의 대결 구도 속에서 바라보아야 한다. 문명을 야만이라 꾸짖고 자연에 정당성을 부여하는 연암의 시선을 더욱 깊이 파고들어야 한다. 그리하여 인간, 유학, 지식을 비판하는 연암의 날카로운 문제의식을 심층적으로 탐구해야 한다.

필자는 근래 생태 글쓰기라는 개념을 탐구해 가고 있다. 생태 글쓰기는 생태정신을 이야기하는 글쓰기를 일컫는다. 생태 글쓰기는 작가가 생태적 사고를 작품에 담아내기까지의 과정이나 작품에 담긴 표현 방식까지를 포괄하는 글쓰기다. 이 개념은 연암이 〈종북소선자서鍾北小選自序〉에서 말한 "벌레의 더듬이와 꽃술에 관심이 없는 사람은 문심文心이 없는 것이고 사물의 형상을 음미할 줄 모르는 자는 한 글자도 모르는 자라고 해도 상관없다."라는 구절에서 시사점을 얻었다. 문심은 문장가의 마음이다. 벌레 더듬이와 꽃술에 관심이 없으면 문장의 정신을 얻지 못한다는 발언에는 문장가의 정신은 미미한 사물에 대한 애정에서 비롯된다는 생각이 자리한다. 꽃술에 관심을 가져야 한다는 말에는 사물을 인간의 욕망이나 도덕을 위한 도구로 바라보지 말고 사물 자체로 바라보는 순수 심미 태도를 지니라는 생각이 담겨 있다. 나아가 사물의 형상을 음미할 때 비로소 글자를 알게 된다는 발언에는 사물을 관찰하는 행위가 글쓰기의 출발이 된다는 작가 정신이 담겨 있다. 관찰한다는 것은 단순히 보이는 것을 표현하는 행위가 아니라 어떤 것을 보이도록 하는 것이다. 연암은 인간 사회는 병들었지만 자연 사물은 끊임없이 변화하는 생생불식生生不息의 공간이라고 생각했다. 그리하여 사물로부터 생태적 성찰을 이끌어내 인식을 전환하게 하는, 일련의 생태적 사고에서 쓰기에 이르는 글쓰기를 '생태 글쓰기(Ecological writing)'라 명명하고 생태 글쓰기의 이론을 만드는 작업을 진행해 왔다.[33)]

생태 글쓰기는 생태사상과 글쓰기 행위를 결합하는 개념이다. 곧 내용과 형식이 결합된 개념이다. 이 점에서 보자면 생태 글쓰기는 전략적이고 의도적인 글쓰기다. 생태 글쓰기는 사물에서 얻은 발견을 인간 현실에 적용해 쓰기까지의 작가의 심리적 과정을 헤아리는 일이 중요하다. 고전의 문인들이 생태 문제를 문명 비판적으로 인식하거나 '생태주의'에 대해 의식적으로 자각한 것은 아니다. 하지만 어떤 문인들은 자연 사물로부터 얻은 깨달음을 삶과 현실로 확장하여 인간과 세계를 반성적으로 성찰하는 모습을 보여준다. 이는 자연을 인간의 윤리, 도덕을 위한 수단으로 바라보는 관습적 태도와는 다른 시각이며, 오늘날의 생태적 사고에 부합하는 태도다. 지금까지 연암과 이덕무, 이옥과 이규보에 주목하여, 이들의 문학 작품에서 생태 글쓰기의 양상을 탐구해 왔다. 생태 글쓰기 탐구는 사물에 대한 발견이 어디로 향해 가는지를 살피는 작업이며, 사물과 현실을 어떤 태도와 방식으로 접근하고 있는지를 들여다보는 작업이다.

생태 글쓰기 작품의 쓰기 과정을 탐구하기 위해선 작가의 생태적 세계관에 대한 충분한 이해가 선행되어야 한다. 그 바탕 아래 작가의 마음으로 들어가, 작가가 어떤 마음과 태도로 제재(사물)를 대하고 있으며, 어떤 방식과 전략으로 글을 썼는가를 파악해야 한다. 곧 작가의 마음으로 들어가 글을 쓰는 심리적 과정을 추론해내는 작업이 요청된다. 이와 관련하여 김혈조 선생은 연암 산문 연구에 대한 새로운 방법론으로, 언어 표현의 형식과 글자 운용에 주목하여 그 예술적 성취를 찾아볼 것을 제안한 바 있다. 연암이 자신의 생각을 풀어나가고 담는 틀과 도구인 표현 형식과 글자에 대해 어떻게 세심하게 선택하고 배려하였는가를 따져 보는 일이라고 하였다.[34] 그 구체적 사례로써 제際의 운용을 살폈는데, 이와 같은 방법론을 더욱 적극적으로 밀고 들어가 문장의 차원까지 확장하여 살펴볼 필요가 있겠다. 하나의 작품에서 연암이 어떠한 방식으로 문장을 운용해 나갔는지를 살핀다면 연암 산문의 예술적 성취를 이해하는 데 기여할 것이고, 필자가 탐구하는 생태 글쓰기의 쓰기 과정을 규명하는 데도 서로 도움을 줄 수 있다.

연암은 사물에서 얻은 새로운 깨달음을 인간 사회와 병치시키는 쓰기 전략을 자주 사용한다. 사물의 모습에서 인간 사회를 투영시켜 인간과 사회를 반성하게 하고 돌아보게 한다. 그가 글쓰기를 수행한 심리적 과정을 유추해 보면 '관찰하기→발견하기→적용하기'의 단계를 거치고 있다. 적용하기를 세분하면 '인식론으로 확장하기→현실 비판하기'라는 절차로 진행된다. 이러한 쓰기 전략을 고려하면서 생태적 사고를 드러낸 연암의 작품을 분석하여, 문자 운용과 문장 운용의 양상을 분석한다면 연암 산문의 문학적 성취를 규명하는 데 이바지하리라 생각한다.

다양성과 관련해서는 기존에 제기된 연암의 '상대주의 태도'를 더욱 발전적으로 탐구해 가야 한다. 김혈조 선생은 연암의 인식 태도 가운데 하나로 상대론적 인식을 들었는데, 차별적 질서관의 회의, 대소, 강약, 선악, 미추에 대한 상대적 관점, 역지사지의 다면성 강조, 의리의 상대성과 민족 개성의 강조 등 연암의 세계관을 이해하는 데 중요한 실마리들을 제시하였다.[35] 이제 인식론 층위에서 접근했던 지금까지의 성과를 바탕으로 시대와의 맥락 속에서 구체적으로 적용해 나가는 작업이 필요하며, 연암의 상대론적 인식이 갖는 의미를 현재의 맥락에서 더욱 적극적으로 해석해야 한다. 차등적 세계관의 부정, 민족 개성의 강조 등은 전 지구적으로 상생과 호혜의 가치가 무너지고 약자에 대한 폭력과 혐오, 이방 민족에 대한 차별이 심각해지는 오늘날에 더욱 의미 있는 정신이다. 연암의 상대론적 인식에는 인류 보편의 가치인 인류애, 공존, 상생,

평화의 가치가 담겨 있다. 연암의 상대론적 인식에 담긴 궁극적인 지향에는 상하의 위계질서와 차등적 세계관을 극복하여 존재의 평등을 구현하고 삶의 다양성을 실현하려는 인식이 담겨 있다. 따라서 연암의 인식론을 민족의 차원에 머물게 하지 말고 인류 보편의 차원으로 끌어올릴 수 있도록 심화해 나가야 한다고 본다.

해체를 주목하는 건 연암의 '사이'의 미학과 연관된다. 연암 연구자를 중심으로 연암이 사용하는 제際, 중中, 간間이라는 어휘를 통해 '사이' 혹은 '경계'에 관한 탐색이 이루어져 왔다. 김명호 선생은 《도강록》에 나타난 제際의 의미에 대해 주목하였다. 연암은 청과 조선 양국의 경계인 압록강을 건너면서, 도는 서로 대립하는 사물의 어느 한쪽이 아니라 양자의 경계에 있다는 경계의 철학을 주장했다고 하면서 경계의 철학은 그의 문학관과 사상에 두루 발견된다고 하였다.[36] 김혈조 선생도 《도강록》에 보이는 제際를 '경계'로 번역하고 그 의미를 더욱 심층적으로 탐구하여 연암은 양극단의 어느 한쪽에 속하지 않는 중간지대에 있으면서 양극단을 지양하고 상호보완하면서 제3의 영역을 모색 지향하는 '경계인'의 삶을 살았다고 평가했다. 경계인으로서의 연암의 자세는 문학 전반과 일생의 처세에 두루 적용 가능하며 법고창신과 연암체, 수평적 교유 지향 등이 모두 경계에 서고자 했던 연암의 지향을 반영한다고 주장했다.[37]

필자도 일찍부터 연암 그룹에서 종종 나타나는 중中과 제際, 간間에 주목하여 이를 '사이'와 '경계'의 뜻으로 번역하고, 이들 어휘가 역설의 미학, 열림의 미학, 경계의 미학을 보여주고 있으며 이를 통해 견고한 이데올로기, 규범의 틀을 비집어 헤침으로써 새로운 가치를 생산해 냈다고 주장하였다. 경계의 자리는 위험하고 불온한 자리지만 변혁이 일어나며 창조적인 사유가 생성되는 곳이라고 보았다.[38)]

'경계'의 인식론은 둘 혹은 여러 사이의 관계 문제를 환기한다. 북벌과 북학, 법고와 창신의 관계 외에도 중심과 주변, 숭고와 비천, 쓸모없음과 쓸모 있음, 큰 것과 작은 것, 내용과 형식, 고古와 금今, 미美와 추醜 사이에서 연암은 어느 한쪽에 치우치지 않고 둘의 사이에서 진실의 자리를 이야기한다. 연암의 말을 빌리자면, '참되고 바른 견해는 진실로 옳다 그르다 하는 시비의 사이[中]에 있다' 그런데 '그 사이에는 본래 빈틈이 있어서 떨어진 것도 아니고 붙어 있는 것도 아니고, 오른쪽도 아니고 왼쪽도 아니라서' 참됨을 얻기가 참으로 어렵다.

연암이 경계의 인식을 통해 도달하고자 한 제3의 지점이 둘 간의 대립을 상호 보완한 그 중간 어디쯤인지, 아니면 이항 대립을 해체하여 이쪽과 저쪽을 나누는 태도를 부정한 데까지로 나아간 것인지에 대한 면밀한 검토가 필요하다. 중세 시대에 이항 대립을 해체하는 인식까지 나아간 것인지에 대해서는 조심스럽다. 이 논의는 연암의 기존 질서에 대한 저항과 풍자

정신이 어디까지 나아갔는지에 대한 새로운 관심을 환기한다. 최소한 연암의 경계론은 이미 중심의 가치를 획득한 주류 담론에 균열을 일으키려 했음은 분명해 보인다. 연암은 중심 담론에 대해 전복적 상상력을 꿈꾸었다고 생각한다. 그가 도달하고자 한 경계의 지점을 해체의 미학으로 연결하면 그의 경계론은 지금에도 매우 유의미한 시사점을 주리라 생각한다.

지금까지 거론한 생명, 생태, 다양성, 해체 담론은 21세기에 인간과 사회를 이해하는 데 중요한 핵심어다. 무한 경쟁과 효율 중심의 삶이 지속되면서, 사람들은 마음과 몸의 깊은 피로감을 호소하고 있다. 전 지구적인 환경 파괴와 기후 위기, 약자들에 대한 혐오와 기피, 공동체의 해체와 균열 등의 현상이 확산되고 있다. 인류가 세계대전과 냉전의 시대를 겪으며 어렵사리 얻어낸 상생과 협력의 가치가 무너지고, 각자도생의 치열한 경쟁이 일상화되고 있다. 각종 파괴와 차별을 극복하고 인류 보편의 생명, 인권, 생태, 상생, 다양성 등의 가치를 회복하는 일이 무엇보다 중요한 시점이다. 연암의 사유가 이러한 문제의식과 긴밀하게 연결되어 있고, 이러한 문제들에 대한 대답을 들려주고 있다는 점은 고무적이다. 연암의 사유가 국소적인 차원을 넘어 범보편적이고 인류애적인 가치와 서로 연결되어 있다는 점을 시사해주는 것이다.

해체의 미학은 포스트모더니즘의 본질적 특성이다. 근대주의는 이성을 신뢰하며 구별과 분별의 시각으로 들여다봄으로써 자연/인간, 남성/여성, 미/추의 위계질서를 만들어냈다. 하지만 포스트모더니즘 시대는 존재의 평등 정신을 지지하며 견고한 이분법적 위계질서를 해체한다. 연암의 '경계론'이 해체의 미학과 연결될 수 있다면 연암의 사유가 탈근대를 이야기하는 오늘날에도 여전히 유효하며, 나아가 해체 담론에도 참여할 수 있겠단 생각이다.

연암의 산문정신을, 실학 정신과 주체성이라는 민족적 차원을 뛰어넘어 범인류애적이고 범보편적인 차원으로까지 확장하는 것이 오늘의 연구자가 해야 할 몫이라고 생각한다.

《열하일기》의 방향성

《열하일기》는 우리 고전문학이 나아간 최고의 성취를 보여주는 작품이다. 한 고전학자는 이 책에 대해 세계 최고의 여행기라는 극찬을 했는데, 과장으로 들리지 않는다. 《열하일기》는 연행록의 전통에서 창작되었기에 기본적으로는 여행기의 형식을 취하고 있지만, 그 안에는 고전의 다양한 양식과 분야가 있다. 여행 일기라는 기본 형식 안에 기記, 소설, 서序, 한시 등 다양한 양식이 담겨 있으면서 각각은 최고 수준의 문예미를 갖추고 있다. 문학 외에도 정치, 문화, 음악, 건축, 미술, 의학 등 다양한 분야에 대한 작가의 전문적 식견이 담겨 있다.

그래서 어느 한 장르로 귀속시키기도 어렵다.
《열하일기》 관련 업적은 훌륭한 연구 성과로 평가받는 김명호 선생의 《열하일기 연구》 외에도 여러 학위 논문이 제출됨으로써 열하일기의 전반적인 성격과 특징, 정본 탐색 등이 이루어졌다. 지금까지 몇 역량 있는 학자들을 통해 《열하일기》 완역도 이루어졌고 《열하일기》 정본 작업도 진행되고 있어서 《열하일기》의 기초 정리 작업은 잘 갈무리되고 있다고 본다. 하지만 어떤 점에서 《열하일기》가 세계 최고의 여행기로 불릴 만한 것인지, 어떤 면이 우리가 자랑할 만한 문학적 성취인지에 대한 증거는 잘 보여주고 있지 못하다. 《열하일기》는 여전히 고전 속에 갇혀 있으며, 지금 시대와는 제대로 만나지 못하고 있다. 단 한 차례 여행으로 어떻게 견문한 내용을 구체적이고 풍성하게 담아낼 수 있었는지에 대한 경이로움은 차치且置하더라도 풍부한 형상화, 정밀한 묘사, 고도의 우언, 은밀한 배치, 방대한 지적知的 토대, 사유의 높이, 시대 정신의 적실한 반영, 자유로운 문체 구사 능력 등은 여타 연행록과는 비교를 불허한다. 《열하일기》는 세계적 수준의 여행기와 비교하여 그 가치를 평가받아야 하며 그 탁월함의 입증과 시대 정신의 요청이라는 층위에서 탐구되어야 한다.

그렇다면 《열하일기》를 어떤 시선과 관점에서 접근해야 할 것인가? 먼저는 《열하일기》에 나타난 장소성에 주목하여 공간의 정치성, 공간의 사회 역사적 의미 등과 연결해 접근할 필요가 있다. 《열하일기》는 기본적으로 여행기다. 여행은 새로운 장소 체험이다. 공간은 과거에는 단순한 물리적 배경에 불과했으나 오늘날엔 한 인간의 경험과 실존을 반영하는 경험의 장소로 바라본다. 장소는 기억이 저장되고 공유되며 보존되는 동시에, 기억을 훼손하고 왜곡하고 소멸케 하는 매개체다. 《열하일기》에서 연암은 기존의 장소 관념과는 다른 시각으로 장소 체험을 한다.

연암은 실지實地로써 공간을 직접 밟고 공간을 새롭게 경험한다. 연암은 장소성에 대해 분명히 자각한다. 《열하일기》 8월 5일자 기사에 의하면, 연암은 "이별할 때 그 장소가 어디냐에 따라 괴로움은 더욱 커가는 것"이라고 하면서 하량河梁의 이별을 가장 괴로운 이별로 꼽는 까닭은 "하량이란 곳이 이별하기에 아주 적합한 장소였기 때문"이라고 한다. 물가가 이별의 정서를 드러내는 데 가장 적합하다고 말하는 것이다. 연암은 정서나 의식을 드러내는 데 공간이 얼마나 크게 기여하는지를 잘 알고 있다. 〈발승암기髮僧菴記〉의 한 이본은 연암이 작품의 주인공인 김홍연을 우연히 만난 장소를 개성이라고 썼다가 먹으로 지우고 평양으로 고쳐 쓴 흔적을 확인할 수 있는데, 연암이 주제를 효과적으로 드러내기 위해 공간을 의도적으로 바꾸었다는 점을 시사한다. 곧 연암은 공간을 단순한 배경 공간으로 생각하지 않고 작가 의식을 드러내는 데 중요한 장치로 쓴다.

연암은 공간을 주체적이고 능동적으로 경험한다. 공간을 개인의 장소로 체험한 후 현실과 연결한다. 그는 공간을 현실과 유리된, 혹은 주입된 관념으로 인식하지 않는다. 공간은 인간 및 사회와 상호 작용하며, 새로운 의식을 체험하게 하는 곳이다. 예컨대 7월 8일에 마주친 요동 벌판은 생각과 사상의 자유를 마음껏 표출할 수 있는 해방의 공간이자, 자유의 공간이다. 더불어 연암은 공간의 정치성에 대해서도 깊이 인식하고, 공간을 수단으로 이용하는 지배 이데올로기의 허위성을 간파한다. 이제묘夷齊廟에서는 백이 의리의 허위성을 비웃고, 황금대에서는 북벌의 허구성을 꼬집는다.

그렇다면 우리는 공간의 사회 정치적 맥락을 들여다보아야 할 것이다. 《열하일기》를 공간 중심으로 탐색하면 의미 있는 논의의 장을 마련할 수 있을 것이다. 〈일신수필서馹迅隨筆序〉에 나타나는 공간의 상대성 인식, 〈야출고북구기夜出古北口記〉에서 확인하는 바로 그 시각에서만 포착할 수 있는 공간 이미지 등을 떠올려 보면 연암의 공간은 밟을 때마다 다르게 인식되는 변화의 장소다. 곧 연암의 장소 발견은 공간의 의미를 변화시킨다. 따라서 연암의 공간 탐색은 이미 장소 신화가 된 공간에서 무엇을 새롭게 발견하고 어떤 공간으로 바꾸는가를 살펴야 할 것이다. 연암이 밟은 장소는 이전부터 수많은 사람이 똑같이 밟으면서 관습화되어 이미지가 굳어진 공간이다. 연암은 그 공간에서 어떤 새로운 미감을 일으켰는지, 어떤 정치성과 관습성을 읽어냈는지를 찾아야 한다. 더불어 공간을 장소화하는 쓰기 전략을 살펴야 한다.

다음으로는 '작은 것'을 다르게 보는 연암의 눈을 따라가, 《열하일기》 속 작은 것들에서 의미를 찾아가야 한다. 연암은 남들이 보는 것을 보면서, 누구도 미처 생각지 못한 것을 발견한다. 이는 평범하고 보잘것없는 것에서 주목할 만한 가치를 찾아내는 연암의 남다른 시선에 있다. 연암은 작은 것이 아름답다고 말한다. 《열하일기》에서 이용후생의 정수를 담은 것으로 평가받는 7월 15일 기사의 장관론도 이용후생의 차원에서만 바라보아선 안 된다. 세상 사람들이 버리는 '기왓조각'과 가장 냄새나는 '똥거름'이 문명의 진수임을 발견하는 연암의 눈을 주목해야 한다. 사람들은 크고 거창한 것을 장관이라고 생각하나 연암은 사람들이 버리는 물건이 장관이라고 생각한다. 이와는 반대로 사람들이 가장 귀하게 여기는 황금에 대해서는 냉소의 눈길을 보낸다. 〈황금대기黃金臺記〉에서 황금이 서로를 죽고 죽이는 무서운 요물이라고 하면서 황금을 보면 뱀을 만난 듯 뒤로 물러서라고 경고한다. 사람들이 버리는 사물에서는 소중한 가치를 발견하고 누구나 탐내는 사물은 위험하다고 말한다.

또 열하에서 돌아오는 길에 퇴락한 절에 들러 무심코 오미자 몇 알을 먹으려다 절의 승려와 주먹다짐까지 갈 뻔하는데, 이를 통해 연암은 "천하의 지극히 미미하고 가벼운 물건이라고 해서 하찮게 취급해서는 안 된다."라는 교훈을 얻는다. 7월 1일에 통원보에서 숙박할 때 중국의 뜰을 구경하다가 냇가의 돌을 뜰의 바닥에 까는 것을 보고는 "이로 미루어 그들에게는 버리는 물건이 없음을 알겠다."라는 깨달음을 얻는다. 〈황교문답서黃教問答序〉에서는 천하의 형세를 엿보려면 그 나라의 풍속이나 정치 경제 군사 지형을 직접 물어보아서는 안 되며, 평범한 일상의 말에서 얻어내야 한다고 말하면서 "한 조각 돌멩이로도 천하의 대세를 엿볼 수 있다."라고 말한다. 이같이 작은 것, 평범한 것, 쓸모없는 것을 하찮게 여기지 않고 소중한 의미를 발견하는 연암의 시각은 《열하일기》 전편全篇에 흐른다.

따라서 《열하일기》에서 연암의 기록 정신과 숨은 진실을 끄집어내기 위해서는 예사롭게 말하거나, 돌려서 말하거나, 아무렇지도 않은 듯 말하는 장면에 더욱 주목해야 한다. 연암은 길거리에서 만나는 사람과 건물, 가다가 슬쩍 본 것, 어느 하나도 놓치지 않는다. 남들이라면 그저 스쳐 지나갔을 사람, 사물, 풍경, 건물, 풍습 등을 자세히 관찰하여 그냥 흘려보냈을 '어떤 것'을 보이게 한다. 《열하일기》의 풍부한 형상성과 치밀한 묘사는 작은 것을 보이게 하는 연암의 눈에서 비롯된 것이다. 그러므로 하찮고 작아 보여서 그냥 넘겨버리는 대목들을 다시 꼼꼼하게 살펴야 한다. 하인과 역관들의 행동과 삶, 의식주 생활, 가다가 본 한족과 만주족의 풍습들, 중국에서 보고 들은 다양한 고사들을 하나하나 잘 들여다보면 뜻밖의 풍부한 논의거리를 찾게 될 것이다. 거대 담론에 가린 이러한 화제들은 실제 삶의 모습을 반영하는 것이기에 오히려 더 가치를 지닐 수가 있다.

이와 같은 측면에서 필담筆談에 더욱 주목해야 한다. 《열하일기》는 전체의 절반 가까이가 필담으로 이루어져 있다. 특히 《상루필담商樓筆談》, 《속재필담粟齋筆談》, 《곡정필담鵠汀筆談》, 《망양록忘羊錄》, 《황교문답黃敎問答》 등은 대부분 필담으로 구성되어 있다. 필담은 연암과 중국인의 대화로 이루어져 있는데, 대부분은 중국인의 대사이고 연암은 대화가 원활하게 진행되도록 도움을 줄 뿐이다.

흥미로운 것은 중국인들은 문자옥文字獄이 두려워서 필담 중에 조금이라도 민감한 이야기가 나오면 필담 종이를 찢거나 입 안으로 삼키거나 불태우거나 하는 장면들이 종종 나타나는데, 실제의 글에서는 종이를 태웠다면 알 수 없었을 대화의 내용이 그대로 복원되어 있다는 점이다. 그렇다면 필담의 많은 내용에 연암의 상상력이 개입되어 있다는 뜻일 터이고, 이는 필담 내용도 단순히 기록 정신에 따랐다기보다는 다분히 의도적이라는 점을 시사한다. 곧 필담에는 연암의 의도를 구현하기 위한 허구적 대사가 개입되었을 여지가 많고, 상상력이 가미되었을 가능성도 농후하다. 중국인의 입을 통해 나오는 화제는 조선 유학의 입장에서는 예민한 주제가 많다. 그러나 연암의 입이 아닌 중국인을 통해 드러나기에, 표면적으로는 긴장감이 들기보다는 중국에 대한 이해를 돕는 것처럼 느껴진다.

그러므로 중국인의 입을 빌려 자신의 의도를 드러냈을 가능성을 잘 살펴야 한다. 특별히 《성경잡지盛京雜識》의 장사 관련 대화들, 《황교문답黃敎問答》의 추사시 발언, 《곡정필담鵠汀筆談》에서 왕민호의 주장들, 《태학유관록太學留舘錄》에서 효자와 열녀 관련 대화, 《망양록忘羊錄》에서 음악 이야기에 숨은 정치적인 함의 등에 유의할 필요가 있다. 곧 중국인의 대사 속에 숨어 있는 연암의 속내를 찾아내야 한다.

예컨대 《황교문답》에 등장하는 추사시는 유학을 극력 비판할 뿐만 아니라 불교마저 심하게 욕한다. 그 비판의 강도가 너무 센 까닭에 연암조차 기분이 나빠져서 멀리서 온 사람을 맞이하는 정당한 도리가 아니라면서 물러나려는 행동을 취한다. 표면상으로는 추사시는 위험한 인물이고 연암은 동조하지 않고 있다. 그런데 이 추사시에 대해 미친 선비[狂士]라는 평가를 하고 있다는 점을 주목해야 한다. 미친 선비라는 말이 본문에서는 어리석은 광기를 지닌 인물로 이야기되고 있지만, 연암이 쓴 〈염재기念齋記〉와 연결하면 사뭇 다른 맥락을 짚어낼 수 있다.

〈염재기〉는 송욱이 주인공인데, 그가 술에 취해 잠들었다가 깬 후 자신이 사라졌다고 여겨 벌거벗은 몸으로 자기를 찾으러 떠난다. 송욱은 과거 시험장에서 자기 답안지에다 비점을 치는 기행을 저지르는데, 이러한 송욱에 대해 미친 선비라고 평가한다. 일반적인 관점에서 송욱은 현실 분열증 환자지만 진실이 정상적으로 작동되지 않는 사회에서는 현실을 거부한 송욱이 오히려 참자아를 지닌 인물이 된다. 곧 건전한 상식의 사회에서 이탈자는 미친 사람이지만, 병든 사회에서 미치는 것은 오히려 더 진실한 사람이 되는 것이다. 따라서 연암에게 미친 선비는 진실함을 지닌 참선비의 상징이 된다.

미친 선비의 의미를 추사시로 옮기면 이 역시 다른 각도에서 접근할 수 있다. 《심세편審勢篇》에서 "거리낌 없이 주자를 반박하는 사람을 만나더라도 그를 범상치 않은 선비인 줄 알고 이단이라고 함부로 배척하지 말라."라고 했는데, 이 맥락에서 추사시의 발언을 뜯어 보면 일정 부분 추사시의 입을 빌려 연암의 생각을 대신 말하는 것으로 읽을 수 있다. 곧 연암의 발언이 아니기에 흘려보낸 중국인의 대사를 적극적으로 읽어 내야 한다.

더불어 앞서 언급한 경계론을 《열하일기》에서 더욱 깊게 탐구해 가야 한다. 《열하일기》 전편에는 경계인으로서의 인식이 담겨 있다. 연암은 《도강록渡江錄》에서 시간과 공간, 인간에 대한 경계의 인식론을 담아 객관적이고 공정한 태도로 세계를 바라볼 것을 다짐했다. 세 가지 경계의 담론에는 피아彼我의 차별을 넘어 성리학 이외의 학문과 사상을 융합하고 사이에 서려는 연암의 주체적 인식이 있다.[39]

《열하일기》에는 편견과 차별을 벗어버리고 인간과 세계를 사심 없이 공정하게 바라보려는 경계인의 노력과 사유의 흔적이 담겨 있다. 조선과 중국, 명과 청, 몽골과 중국, 의리와 시세, 유학과 이단 학문, 중화와 오랑캐 사이에서 연암은 어느 특정한 자리를 편들지 않고 진실의 자리를 찾으려 한다. 《열하일기》에 여러 차례 반복되어 나오는 백이 관련 기술도 백이의 의리 자체에 초점을 맞추기보다 경계인의 의식 속에서 풀어갈 필요가 있으며, 이단 학문을 바라보는 시선도 연암을 유학자라는 틀에 맞춰놓고 접근하기보다 하나의 사유에 갇히지 않고 진실의 세계를 찾아 나선 경계인의 관점에서 바라보는 것이 좋다.

조선과 중국, 중국과 몽골, 티베트 등 국제 정세를 바라보는 연암의 안목도 제3자의 관점에서 접근해야 한다. 중국 건륭제가 조선 사신들에게 판첸라마를 만날 것을 명령했을 때 이단의 우두머리를 만나야 하는 조선 사신들은 크게 당황하며 우왕좌왕했지만, 연암은 한 발짝 물러나 '이건 정말 좋은 기회인데'라고 흥미로워하며 그 상황을 즐긴다. 연암은 조선 유학자의 입장에 서지 않고 관찰자의 시선에서 상황을 조망한다. 그 시선으로 몽골과 티베트를 대하는 건륭 황제의 통치 외교 전략, 이단의 우두머리인 판첸라마를 관찰한다.

한편으로 《열하일기》는 다양한 분야와 적극적인 협업이 필요하다. 《열하일기》에는 문학, 역사와 사상은 물론 문화, 경제, 예술, 건축, 음악, 의학, 종교, 풍속에 이르는, 18세기 제 분야를 망라하는 내용이 담겨 있다. 문학에 대한 식견만으로는 열하일기를 온전히 이해하기 힘들며 역사, 음악, 건축, 의학, 풍속사 등 다양한 분야에 대한 전문 지식이 필요하다. 《망양록》은 문학 연구자가 접근하기엔 전문적 내용이 많으므로 음악 분야 연구자의 참여나 도움이 꼭 필요하다. 그렇다고 해서 음악 지식만으로 《망양록》의 면모를 밝힐 수 있는 것은 아니다. 연암은 이 편을 저술한 동기가 천하의 대세를 엿보기 위함이라고 하였다. 《망양록》은 음악에 관한 이야기를 나누면서 궁극적으로는 조선과 중국의 정치 현실과 시대의 풍속을 다루려는 의도로 쓰였다. 곧 음악에 대한 정보 나눔을 바탕으로 현실을 논하려는 연암의 의도를 잡아내야 한다.

나아가 《열하일기》는 비교문학의 관점에서 다른 여행기와 적극적으로 비교해야 한다. 《열하일기》에 대해 세계 최고의 여행기라는 시선이 있고, 많은 연구자가 《열하일기》가 최고의 여행기라는 점에 대해 동의하고 있지만, 어떠한 점에서 그러한지는 제대로 증명해주고 있지 못하다. 연행록의 관점에서 《열하일기》는 다른 연행록과는 비교를 불허할 정도로 압도적인 특별함을 지니고 있다. 여행기지만 그 안에는 소설, 한시, 기문, 서 등 많은 장르가 다 들어있다. 이와 같은 특이한 형식도 전례가 없는 일이거니와, 그 뛰어난 형상화와 세밀한 묘사, 쓰기 전략, 내용의 풍부함도 유례가 드물게 탁월하다. 그 양상을 객관적으로 증명하기 위해선 다른 여행기와 비교하는 방법이 효율적이다. 특별한 동기와 목적성을 갖고 있어서 순수한 여행기와 똑같은 층위에서 논하기엔 무리가 있지만, 여행자의 시선, 사물을 바라보는 관찰 태도, 대상에 대한 인식의 깊이, 형상화 방식, 묘사의 수준 등을 비교함으로써 그 참된 면모를 밝힐 수 있을 것이다.

《열하일기》는 대체로 단순한 보고문이나 견문록 형태를 띤 다른 연행록과는 달리 모험 여정의 성격이 강하고 우언적 요소가 많다. 따라서 여행기라는 관점에서 벗어나 모험 서사의 관점에서 접근해 볼 필요도 있다. 열하라는 공간은 조선인 최초로 가는 지역이기에 모험의 의미가 더욱 드러난다. 조지프 캠벨(J. Campbell)이나 크리스토퍼 보글러(Ch. Vogler)가 만든 영웅의 모험 여행 구조와 비교할 때 《열하일기》는 꽤 비슷하다.[40] 열하는 일상의 세계에서 넘어가는 '특별한 세상'에 해당하며 북경에 도착한 연암 일행이 허둥지둥 열하로 떠나는 장면은 '문지방 넘기'에 해당한다. 특별한 세상에서 경험하는 시련들은 하룻밤에 강을 아홉 번 건너는 모험과 판첸라마를 만나야 하는 딜레마에 해당한다. 동굴 가장 깊숙한 곳은 판첸라마가 거주하는 수미복수지묘이고 호된 시련은 판첸라마를 만나 절을 해야 하는 상황이다. 조선 사신단은 각종 시험에서 만나는 조력자에 해당하고 임무를 무사히 마치고 연경으로 돌아오는 장면은 '귀환'에 해당한다. 《열하일기》를 '모험 서사'로 읽어내려는 까닭은 《열하일기》의 보편성과 현재성을 확인해 보려는 의미도 있거니와 연암이 《열하일기》를 쓸 때 그 자신은 의도하지 않았어도 무의식에 모험 서사 구조로 기술했을 가능성을 생각해 본 것이다.

한편으로 《열하일기》는 우언 문학의 관점에서 접근할 필요도 있다. 《열하일기》를 우언으로 보려는 시각은 있지만, 더욱 심층적으로 이루어졌으면 하는 바람이다. 〈열하일기서熱河日記序〉에선 《열하일기》가 '우언을 겸하면서도 끝내 이치를 이야기하는 것으로 귀결'했다고 평가했고, 유득공은 《열하일기》가 탄식과 웃음, 노여움과 꾸짖음[嘻笑怒罵]에 우언을 섞었다고 말했다. 연암은 《열하일기》에서 사실을 재현하는 일보다는 진실한 세상을 만들어가는 일에 관심을 두어 허구의 언어를 적절하게 구사한다. 지금까지 〈호질〉 등 몇몇 작품에서 우언적 성격을 논한 글이 나오긴 했지만, 더 적극적으로 밀고 들어가 《열하일기》 전체를 하나의 우언의 세계로 보고 접근해 보면 좋다. '《열하일기》의 어떤 작품(혹은 장면)이 우언이더라.'를 증명하는 작업이 아니라, 그 작품이나 장면이 말하고자 하는 숨은 의도가 무엇인지를 찾아내는 작업이 되어야 한다.

연암은 진실을 전하기 위해 의도적으로 허구의 언어를 구사하거나 빙 돌려서 말하는 경우가 많다. 전달하고자 하는 주제가 자못 심각하기에 직설적으로 말하기가 힘든 것이다. 또 사실의 언어를 쓰더라도 그 안엔 감추어진 '의도'가 있다. 《열하일기》에 기록된 수많은 사연과 경험들은 하나의 비유적 장치가 되며, 사실의 기록을 넘어선 상징과 우언의 의미 찾기를 시도해야 한다. 곧 우언 문학으로의 접근은 드러난 사실 뒤에 감추어진, 연암의 숨은 의도 찾기가 된다. 연암은 자신이 몸담은 세계가 심각히 병들었다고 느꼈고 그것을 제대로 고치고 싶었으나, 자신에게 닥칠 핍박을 고려해야 하는 처지였다. 《열하일기》를 하나의 우언의 세계로 볼 수 있는 근거다.

연암 산문의 부활을 위하여

임형택 선생은 오늘날의 산문은 문학의 장외로 밀려난 신세가 되어 수필이란 이름으로 곁방살이를 하고 있다고 하면서, 현실에 대응하여 진실하고 투철한 글쓰기를 하다 보면 저절로 훌륭한 산문이 나올 수 있다고 했다.[41] 연암의 산문은 '현실에 대응한 진실하고 투철한 글쓰기'의 지점을 명확하게 보여준다. 연암의 산문 탐구는 고전 산문의 부활과 연결되어 있으며, 우리가 자랑할 만한 위대한 문호를 증명해 가는 일이기도 하다.

이제 연암 연구는 지금 여기의 현실을 반영하는 방향에서 탐구해야 하며 근대를 넘어선 지점을 생각해야 한다. 연암의 세계관이 근대를 넘어섰다는 뜻은 아니다. 연암의 한계는 한계대로 인식하면서 지금의 관점에서 연암의 정신이 꽃피울 수 있는 지점들을 생각해 보자는 것이다. 지금에 통하는 연암의 사유를 적극적으로 읽어내어 인문 정신과 연결하는 작업이 제대로 이루어져야 하며, 인문 교육과 글쓰기 교육으로 확장해 가야 한다.

6장

21세기 문명과 연암의 생태정신

불과 한 세대 전만 해도 사람들의 고향에는 푸른 하늘과 맑은 바람이 있었다. 신작로에선 버스가 흙먼지를 날리며 지나갔다. 논두렁엔 개구리가 시끄럽게 울고, 개울가엔 송사리가 무리 지어 다녔다. 앞 강물엔 모래무지가 기어다니고 뒷산엔 사슴벌레가 살았다. 사람들은 어느 곳이든 다른 생명체와 어울려 살았다. 그러나 지금 시멘트 바닥이 된 도로엔 자동차들이 매연을 내뿜고 폐놀 섞인 개울엔 검은 기름이 떠다닌다. 모래무지 대신 굴착기가, 사슴벌레 대신 아파트가 들어서 있다. 하늘은 뿌연 황사로, 바람은 악취 냄새로, 흙냄새는 플라스틱 썩는 냄새로 바뀌었다. 사람들은 편리를 얻은 대신 푸른 하늘과 맑은 바람을 잃어가고 있다. 생태계 위기는 인류 문명의 위기라는 거창한 구호이기 이전에 지금 여기 삶의 현장에서 살아가는 나의 문제이자 삶의 문제다.

우리는 지금 어디로 가고 있는가? 모든 생명체가 살아가는 삶의 기반인 땅은 오늘날 각종 대기와 수질, 토양 오염으로 신음하고 있다. 생명체의 공유지를 인간의 사유지로 만들어 다른 생명체를 다 쫓아낸 인간은 그 속에서 땅 투기를 하고 높은 빌딩을 세우느라 여념 없다. 기계와 기술을 앞세우며 무한 경쟁을 향해 앞만 달려가다 정작 소중한 것들을 잃고 있는 것은 아닌가 싶다.

생태계 위기를 근본적으로 해결해 가려면 잃어가는 가치를 회복하는 일부터 시작해야 한다. 아파트를 그린 아파트라 명명하고 컴퓨터를 그린 컴퓨터로 만든다고 해서 생태계 문제가 해결되는 것은 아니다. 이런 것은 인간을 중심으로 한 환경론 차원에서의 접근일 뿐이다. 물론 환경 보호 차원에서의 운동도 중요한 일이지만 그에 앞서 인간의 그릇된 욕망을 바꾸지 않는 한, 여러 제도적 노력은 생태계 위기를 근본적으로 해결해주지는 못할 것이다. 생태계 위기를 극복해 가는 데에 인문학과 교육의 역할이 중요한 것은 여기에 있다고 본다. 아름다운 휴머니즘을 노래한 '사람이 꽃보다 아름다워'라는 노랫말을, '사람이 꽃만큼 아름다워'라는 패러다임으로 바꾸어가야 한다.

생태 문제는 산업화 이후 환경오염이 지구촌을 병들게 하고 있다는 자각에서 비롯되었다. 우리나라의 경우 산업화 현상이 일어난 1970년대 이후 본격적으로 제기되었다. 오늘날의 생태 위기 진단에는 문명의 폐해와 환경오염이라는 현실적인 문제가 자리하고 있다. 따라서 문명 비판이 아닌 자연과의 일체를 지향해온 전근대 사회에서 생태 담론을 이야기하는 것이 얼마나 의미가 있겠느냐는 의문을 제기할 수 있다.

그러나 서구에서 생태 위기의 대안으로 제시되는 가이아 이론은 기실, 우리 동양에서 전통적으로 지녀온 사상이다. 곧 생태 위기의 근원적인 대안은 우리의 전통 사상에 내장된 생태정신에서 풍부하게 찾아낼 수 있다. 비록 생태학이 서구에서 출발했다고 하더라도 생태정신의 본질은 이미 동양정신에 내재해 있었으며 그렇기에 생태 문제를 동양 문학에서 이야기하는 것은 자연스러운 접근이라 하겠다.

이에 따라 오늘날 생태계 위기를 해결하기 위한 전망으로 동양의 생태사상에 주목한다. 그러나 비문명적인 속성을 바탕으로 하는 동양의 생태사상이 아무리 좋은 정신을 갖추고 있더라도 문명을 지향하는 오늘날에 그대로 적합한지는 깊이 따져볼 일이다. 자칫 관념적이고 당위적인 구호에 그칠 수 있거니와 관념이 실천으로 나아갈 수 있어야 실제의 보람이 이루어지는 것이다.

연암의 생태정신에 주목하는 이유가 여기에 있다. 연암은 '지금 여기' 현실에서 어떻게 바람직한 문명세계를 만들어갈 것인가를 깊이 고민한 사람이다. 연암이 주장한 이용후생利用厚生에는 문명과 자연의 관계에 대한 깊은 성찰이 담겨 있다. 혹자는 이용후생은 쓸모 중심, 인간 중심의 생각이 담겨 있으므로 생태주의와 반대된다고 보기도 하나 그렇게 생각할 일은 아니다. 이용후생은 단순히 경제적 측면을 이야기한 것이 아니다. 연암은 자연을 파괴하여 인간의 욕망을 채우는 도구로 쓰자고 주장한 것이 아니라 자연을 생태적으로 잘 활용하자고 주장하고 있다. 오히려 연암의 생태정신에는 현실과 문명을 아름답게 가꾸어가기 위한 치열한 고민이 있다는 점에서 오늘날 현실에도 유의미한 성찰을 주리라 믿는다.

생태적 접근은 단순히 인간과 자연의 관계를 묻는 것이 아니라 존재의 평등에 관한 탐구와 관련된다. 소박하고 단순한 개념이 아니며 지극히 넓고 크고 깊은 문제의식을 품고 있다. 따라서 생태정신에 대한 관심은 충분히 의미 있으며, 생태 위기를 겪고 있는 오늘날에 더욱 필요하고 중요한 담론이라 본다. 연암의 정신이 왜 생태적인지를 점검하고 그의 세계관 속에서 생태정신을 뽑아내어, 사람 중심의 패러다임을 생태 중심의 패러다임으로 전환해야 하는 시대적 요청에 어떤 시사점을 줄 수 있는지를 생각해 보고자 한다.

21세기 문명의 위기와 박지원

"땅은 너로 말미암아 저주를 받고"(창세기 3:17)

창조주가 처음 창조한 젖과 꿀이 흐르는 땅은 말 그대로 저주를 받은 공간이 되었다. 일일이 거론할 것도 없이 21세기 지구는 온갖 오염과 이상기후 현상으로 깊이 병들어 가고 있다. 물리적 환경뿐만이 아니다. 정신적 환경도 크게 병들었다. 자연의 파괴와 오염, 효율성만을 강조하는 경쟁의 강요, 약자에 대한 억압과 폭력 등은 전 지구에서 벌어지는 세태다. 인류는 한목소리로 생태계 위기를 염려한다. 1970년대부터 중심 담론이 된 '생태' 문제는 21세기의 핵심 키워드다.

생태生態 혹은 생태학生態學은 에콜로지(ecology)[42]를 번역한 말이다. 에콜로지의 어원은 집 혹은 거주지를 의미하는 그리스어인 'oikos'와 학문을 의미하는 'logy'가 결합한 말로서 집의 학문이라는 뜻이다. 집은 인간이 살아가는 환경을 상징한다. 곧 에콜로지는 환경을 다루는 과학이란 뜻이다. 이를 우리말로 생태학이라고 번역하여 환경(environment)이라는 말과 구별하여 쓰고 있다. 환경은 인간 중심의 입장에서 자연을 관리, 보전하여 문명의 발전에 유용하게 활용한다는 의미를 담고 있다. 반면 생태[43]는 단순한 자연환경을 의미하는 것이 아니라 존재론적으로 자연의 한 부분인 인간과 인간, 그리고 인간과 환경의 상호작용 및 관계를 포함하는 개념이다. 생태정신은 단순한 환경보호를 넘어 인간과 자연의 관계를 비롯해 사회 구조, 경제 체제, 가치관 등을 근본적으로 재검토하고 변화시킬 것을 요청한다. 인간이 자연을 지배하는 존재가 아니라 그 일부임을 인식하고 모든 생명체 간의 상호 공존과 평등의 정신을 이야기한다. 따라서 생태정신은 단순히 자연과 환경을 보호하고 보존하자는 것이 아니라 지구에서 살아가는 모든 존재 간의 공존과 평화의 정신을 탐구하는 것이다.

생태적 시각의 본질은 인간을 포함한 우주 만물의 평등성과 상호 유기적인 의존성에 있다. 곧 인간을 포함한 이 생태계는 거대한 살아있는 시스템으로서 상호 의존적인 네트워크로 연결되어 공존하고 있다는 것이다. 어원으로만 놓고 보자면 '집의 학문'인 에콜로지는 인간을 둘러싼 환경에 관심을 두지만, 생명체가 '살아가는 꼴'을 의미하는 생태는 삶에 관심을 둔다. 에콜로지가 물질성에 주목하여 구조나 환경을 개선해 가는 데 중점을 둔다면 생태는 생명체의 삶의 조건에 더 중점을 두는 것이 아닌가 싶다.

생태계 위기의 원인에 대해서는 여러 시선이 있는데, 서양은 인간을 둘러싼 사회 구조와 연결하는 경향이 강하다.[44] 서양의 생태 이론에는 생태계 위기의 책임을 인간의 행동 방식이라든가 사회 구조, 제도에서 찾으려는 논의들이 있다. 그 원인을 인간중심주의와 이원론, 기계론적 세계관에서 찾는 이들은 근본 생태주의 입장에서 생물 평등주의를 내세운다. 지배 사회에서 그 원인을 찾으면 일체 사회적 위계질서를 없애자는 사회 생태주의 입장에 서게 된다. 생태 사회주의는 경쟁과 지배를 만들어내는 억압적 사회 구조에서 생태 위기를 찾으며 생태 마르크스주의는 자본주의 경제 체제에서 생태 위기의 원인을 찾는다. 생태 여성주의는 남성과 여성의 분리에서 그 원인을 찾는다. 각각의 주장 안에는 또 미묘하게 갈리는 다양한 생각이 있으며, 원인을 어디에 두느냐에 따라 상황을 풀어가는 방식도 제각기 다르다.

오늘날 생태계 위기의 큰 요소가 근대의 기계론적 세계관과 이분법적 사고, 차별적인 사회 구조에 있음은 분명해 보인다. 그렇지만 각 입장이 원리적으로는 타당하더라도 동양 사회가 겪어온 현실을 적절히 반영하지는 못하고 있기에 우리 현실과는 거리가 있다.

그런데 근대의 과학과 기계에 생태계 위기의 책임을 묻기 전에 먼저는 이를 도구로 사용하는 인간들의 생각을 점검해 보아야 한다. 동양이든 서양이든, 어느 인종을 막론하고 인간이 근원적으로 지녀야 할 어떤 가치를 잃어버렸기에 생태계 위기가 커지는 것이 아닌가 싶은 것이다. 그것은 생태의 뜻에 '살아가는 꼴'이라는 뜻이 내재해 있다는 사실과도 결부될 것이다. 생태학자인 킨젤바흐(Ragnar Kinzelbach)가 "생태학의 위기는 인간의 위기"라고 한 발언은 타당하다고 본다.

그런 점에서 보자면 생태계 위기 극복을 동양의 전통 사상에서 찾으려는 여러 논의는 타당해 보인다. 동양은 서양과 달리 이미 오래전부터 인간도 자연과 마찬가지로 우주를 구성하는 생명체 가운데 하나라는 생각을 지녔다. 모든 생명체는 하나의 근원에서 나와 서로 연결되어 있으며 우주 자연은 하나의 대가족이라고 생각했다. 자연과 인간의 조화, 욕망의 절제, 물아일체物我一體 등은 동양 사회가 추구해 온 기본 가치들이다. 특히 도교道教와 불교佛教는 인간 중심적 세계관을 넘어서 자연과 생명의 가치를 우선한다는 점에서 풍부한 생태적 통찰을 제공한다. 이들 사상은 인간을 자연의 한 부분으로 생각하고, 자연과 조화롭게 공존하는 삶을 중요하게 여겼다는 점에서 현대 생태학의 관점과 유사한 면모를 보인다.

도교 사상에서는 도道라는 우주의 근본 원리를 통해 자연의 섭리와 인간의 존재를 이해한다. 노자老子의 무위자연無爲

自然은 인간이 자연의 흐름에 순응하고, 인위적인 개입을 최소화해야 한다는 철학을 담고 있다. 이는 생태계의 균형과 순환을 존중하는 현대 생태주의 사고와 비슷하다. 불교 역시 모든 생명체의 상호연결성과 공존을 강조한다. 특히 연기설緣起說은 모든 존재가 상호의존적이며, 어떤 개체도 고립되어 존재할 수 없음을 말한다. 이들 사상은 인간의 탐욕을 줄이고 생명체를 함부로 다루지 않는 삶을 제안하며, 생명의 상호연결성을 깊이 있게 이해할 수 있게 해준다.

그러나 이러한 심오한 사유에도 불구하고, 도교와 불교의 사상은 현대 문명사회에서 실천적 측면에서 약점을 지니고 있다. 이들 사상은 자연과의 조화, 생명의 존엄성, 상호연결성에 대한 깊은 통찰을 제공해주지만, 추상적이고 관념적이라서 현실의 구체적인 생태 문제를 해결하는 데는 일정한 한계를 보인다. 이들 사상은 때로는 현실로부터 도피하거나 초월적 관점을 강조하기 때문에, 급변하는 현대 사회의 생태적 도전에 직접적으로 대응하기 어렵다.

곧 현대 사회의 생태 위기는 단순한 자연과의 조화를 넘어서는 복합적이고 구조적인 문제이며, 적극적이고 실천적인 대응을 요구하는 바, 도교와 불교는 자연과 생명의 가치를 성찰하는 데 유용한 사상이지만 현대 문명의 요구와 완전히 조응하지는 못한다. 전통 성리학 역시 자연과의 조화와 합일을 말하지만, 자연을 윤리와 수양을 위한 도구로 바라보며 궁극적으로는 '인간은 만물의 영장'이라고 하는 인간 중심의 사고를 지닌다는 점에서 현대의 생태 위기를 제시하는 데에는 한계가 있다.

현대에는 현실 및 문명과 연관된 고전의 생태주의가 필요하다. 그랬을 때 실학자인 연암의 생태정신에 주목하게 된다. 연암의 세계관은 현실주의에 기반을 둔다. 연암은 당시 조선 사회의 부조리와 각종 병폐, 성리학의 공허한 명분론을 비판하고 실용적이고 개혁적인 학문과 사상을 추구했다. 도구를 이롭게 만들어 백성의 삶을 윤택하게 하는 것, 이를 이용후생利用厚生이라 한다. 연암은 가난한 조선의 현실을 근심하고저 거대한 문명국가인 중국을 자세히 관찰하고서, 사물을 쓸모 있게 활용하고 사회를 개혁하여 백성들의 삶을 윤택하게 하자고 주장하였다. 이 관점에서, 그를 인간중심주의 편에서 자연을 도구적으로 이용하려 한 인물로 오해할 소지가 있다.

그러나 이용후생은 기왕에 활용되는 자연이라면 더 쓸모 있게 만들자는 것이지, 자연을 파괴하고 착취하자는 뜻은 아니다. 연암의 세계관을 특징짓는 실實은 사실성과 더불어 진실성이란 의미도 있다. 단순히 물질과 자본에 대한 유용성이 아니라 인간의 심미 태도를 중요하게 여기는 개념이다. 그리하여 연암은 거대한 궁궐이나 누각이 아닌 똥거름과 깨진 기왓조각이 진정한 장관이라고 하였으며, 〈호질虎叱〉에서는 자연의 입장에서 인간의 지성을 마음껏 조롱하며 인간과 문명의

야만성과 폭력성을 거침없이 꾸짖었다. 연암은 이용利用을 중시했지만, 자연을 파괴하라거나 인간이 최고라고 말하지 않는다. 이용후생은 현실에 단단히 발을 붙이면서, 자연 사물의 본성을 존중하자는 생태적 사고를 담고 있다.

연암의 세계관에는 근대 논리와는 다른 차원의 인간과 사물, 자연과 현실에 대한 깊은 성찰과 반성이 있다. 연암의 세계관은 그의 문학론, 인식론, 심미 의식과 긴밀한 연결고리를 이루고 있다. 곧 그의 문학론은 단순히 문학론에 그치지 않고 인식론, 심미 태도와 하나의 고리를 이룬다. 따라서 그의 생태적 사고는 문학론을 이야기하는 자리에서 드러나기도 하며, 인식론과 관련한 글에서 나타나기도 한다. 연암의 세계관 가운데 특별히 생각하는 방식에 초점을 두어 그의 생태적 시각을 추출해 보겠다.

연암의 생태정신

근대는 정신과 물체를 별개의 실체로 인식해 왔다. 근대인은 자연을 인과 관계에 따라 움직이는 기계 장치라 생각했다. 인간 중심의 도구적 자연관, 기계론적 세계관은 근대를 지배해 온 자연관이다.

근대는 주체에 갇혀 세상을 주主와 객客으로 갈랐다. 반면 동양은 자연을 두려워하고 경외했다. 선조들은 자연에 정령이 깃들어 있다고 믿고 자연물에 소원을 빌고 제사를 지냈다. 자연은 온전한 인격을 갖춘 인격신이었다.

그렇다고 중세와 근대의 자연관을 우열로 나누려는 것은 아니다. 과학과 이성에 눈을 뜬 근대는 자연 현상을 잘 이해함으로써 자연을 객관적으로 접근할 수 있었다. 반면 자연 현상에 대해 무지했던 중세는 자연 현상을 초월적인 존재의 행위로 여기고 두려움의 눈으로 바라보았다. 차츰 자연에 대해 더 많이 이해하게 되면서 자연은 경외의 대상에서 친숙한 존재로 바뀌어 갔다. 저간의 발전 경로를 고려할 때 어느 한쪽이 옳으니 그르니 할 문제는 아니다.

매미 소리가 시 읊는 소리다

과학 지식의 바탕에는 인문학적 지혜가 있어야 한다. 약간 불편을 감수하더라도 더 많은 존재에게 자유를 주고, 조금 덜 효율적이더라도 공생共生해야 하는 것이 인문학적 지혜다. 우리가 고전의 자연관에서 얻어야 할 것은 바로 이 같은 생태학적 지혜다.

연암은 자연을 만물을 낳고자 하는 생의生意의 공간이라 생각한다.

> 이로써 보건대, 하늘과 땅이 아무리 오래되어도 끊임없이 생명을 낳고, 해와 달이 아무리 오래되어도 그 빛은 날마다 새로우며, 서적이 아무리 많아도 그 담긴 뜻은 제각기 다르다. 그러므로 날고 헤엄치고 달리고 뛰는 생명체 중에는 아직 이름이 알려지지 않은 것도 있고 산천초목에는 반드시 신비한 영험함이 있다. 썩은 흙에서 버섯이 자라나고, 썩은 풀에서 반딧

불이가 생긴다.

〈초정집서楚亭集序〉

자연은 분명하게 실체를 보여주지도 않고, 초시간적으로 멈추어 있지도 않다. 끊임없이 낳고 낳는 창조의 공간이며, 미지의 생물체로 가득한 신비의 공간이다. 자연은 안정적인 메커니즘으로 이루어진 곳이 아니라 모든 것이 살아 움직이고 변화하는 유기체다. 바람과 구름, 우레와 번개, 비와 눈, 서리와 이슬 및 새와 물고기, 짐승과 곤충 등이 웃고 울고 지저귀고 울부짖는 소리聲와 빛깔色, 정취와 경물境을 간직하고 있다. 주자 성리학이 자연에서 불변의 원리와 도덕을 끌어내고 물아일체를 추구했다면 연암은 자연 속에서 창조와 변화의 현장을 발견한다.

이에 연암은 기운 생동하는 자연과 어떻게 소통해야 할지를 고민한다. 연암은 자연 사물을 인간과 교감하는 존재로 바라본다. 한 편지글에서 연암은 파초가 '나의 마음을 터놓는 벗[虛心之友]'이 되었다고 하며 달 밝은 창이나 눈 내리는 창가에서 가슴을 터놓고 마음껏 이야기하였다고 고백한다. 어느 날에는 다리가 부러진 새끼 까치와 친구가 되어 새에게 농담을 건네기도 한다. 이는 지극히 미미한 사물들, 곧 풀, 꽃, 새, 벌레와 같은 미물들도 모두 지극한 이치를 지니고 있다는 평소 소신의 반영이다. 이런 태도는 물아일체를 강조한 조선조

선비들의 일반적인 정신 지향이라고 볼 수도 있다.

하지만 연암은 자연을 정신적 교감의 대상 그 이상으로 본다. 자연은 그 자체가 문학이고 예술이다.

> 작년 여름, 나는 한번은 담헌의 집에 갔다. 담헌은 한창 악사樂師인 연延 씨와 함께 거문고에 대해 이야기하는 중이었다. 그때 하늘은 비가 오려 하여 동쪽 하늘가엔 구름이 먹빛이었다. 한번 우레가 치면 용이 비를 뿌릴 것 같았다. 잠시 후 긴 우레가 하늘을 지나갔다. 담헌이 연延 씨에게 말했다. "이 우레 소리는 무슨 음에 속할까요?" 그러고는 거문고를 당겨 그 소리를 맞춰 보았다. 나는 마침내 '하늘의 우레 곡조[天雷操]'를 지었다.
>
> 〈하야연기夏夜讌記〉

자연의 미묘한 소리에서 음악을 창조했다. 자연의 소리가 인간의 소리와 연결되고 있다. 곧 자연은 예술의 원천으로서 인간은 자연과 조응하고 자연을 배움으로써 예술을 창조한다. 나아가 자연 사물은 그 자체가 문학 행위가 된다. 연암은 기호인 문자는 사물의 본모습을 담아내지 못한다고 생각했다. 연암은 문자는 단지 오물과 같을 뿐이며 자연 사물의 몸짓을 읽고 써야 한다고 생각했다.

우리는 냄새나는 가죽 부대 속에 문자를 갖고 있는 것이 남들보다 조금 많은 데 불과하다네. 저기 나무에서 매미가 시끄럽게 울고 땅속에서 지렁이가 소리 내는 것이 시를 읊고 책을 읽는 소리가 아니라고 어찌 장담하겠는가?

〈여초책與楚幘〉

아침에 일어나니 푸른 나무 그늘진 뜰에 철새가 짹짹거립니다. 부채를 들어 책상을 치며 크게 외쳤지요. "이것이 내가 말한 '날아가고 날아온다'는 글자이고, '서로 울고 서로 화답한다'는 글이다. 온갖 빛깔을 문장이라고 하다면 이보다 더 나은 문장은 없다. 오늘 나는 글을 읽었다."

〈답경지答京之〉 二

자연과 문학, 그리고 생명의 근본적인 표현에 대한 깊은 철학적 성찰을 말하고 있다. 첫 번째는 사물의 소리가 시이자 책 읽는 소리라는 견해다. 인간이 만든 문자는 쓰레기 취급받고 하찮은 지렁이 소리가 참 문학 행위가 되었다. 인간만이 지각을 갖고 예술 활동을 한다고 생각하는 건 인간 우월의식의 사고일 뿐이다. 모든 생명체는 인간과 마찬가지로 각자 삶의 방식으로 각자의 삶을 살아간다.

두 번째에선 자연 사물의 움직임이 살아있는 글자라고 말한다. 지금 내가 보고 있는 자연 사물의 생동하는 움직임이 훌륭한 문장이며 그것을 잘 관찰하는 일이 진정한 글 읽는 행위가 된다. 연암은 〈소완정기素玩亭記〉에서 제자가 방 안에 틀어박혀 책을 읽으려는 태도를 나무라며, "하늘과 땅 사이에 흩어져 있는 것은 모두가 책의 정기다. 방 가운데서 제 몸과 물건을 바싹 가로막고 본다고 해서 구할 수 있는 게 아니다."라고 충고한다. 사물 읽기는 책 읽기고 자연의 소리는 글 읽는 소리다.

연암의 자연관은 중세와 근대의 자연관과는 다른 면이 있다. 연암은 전통적인 자연관처럼 자연을 경외하고 두려워하는 존재로 바라보지 않는다. 연암의 우주와 자연에 대한 관점은 과학적이고 합리적인 바가 있다. 그러면서도 자연을 인간과 분리하지 않고 교감하는 존재로 인식했다. 자연은 스스로 태어나 성장하고 변화해 가는 살아있는 유기체라고 생각했다.

연암은 문명과 현실의 기반 위에서 인간과 자연을 상호 연관된 존재로 바라보았다. 사물의 소리와 움직임은 인간의 문학 활동이고 예술 행위였다. 자연의 원리가 곧 글쓰기 원리였다. 약동하는 자연 사물의 움직임을 인간의 활동과 같다고 생각한 연암의 사유는 그의 생태 시학이 현실과 문명의 기반 위에 서 있음을 보여준다.

흑룡은 말똥을 비웃지 않는다

사실의 참과 거짓을 구별하면 진실을 낳지만, 가치관이나 취향을 두고 무엇이 더 낫느냐를 따지면 약하고 주변적인 존재는 타자他者가 된다. 어느 하나를 중심에 놓고 나머지를 무시해 버리면 규범이 인정한 것, 바람직하다고 수용된 것 이외의 것은 주변이 된다. 인간중심주의, 자문화중심주의 등 '중심주의'라는 권력을 획득한 이름은 세계를 이항 대립으로 나누는 사고의 산물이다. 한쪽에 일방적인 편을 들면 나머지는 차별받는다.

이와 관련하여 박지원의 〈낭환집서蜋丸集序〉에는 흥미로운 삽화가 있다. 생태적 관점에서 재조명해 보겠다.

> 자무와 자혜가 나가 놀다가 소경이 비단옷을 입은 것을 보았다. 자혜가 "휴우" 하고 한숨지으며 말했다. "쯧쯧! 자기에게 있으면서도 보지를 못하는구나." 자무가 말했다. "비단옷을 입고 밤길을 가는 사람과 비교하면 누가 나을까?" 마침내 함께 청허聽虛 선생에게 가서 물어보았다. 하지만 선생은 손사래를 치며 말했다. "나는 모르겠네, 나는 모르겠어." (중략) 그러므로 참되고 바른 견해는 진실로 옳다 그르다 하는 시비의 가운데[中]에 있는 것이다. 땀에서 이가 생기는 것은 지극히 미묘해서 살펴보기 어렵다. 옷과 살갗의 사이에는 본래 빈틈이 있

> 는데 떨어진 것도 아니고 붙어 있는 것도 아니며, 오른쪽도 아니고 왼쪽도 아니니 누가 그 가운데[中]를 얻겠는가? 말똥구리는 스스로 경단을 사랑해서 흑룡의 여의주를 부러워하지 않는다. 흑룡도 여의주가 있다는 이유로 말똥구리의 말똥 경단을 비웃지 않는다.
>
> 〈낭환집서蜋丸集序〉

두 사람이 '소경이 비단옷 입은 것'과 '비단옷 입고 밤길 가는 것' 가운데 무엇이 더 나은지를 두고 논쟁을 벌인다. 우리의 태도란 늘 이런 식이다. 옳고 그름과는 상관없는 문제인데도 이것 아니면 저것을 놓고 자기 생각이 옳다고 고집한다. 옥신각신해도 결론이 나지 않자 둘은 청허 선생을 찾아간다. 청허 선생은 지혜자를 상징한다. 왜 청허 선생은 짐짓 "나는 모른다."라고 두 번이나 손사래를 쳤을까? 먼저는 이것이냐 저것이냐는 이분법의 질문 방식이 잘못되었기에 대답을 회피한 것이라 볼 수 있다. 다른 하나는 '나'라는 주체의 판단을 거부함으로써, 각자가 처한 상황에 따라 대답이 달라질 수 있음을 말하려는 의도로 볼 수 있다. 무엇이 더 낫다는 생각은 각자 입장에 따라 달라질 수 있으므로 '나'는 모른다고 하는 것이 정답이 되는 것이다.

윗글에서 연암의 생태적 생각을 발견할 수 있는데 첫째는, 세계와 사물을 피상적으로 보지 말고 이편과 저편의 '사이'를 꼼꼼하게 관찰하라는 것이다. 이는 어디서 생길까? 땀 기운이 물씬한 살과 풀기가 풀풀 나는 옷, 떨어지지도 않고 붙어 있지도 않은 옷과 살의 '사이'에서 생긴다. 곧 옷이라고도 살이라고도 할 수 있는, 하나의 고정된 자리에 있는 것이 아니라 땀 기운과 풀기의 미묘한 변화에 따라 진실이 달라지는 지점이다.

사물과 사물 간에는 아주 미세한 '사이'가 있다. 실상 인간人間, 공간空間, 시간時間에도 사이[間]가 있다. '사이'를 자세히 살필 때 진실의 향방을 알 수 있다. 피상적으로 보거나 한쪽의 시각에서만 보게 되면 진실과 멀어진다. 이쪽과 저쪽 사이를 세심하게 관찰할 때 기존 가치가 담아내지 못한 새로운 진실을 발견할 수 있다.

두 번째는 진실은 상황에 따라 달리 인식되므로 차별이나 편견을 두지 말라는 것이다. 윗글의 두 번째 삽화 논쟁은 '이는 살과 옷 가운데 어디에서 생기는가'였는데 지혜자인 황희 정승의 대답은 '둘 다 옳다'였다. 옳고 그름을 다투는 데 둘 다 옳다는 판정은 또 다른 논란만 불러일으킨다. 그러나 이 삽화가 사실을 가리자는 의도는 아니었을 것이다. 이는 옷과 살의 미세한 사이에서 생기므로 이분법으로 보면 일면적 진실일 뿐 실체적 진실은 아니라는 점을 말하려는 것이다.

대립하는 양편의 가운데에 서는 태도는 기회주의자로 보인다. 팽팽한 입장의 차이가 있는데 가운데에 선다면 중용의 이름을 빌린 기회주의일 뿐, 문제 해결에도 아무런 도움이 되지 않는다. 그러나 연암이 말한 가운데란 상황에 대한 해결을 제시하는 표지가 아니라 인식 태도를 말한다. 양쪽을 보지 않으면 그 판단이 아무리 정당하더라도 그것은 일면적 진실일 뿐이다. 따라서 한편이 아닌 양편을 두루 아우르는 지점에서 바라보아야 한다.

세 번째는 '가치의 위계화'를 무너뜨리고 존재의 균등성으로 나아가라는 것이다. 우리는 이것이 맞고 저것이 틀리다고 쉽게 단정하지만, 그 시비 가운데는 미세한 사이가 있다. 그 '사이'는 '떨어진 것도 아니고 붙어 있는 것도 아니며, 오른쪽도 아니고 왼쪽도 아닌' 곳이다. 이른바 불리불친不離不襯, 불우불좌不右不左인데, 이 용어는 불가에서 진리를 드러내는 어법이다. 하나도 아니고 둘도 아닌, 붙지도 나뉘지도 않는 자리에 진리가 있다는 것이다.

이것과 저것을 대립시키는 것은 방편일 뿐, 이것과 저것은 서로를 통해 자신을 드러내며 서로를 비춰줌으로써 의미가 만들어진다. 열매와 씨를 생각해 보라. 씨는 열매에서 나오고, 열매는 다시 씨를 통해 새로운 생명으로 탄생한다. 이 과정에서 씨와 열매는 서로 독립적이면서도 근본적으로 분리될 수 없는 관계를 보여준다. 씨 자체로는 열매가 아니지만, 열매 없이는 존재할 수 없다. 마찬가지로 열매도 씨 없이는 의미가 없다. 둘은 서로 다르면서도 동시에 하나이며, 서로를 의존하고 있다. 곧 이항 대립이 동시에 부정되고 긍정됨으로써 가치의 위계화가 무너지는 자리가 사이[中]다. 모든 존재는 서로를 비춰줌으로써 의미를 드러내며, 서로 연결되어 있으면서 고유한 개별성을 지닌다.

여의주와 말똥 경단 비유는 이 생각을 상징적으로 드러낸다. 중심에서 보면 여의주는 매우 귀하고 말똥 경단은 쓸모가 없다. 그러나 말똥구리에게 말똥은 생존과 번식을 위해 꼭 필요하다. 말똥구리는 말똥 경단을 영양분으로 삼아 성장한다. 말똥 경단은 알을 낳고 새끼를 키우는 안전한 환경을 제공한다. 말똥구리에겐 말똥이 필요할 뿐 여의주는 별 쓸모가 없다. 개별 입장으로 돌아가면 각기 사물은 같은 존재성을 지닌다. 이것이 더 낫다, 저것이 더 낫다고 말할 수는 없으며 각자 상황에 적합한 쓸모가 있을 뿐이다. 한쪽의 특정한 중심주의에서 벗어나 개별 존재의 입장으로 들어가면 위계질서는 무너지고 차별적 시선은 제거된다. 무엇이 귀하다거나 천하다는 생각은 이분법적 이데올로기가 만들어낸 차별일 뿐이다.

'사이'를 들여다보라는 주문은 중심주의를 해체하고 주변을 중심과 동등한 자리에 놓으려는 연암의 전략이다. 작가는 하찮아 보이는 말똥 경단도 여의주와 동등한 가치를 지니고 있다고 말하려 한다. 여의주와 말똥 경단은 하나의 상징적 코드다. 여의주가 중심에 놓인 가치를 나타낸다면 말똥 경단은 주변적인 가치를 나타낸다. 이쪽과 저쪽의 사이를 보게 되면 중심과 주변은 동등한 가치를 갖는다.

'사이'에 대한 연암의 심미 태도는 언어 및 사물을 바라보는 태도와 연결되어 있다.

아! 옛것을 전범으로 삼는 사람은 낡은 자취에 빠지는 것이 병통이고 새롭게 만드는 사람은 상도常道에 어긋나는 게 걱정이다. 진실로 옛것을 본받되 변화를 알고[法古而知變] 새롭게 만들되 법도에 맞는다면[創新而能典] 지금 글이 옛글과 같을 것이다.

〈조정집서楚亭集序〉

만약 다시 그 형체의 크고 작음을 비교하고, 보이는 바의 멀고 가까움을 가리려 한다면, 그대와 나는 모두 망령될 뿐입니다. 고라니는 과연 파리보다는 큽니다. 그러나 코끼리가 있지 않습니까? 파리는 과연 고라니보다 작습니다. 그러나 개미에게 견주어 본다면 코끼리와 고라니 관계와 같습니다.

〈답모答某〉

네놈들이 이理를 말하고 성性을 논할 때, 툭하면 하늘을 들먹이지만, 하늘이 명령한 바로써 본다면 범이든 사람이든 다 똑같은 동물일 뿐이다. 하늘과 땅이 만물을 기르는 어짊의 관점에서 논하자면, 범과 메뚜기, 누에와 벌, 개미와 사람이 함께 길러져 살아가는 것이지 서로 등지고 지내서는 안 되는 것이다.

〈호질虎叱〉

첫 번째 인용문은 잘 알려진 법고창신法古創新이 나타나는 글이다. 법고창신에 대한 일반적인 의미는 옛것을 본받아 새로운 것을 창조한다는 뜻이다. '법고이창신法古而創新 창신이법고創新而法古'의 취지를 말한 글로 온고지신溫故知新과 비슷한 뜻으로 이해한다. 그러나 필자 생각은 다르다. 윗글은 개별성의 원리에 바탕을 두고 상생相生을 말하려는 것이다. 법고는 법고대로 변화의 정신을, 창신은 창신대로 전범의 정신을 갖추면 둘 다 훌륭한 고전이 될 수 있다는 논리다. 그리하여 나는 이를 지변능전知變能典으로 부를 것을 제안한 바 있다. 연암이 말한 존재의 균등성과 개별성에 대한 심미적인 태도를 적용한 것임은 물론이다.

그리하여 연암은 고문古文입네, 금문今文입네 다툴 것이 아니라 고문도 되고 금문도 되는 글을 쓰자고 한다. 규범 언어에 갇혀 형식적으로 쓰지 말고 내면을 솔직하게 표현하는 진솔한 글을 써야 한다고 말한다. 그러기 위해서는 글자를 가려 써서는 안 된다. 연암 시대에도 글은 고상하고 전아해야 한다고 생각했다. 한 글자라도 경전에 없는 표현을 쓰면 "옛날에도 이런 글자가 있었느냐?"며 비난을 받았다.

그러나 연암은 〈공작관문고자서孔雀館文稿自序〉에서, 말은 꼭 거창할 필요가 없다고 하면서 도에 부합한다면 기왓조각이나 벽돌도 요긴하게 쓸 수 있다고 한다. 기왓조각과 벽돌은 비속한 글자를 상징한다. 또 〈소단적치인騷壇赤幟引〉에서는 집 안에서 쓰는 상스러운 말도 학교에서 가르칠 수 있고 동요와 속담도 유교 사전인 《이아爾雅》에 넣을 수 있다고 주장한다. "글을 쓰는 사람은 아무리 저급한 명칭이라도 꺼리지 말고, 아무리 비속한 이야기라도 없애지 말아야 한다."라고 한다. 연암은 언어 사용에서도 중심을 해체하고 주변을 중심과 동등하게 놓는다. 규범 언어를 폐기하여 생각을 가두는 낡은 지식을 없애고 창조적인 생각으로 나아가야 한다고 말한다.

두 번째는 사물의 크기에 대한 오해를 푸는 과정에서 쓴 글이다. 갈등은 크고 작음을 다투고, 이것과 저것을 견주는 데서 생긴다. 그러나 사물의 크기는 무엇을 기준으로 삼느냐에 따라 달라지고, 누구와 상대하느냐에 따라 힘의 크기도 달라진다. 연암은 크고 작음을 따지고 멀고 가까움을 견주는 게 어리석고 망령되다고 말한다.

이 생각은 사물의 질서를 획일적으로 규정하는 그 시대 이데올로기에 대한 비판으로 확장된다. 〈상기象記〉에서 연암은 직접 보는 코끼리의 어금니가 긴 이유조차 제대로 설명하지 못하면서 눈으로 볼 수 없는 수많은 생명, 코끼리보다 만 배나 큰 천하 사물의 이치를 어떻게 단순하게 규정할 수 있겠느냐고 반문한다. 코끼리는 범을 만나면 코를 휘둘러 범을 죽이기도 한다.

그러나 쥐만 보면 꼼짝을 못 하고 어찌할 줄 모른다. 실제로 코끼리는 쥐 소리를 들으면 놀라고 두려워해서 코끼리 부리는 사람은 평소에 코끼리의 발을 푸른 베로 싸둔다고 한다. 코끼리가 범을 이기고 쥐가 코끼리를 이긴다면 쥐가 범을 이긴다고 말할 수 있을까? 사물의 질서를 일률적으로 규정하는 중세 시대의 이치에 의하자면 응당 그래야 하지만 실제로는 그렇지 않다. 범은 쥐를 단번에 죽인다. 사물의 질서는 획일적으로 규정되지 않는다. 진실은 사물 간의 관계에 따라 개별적으로 다르게 드러난다. 고라니는 파리와 비교하면 크다고 할 수 있지만 코끼리와 비교하면 작다. 파리는 고라니보다 작지만 파리와 비교하면 크다. 사물의 크고 작음, 길고 짧음은 관계에 따라 달라진다.

세 번째는 범이 인간을 꾸짖는 장면에서 나온 말이다. 인간의 눈으로 보면 범은 미물에 불과하고, 메뚜기라든가 벌이라든가 개미는 식량의 대상에 불과하다. 그러나 공평한 하늘의 시선으로 보면 사람이나 범이나 메뚜기나 개미나 똑같이 자연 만물의 하나일 뿐이다. 사람이든 범이든 개미든 모든 생명체는 같은 하늘 아래에서 각자 자리에서 어울려 살아가야 한다. 연암은, 사물의 처지에서 나를 보면 나 역시 사물의 하나일 뿐이며 만물 중에 삶을 누리는 것들은 선하지 않은 것이 없다고 말한다. 하늘은 천하 만물을 비교하고 따져 차등을 두지 않는다. 연암은 범의 입을 빌려 인간은 만물의 주인이라는 자만에 빠져 다른 생명을 함부로 해쳐서는 안 되며 함께 공생하며 살아가야 한다고 말한다.

기준은 고정되어 있지 않다. 진실은 상황과 조건에 따라 달리 드러난다. 따라서 '이것' 중심주의, '나' 중심주의에서 벗어나 양편의 사이를 세심하게 살펴볼 필요가 있다. 그랬을 때 중심이 주변이 되고 주변이 중심이 되기도 한다는 진실을 발견한다.

연암의 생각은 탈중심적이며 주변성을 지향한다는 점에서 생태적이다. 개별적 존재에 대한 긍정은 약자를 중심으로 끌어들이고, 작은 존재의 가치를 환기한다. 연암은 《방경각외전》에서 똥 푸는 사람, 거지, 거리의 부랑자를 주인공으로 삼아 이들이야말로 삶의 진실함을 갖춘 인간들이라고 말한다. 똥 장수인 엄행수를 주인공으로 내세운 〈예덕선생전穢德先生傳〉에서는 예덕穢德에 더러움 속에 덕이 있다는 뜻을 담음으로써 기존의 미추관美醜觀을 해체한다. 진짜 장관은 으리으리한 궁궐이나 성곽이 아니라 기왓조각과 똥거름이라고 주장함으로써 가장 쓸모없는 것이 쓸모 있다는 장자莊子의 심미안을 보여준다.

신분에 따라 인간의 가치가 다르고, 인간만이 고귀한 존재라는 세계관 속에서 연암은 존재의 개별성과 균등성을 주장했다. 인간이 규정한 관점에서 코끼리와 사슴, 파리, 개미를 우열로 가르지 말고 모두가 똑같이 소중한 생명으로 바라보자고 했다. 최소한 미의식에서만큼은 연암은 차별을 반대하고 작은 존재를 중심에 두려는 인식을 보여준다. 말똥 경단이 가치 있고 더러운 것에 덕이 있으며 쓸모없는 똥거름이 가장 쓸모 있다는 연암의 심미 태도는 생태학의 관점에서 값져 보인다.

명심冥心, 마음으로 보라

〈일야구도하기一夜九渡河記〉는 연암이 열하를 가는 도중에 하룻밤에 강물을 아홉 번 건넌 경험을 다룬 글이다. 낮에 강물을 건널 때는 시뻘건 흙탕물이 보여 두려움이 생기고, 밤에 건널 때는 성난 물소리가 들려 벌벌 떨고 나서 연암은 다음과 같은 깨달음에 이른다.

> 나는 지금에야 도道를 알았다. 명심冥心하는 사람은 귀와 눈이 폐가 되지 않으나, 귀와 눈만을 의지하는 사람은 보고 듣는 것이 자세하면 할수록 병통이 된다. 오늘 내 마부가 말발굽에 발이 밟혀 뒤의 수레에 그를 실었다. 나는 손수 말의 고삐를 풀어 강물에 뜨게 한 다음 두 무릎을 오므리고 발을 모아 안장 위에 앉았다. 한번 추락하면 바로 강바닥이다. 강으로 땅을 삼고, 강으로 옷을 삼으며, 강으로 몸을 삼고, 강으로 성정性情을 삼으리라 생각하며, 한번 떨어질 것을 마음으로 각오했다. 그러자 내 귓속에는 강물 소리가 들리지 않게 되었다.
>
> 〈일야구도하기一夜九渡河記〉

명심冥心은 선불교나 도가에서 자주 사용하는 용어로 연암의 인식 세계를 이해하는 데 매우 중요하다. 명심은 '마음을 고요하게 하다'라는 의미다. 일반적으로 자아와 외물 사이의 분별지分別知가 사라진 주객 합일의 심경을 뜻한다. 종교적이고 관념적인 이 용어를 연암은 다른 맥락으로 사용한다.

첫째, 명심은 편견에 갇히지 않고 세계를 객관적으로 보는 것이다. 명심은 '귀와 눈만 의지하는 자'와 대비된다. 귀와 눈만 믿으면 보고 듣는 것이 자세할수록 도리어 진실을 보지 못한다. 〈환희기후지幻戲記後識〉에서도 '밝게 보는 것이 도리어 탈이 된다'고 하면서 어느 날 눈이 떠지자 집으로 가는 길을 잃어버린 소경더러 "도로 눈을 감아라."라고 주문하는 일화가 나온다. 연암이 바라보는 세상은 참과 거짓이 뒤엉키고 편견과 허위 이데올로기가 만연한 곳이다. 눈을 감는다는 것은 소경의 눈으로 보라는 의미이며 편견과 낡은 이데올로기에서 빠져나와 사심 없이 객관적으로 보는 것이다. 소경은 일종의 메타포로서 세계를 공명정대하게 보는 평등한 눈[平等眼]을 지닌 사람을 비유한다. 명심하는 사람은 소경과 똑같은 상징이며 평등안의 소유자이기도 하다.

둘째, 명심은 자기 부정의 정신을 품고 있다. 인용문에서 손수 말의 고삐를 푼 행동은 단순한 몸짓이 아니다. 무지몽매한 습속에 대한 거부이자 새로운 깨달음의 세계로 나가는 실천적인 행동이다. 본래 〈일야구도하기〉 앞에는 어마법御馬法

에 관한 글이 있다. 내용을 정리하자면, 조선에서는 말을 탈 때 하인이 말고삐를 끌게 하는 풍습이 있는데, 말고삐를 잡으면 여러 가지 위험한 점이 많음에도 습속이 되어 버려 고치기는커녕 편안히 여긴다는 것이다. 곧 말고삐를 잡는 건 잘못된 습속에 익숙해졌다는 걸 의미한다. 그런데 이제 명심을 깨닫자 말의 고삐를 풀고 강을 건넌 것이다. 따라서 말의 고삐를 푼 것은 낡은 관습과 편견을 거부하는 행위다. 이는 옳다고 생각해 왔던 관습과 지식을 거부하는 행위라는 점에서 세계에 대한 비판 의식과 자기 부정을 내포한다. 이미 굳어진 관습을 부정하는 행위는 그야말로 '한번 추락하면 바로 강바닥'인 위험함을 각오하는 일이다. 그러나 궁극적으로는 상대방을 자유롭게 하고 나를 진정한 진리로 이르게 하는 길이기도 하다.

셋째, 명심은 나를 비움으로써 일체 허위에서 벗어난다. 명심함으로써 나는 강으로 땅을 삼고 강으로 몸을 삼게 되었다. 그러자 외부의 허상인 강물 소리가 들리지 않게 되었다. 강으로 땅을 삼고 강으로 몸을 삼는다는 것은 '나를 비움'으로써 사물에 나 자신을 맡기는 행위다. 나를 비운다는 것은 연암의 다른 글에선 허심虛心으로 나타난다. 집착에서 벗어나 어떤 얽매임도 없이 얻음도 잃음도 같게 여기는 마음을 뜻한다. 그리하여 강물 소리가 들리지 않게 된 것은 나를 가두던 일체 선입견과 관습으로부터 해방된 심리 상태를 상징한다.

연암은 명심이란 용어를 관념론에서 벗어나 현실 대응 태도를 나타내는 실천적 개념으로 사용한다. 이데올로기와 관습에 갇히게 되면 타자를 억압하고 새로운 세계로 나아갈 수 없다. 말의 고삐를 잡는 것이 사물을 억압하는 것이라면 말의 고삐를 푼 것은 사물을 자유롭게 해주는 행위다. 불합리한 관습과 낡은 지식을 뛰어넘을 때 나와 사물을 자유롭게 할 수 있다. 거기에는 자기 부정의 정신이 있다. 명심은 자명하다고 생각하던 관습을 성찰하고 반성하게 하며, 관념에 머물지 않고 실천으로 나아가도록 한다는 점에서 우리에게 소중한 생태학적 깨달음을 안겨준다.

관계의 생태학을 위해

고통은 인간만이 느끼는 것이 아니다. 포유류는 물론이거니와 물고기, 심지어 식물조차 고통과 스트레스를 느낀다고 한다. 나아가 분자생물학에 따르면 인간과 침팬지는 98.6%의 동일 유전자를 갖고 있으며 벌레와 인간은 40%의 유전자를 공유하고 있다고 한다. 짐승한테는 지혜가 없고 초목엔 감각이 없으며 다른 생명체에겐 예의가 없다고 생각하는 사람이라면 홍대용의 〈의산문답醫山問答〉에 나오는 실옹實翁의 다음 말에 귀를 기울여 보자.

> 오륜과 오사五事가 인간의 예의라면, 무리를 지어 다니면서 함께 먹이는 먹는 것은 금수의 예의이고 군락을 지어 가지를 뻗는 건 초목의 예의다. 인간의 입장에서 사물을 보면 인간이

> 귀하고 사물이 천하지만, 사물의 입장에서 인간을 보면 사물이 귀하고 인간이 천하다. 그러나 하늘의 입장에서 보면 인간과 사물은 균등하다.
>
> 《의산문답毉山問答》

존재의 상대성과 평등성에 대한 깊은 통찰을 보여준다. 어느 입장에서 바라보느냐에 따라 진실이 달라지는 것은 인간만의 일이 아니다. 각기 입장으로 들어가 그 처지에서 헤아려 보는 태도야말로 생태정신의 출발이다. 모든 존재는 각기 나름의 입장이 있고 존재 이유가 있다. 다만 인간의 눈으로, 인간의 편리에 따라 해충과 익충을 나누고, 다른 생명을 함부로 파괴하고 죽였을 뿐이다. 자연은 말을 하지 못한다. 그러나 인간의 말을 하지 못하는 것일 뿐, 인간이 이해하지 못하는 그들끼리의 언어가 있다. 산새들의 지저귐, 짐승들의 울부짖음을 들어 보라. 깨달은 인간이 그 작은 존재들을 대신해 그들의 이야기를 대신 들려주는 것이 생태정신이다. 인간만이 존귀하고 양심의 가책을 느끼는 존재라고 생각하는 사람이라면 이번엔 범의 말에 귀를 기울여 보자.

> 대개 자기 것이 아닌 물건을 취하는 것을 도盜라 하고, 생명을 해치고 물건을 빼앗는 것을 적賊이라 한다. 네놈들은 밤낮을 가리지 않고 돌아다니면서 팔을 걷어붙이고 눈을 부라리며 남의

> 것을 빼앗고 훔치면서도 부끄러운 줄을 모른다. 심지어는 돈을 형님이라 부르고, 장수가 되려고 자기 아내를 죽이는 일조차 있다. 이러고도 인륜의 도리를 말할 수 있겠느냐? (중략) 그 잔인하고 야비한 행위가 네놈들보다 심한 이가 누가 있겠느냐?
>
> 〈호질虎叱〉

한갓 미물인 범이 지식 군자의 상징인 북곽 선생을 야단치는 대목이다. 인간의 입장에서 보면 인간을 너무 일방적으로 몰아붙이고 인간의 일면을 심하게 부풀렸다고 생각할 수도 있으나 짐승의 시선에서 바라보면 반박하기 어려운 진실이다. 입장을 바꿔서 사물의 관점에서 생각해 보면 인간만큼 잔인하고 폭력적인 존재가 없다.

생태계 위기의 해결에는 기술적 문제의 해결도 필요하겠지만 우선은 인간만이 중심이라는 생각을 바꾸는 데서 출발해야 한다. 지구는 인간만의 터전이 아니라, 모든 생명체가 관계 맺으며 살아가는 공동의 장場이라는 자각이 필요하다. 연암의 관계 생태학은 이 점을 잘 말해주고 있다.

연암의 생태정신은 문명과 사회에 대한 깊은 이해 속에서 이야기되고 있다는 점에서 큰 의미가 있다. 주변을 중심의 자리에 놓으려는 사이의 생태학, 낡은 지식을 버릴 수 있는 자기 부정의 정신, 자연의 몸짓이 문학이 되고 예술이 된다는 연암의 생태적 사고는 문명사회를 지향하는 21세기 오늘날에도 여전히 유효한 시각을 제공하리라 믿는다. 특별히 많은 인문학자가 그를 최고의 문장가로 꼽기를 주저하지 않는다는 사실을 고려할 때 자연의 원리에서 문학의 원리를 찾아낸 그의 생태정신을 더 깊이 탐구해 볼 필요가 있다.

7장

이용후생론利用厚生論의 미적 기반과 생태적 가치

연암 그룹의 사회개혁 입장을 상징적으로 나타내주는 개념이 이용후생利用厚生이다. 이용후생은 도구를 이롭게 해서 삶을 도탑게 한다는 뜻이다. 현실에 별반 소용도 안 되는 헛된 이론을 반대하고 현실에 실제적인 도움을 주자는 것으로 북학파의 사상을 대표하는 실학 정신이다. 자연과 사회의 모든 것들을 실제적인 쓸모가 되도록 잘 활용해서 백성들의 삶의 질을 높이자는 것이 이용후생이 추구하는 핵심 가치다. 이용후생은 경세치용經世致用과 구별되면서 실학이 추구하는 실용 정신과 부국안민의 이념을 뒷받침해주는 논리가 되어 조선 후기의 사회 변동과 실학자의 사상을 이해하는 핵심 개념으로 자리하고 있다.

이용후생은 경제 및 민생 문제와 연결되어 오늘날에도 종종 거론된다. 그런데 이용후생이 실용성과 물질의 부富만을 추구한 개념인지를 생각해 보지 않을 수 없다. 물론 실학을 연구하는 학자들은 이용후생이 단순히 실용성만을 추구하지 않고 정덕正德과 깊은 관련을 맺고 있다는 점을 잘 인식하고 있다. 그렇지만 일반 현실에서는 종종 이용후생이 경제 논리와 이익 추구를 정당화시키는 데 손쉽게 이용되곤 한다. 따라서 이용후생을 떠받치고 있는 미적 기반을 섬세하게 살펴 그 이론적 기반을 올바르게 이해할 필요가 있다.

연암은 이용후생을 주창한 중심인물이다. 연암이 이용후생을 말하는 대목을 자세히 살피면 이용후생을 단순히 실용의 차원에서만 접근하지 않는다. 연암의 이용후생에는 대단히 미적인 관점이 담겨 있다.

이용후생론利用厚生論에 나타난 미적 기반

이용후생은 자연과 사물을 잘 활용하여 현실에 도움을 주자는 것이므로 연암이 자연 사물을 어떻게 바라보는가를 살필 필요가 있다. 이용후생과 자연과의 관계가 잘 나타난 글이 〈홍범우익서洪範羽翼序〉다. 〈홍범우익서〉는 조선 중기의 학자인 우여무禹汝楙가 저술한 《홍범우익洪範羽翼》에 붙인 서문이다. 글에서 연암은 홍범구주洪範九疇에서 말한 오행설에 근거하여 조선의 성리학자들이 주장하는 오행상생설五行相生說을 비판하고, 오행을 이용후생과 연결하는 새로운 견해를 제시하고 있다. 〈홍범우익서〉의 내용을 이해하기 위해 먼저 오행설을 간략하게나마 살펴보려 한다.

자연 사물의 본성 존중

오행론은 물[水], 불[火], 나무[木], 쇠[金], 흙[土] 다섯 가지를 자연 현상 변화의 근원으로 보고 만물의 생성과 소멸을 다섯 가지 사물로 설명하는 것이다. 본래는 물질의 근원을 의미했던 오행론은 후대로 내려오면서 우주의 질서와 원리를 설명하는 추상적인 개념으로 바뀌었다. 그리하여 본래 소박한 자연 개념이었던 오행은 자연의 생성 변화와 오상五常의 윤리 규범을 해석하는 형이상학적인 개념이 되었다. 특히 성리학자들의 나침판이었던 주희朱熹는 음陰과 양陽의 대립적인 상호작용으로 만물이 생성 변화한다고 보고 음양의 두 기氣가 감응하여 사물을 낳는다고 했다. 주희의 음양과 오행에 관한 생각은 조선의 성리학자들에게 수용되어 우주와 자연 현상을 이해하는 개념으로 자리 잡았다.

그런데 연암은 이러한 오행상생설을 서당 선생의 입을 빌려 비판한다.

> 《서경書經》〈홍범洪範〉 편에서 우임금이 순서를 정한 홍범구주와 무왕과 기자가 문답한 내용을 보면 오행이 하는 일은 정덕正德, 이용利用, 후생厚生의 도구에 지나지 않으며 오행이 하는 작용은 중화위육中和位育의 효과를 거두는 데서 벗어나지 않는다. 한나라 때 선비들이 길흉화복을 독실히 믿어 마침

내 어떤 일에는 반드시 그에 상응하는 어떤 징조가 나타난다고 여기고 만사를 오행에다 배당하고 확대 적용하여 허황되고 망령된 주장을 하기를 즐겼다. 그리하여 이것이 잘못 흘러 음양학과 점술로 되었고, 이것이 둔갑하여 천문 역수와 미래 예언의 책으로 되어 마침내 우임금과 무왕과 기자, 이 세 성인의 본래 취지와 크게 서로 어긋났을뿐더러 오행상생설에 이르러서는 그 오류가 극에 달하고 말았다.

〈홍범우익서洪範羽翼序〉

정리하자면, 오행은 본래 정덕, 이용, 후생을 위한 도구이자 중화위육의 원리를 실현하기 위한 수단이었다. 그러나 한나라 선비들은 이를 지나치게 확대해석하여 과학적인 근거도 없는 허황된 주장을 양산했다. 결과적으로 오행에 대한 해석은 음양학과 점술로 변질되었고, 천문 역수와 미래 예언의 책으로 전환되었으며, 이는 우임금, 무왕, 기자의 원래 취지와 크게 어긋나게 되었다. 특히 오행상생설에 이르러 그 오류가 극에 달했다는 것이다. 연암은 서당 선생의 가르침을 통해 본래 물질의 근원으로 이해되었던 오행설이 어떻게 해서 우주와 인간사 일체를 간섭하는 추상적인 개념으로 변질했는지를 들려준다.

전통적인 오행설에서는 다섯 가지 물질이 상생과 상극의 상호 작용을 한다고 본다. 특히 오행상생은 나무는 불을 낳고

[木生火] 불은 흙을 낳으며[火生土] 흙은 쇠를 낳고[土生金] 쇠는 물을 낳으며[金生水] 물은 나무를 낳는다[水生木]는 이론이다. 앞의 것은 어미이고 뒤의 것은 자식이 되어 어미가 자식을 낳는 관계로 본다. 그러나 글에서는 그와 같은 생각에 반대한다. 이에 따르면 쇠만이 흙을 어미로 삼는 것이 아니라 만물이 모두 흙에서 난다. 나무에서만 물이 나오는 것이 아니라 돌이나 쇠에서도 물이 나온다. 불은 나무에서만 일어나지 않으며 쇠와 돌이 부딪히거나 물이 끓을 때 모두 불을 일으킨다. 벼락이 쳐도 불이 난다. 만물은 하나가 어느 하나를 낳는 관계가 아니라 서로를 도우며 살아가는 관계다. 곧 상생의 진정한 의미는 오행이 자식이 되고 어미가 되어 한쪽으로 향하는 것이 아니라 서로가 힘입어서 살아가는 것이다. 그러면서 오행의 기능은 나무, 불, 흙, 쇠, 물, 각각의 본래 성질을 잘 활용하는 데에 있다고 말한다.

예전에 하우씨夏禹氏, 곧 우임금은 오행을 잘 활용하였다. 하우씨가 산을 따라 나무를 베어 낸 것은 굽게 할 수도 있고 곧게 할 수도 있는 나무의 쓰임을 터득한 것이요, 토목공사를 크게 벌인 것은 곡식을 심고 거두는 농사의 방법을 터득한 것이요, 금, 은, 동 세 가지를 공물로 받은 것은 모양을 마음대로 변형할 수 있는 쇠의 성질을 터득한 것이요, 산을 태우고 늪을 태운 것은 위로 타오르는 불의 덕을 터득한 것이요, 하류를 터서 물을 끌어들인 것은 적시고 내려가는 물의 공을 터득한 것이니 백성과 만물이 살 수 있도록 서로 도움을 받은 것이 이렇듯 막대하다.

〈홍범우익서洪範羽翼序〉

일반적으로 오행설은 《서경》의 〈홍범〉 편에서 비롯되었다고 본다. 연암이 서당 선생의 입을 빌려 현실의 오행설을 비판하는 것은 오행의 본래 취지를 살펴 지금의 잘못된 오행설을 비판하려는 전략이다. 《서경》의 〈홍범〉 편에 따르면 홍범구주 가운데 일주一疇가 오행인데 첫째가 물, 둘째가 불, 셋째는 나무, 넷째는 쇠, 다섯째가 흙이다. 물의 성질은 물체를 젖게 하고 아래로 스며드는 것이고 불은 위로 타올라 가는 것이며, 나무는 휘어지기도 하고 곧게 나가기도 하고 쇠는 주형鑄型을 따르는 성질이 있으며, 흙은 씨앗을 뿌려 추수하게 하는 성질이 있다. 작품에서는 오행의 성질을 잘 활용한 예로 하우씨를 든다. 연암이 예로 든 것을 보면 오행의 효용은 백성과 만물이 살아가는 데 도움을 주는 데에 있다. 성리학자들이 주장하는 만물의 존재와 운동 변화를 설명하는 개념과는 한참 다르다.

연암은 오행의 작용에 근거하여 물, 불, 나무, 쇠, 흙은 이용후생의 도구로 이용되는 데 의미가 있다고 생각한다. 물의 성질은 사물을 젖게 하고 아래로 내려가는 데 있으므로 이러한 성질을 이용해 가뭄을 해결해주거나 논밭에 물을 대주는 데에 그 쓸모가 있다. 불은 타오르게 하는 성질이 있으므로 이를 이용해 그릇과 농사 도구를 만들 때 소용된다. 쇠와 나무와 흙도 그 성질을 이용해 나라를 부유하게 하고 백성의 삶을 풍요롭게 하는 데 필요하다. 따라서 물이 있어도 쓸 줄 모른다면 물이 없는 것과 마찬가지이고 불이 있어도 쓸 줄 모른다면 불이 없는 것과 마찬가지다. 곧 오행은 도구를 만들거나 농사를 짓거나 백성의 삶을 풍족하게 만드는 데 쓸모를 갖는 물질이다.

이같이 연암은 홍범구주에서 말한 오행의 성질을 근거로 기존의 오행상생설을 비판하고 오행은 이용과 후생의 도구로 활용되는 것이라 말한다. 오행은 일상의 자연 사물이다. 그 사물을 그대로 방치해서는 안 되며 성질을 잘 활용해 쓸모 있게 만들어야 한다. 곧 오행은 생활에서 흔히 볼 수 있는 자연 사물로써 인간을 이롭게 하고 삶을 윤택하게 만드는 데 도움을 주는 도구다. 연암은 오행, 곧 자연 사물들은 인간과 만물을 위해 쓸모 있게 활용되어야 한다고 생각한다.

그렇지만 오행의 이용이 자연을 파괴한다거나 무분별하게 개발하는 것을 의미하지는 않는다.

어느 것이고 물질이 아닌 것이 없지만, 유독 나무, 불, 흙, 쇠, 물만을 오행이라고 말한 것은 이 다섯 가지로 만물을 포괄하면서 그것들의 덕행을 칭송한 것이다. 그런데 후세에 물을 이용하는 사람들은 성城을 침수시키는 수공水攻에 이를 남용하

> 였고, 불을 이용하는 사람들은 화공火攻 작전에 이를 남용하였으며, 쇠를 이용하는 사람들은 뇌물을 주는 데에 이를 남용하였으며, 나무를 이용하는 사람들은 궁실을 짓는 데에 이를 남용하였으며, 흙을 이용하는 사람들은 논밭을 만드는 데에 이를 남용하였다. 이로부터 세상에서는 홍범구주의 학설이 단절된 것이다.
>
> 〈홍범우익서洪範羽翼序〉

연암은 오행을 잘못 남용한 예를 들고 있다. 물은 침수에 남용했고 불은 사람을 죽이는 데 썼으며, 쇠는 뇌물에 썼고 나무는 높은 건물을 짓는 데 함부로 썼으며, 흙은 논밭에 함부로 사용하는 데 썼다. 연암은 자연 사물은 쓸모 있게 활용하되 도를 넘어서는 안 된다고 말한다. 인용문의 '남용'은 원문이 음淫인데 정도를 넘어서다, 어지럽힌다는 뜻이다. 연암이 생각하는 사물의 이용후생은 사물의 성질을 잘 활용해서 남과 자신이 함께 살 수 있도록 하는 것이다. 자연 사물을 사용하되 인간의 욕망을 채우거나 남을 해치는 데 활용하는 것은 정도를 넘어서는 행위다. 나무를 사용해 집을 짓되 지나치게 화려하고 높게 쓰거나 논밭을 일구되 끊임없이 땅을 넓히는 행위는 정도를 넘어선 행위다. 오행, 곧 자연 사물을 잘 활용한다는 것은 사물의 본래 성질을 해치지 않으면서 인간에게 도움을 주는 것이다. 자연과 인간이 함께 공생하는 것이 연암이 생각한 이용후생의 진정한 의미다.

《열하일기》에도 이러한 생각이 잘 나타난다. 이용후생에 대해 일반적으로 수레와 벽돌 사용의 주장을 떠올리지만, 마제馬制도 연암의 이용후생을 이해하는 중요한 키워드다. 《열하일기》에는 목축과 어마법御馬法에 대한 언급들이 있다. 연암은 조선이 가난한 이유는 목축이 그 요령을 얻지 못했기 때문이라고 한다. 우리나라는 말을 다루는 방법이 틀렸고 말을 먹이는 방법이 옳지 못하며 좋은 종자를 받을 줄 모르고 목축을 맡은 관원은 목마牧馬에 무식하다고 일갈한다. 그리하여 말을 올바로 다루는 방법에 대해 일대 장광설을 펼친다. 그 생각을 곰곰 들여다보면 말의 성질을 잘 살펴 이해해주어야 한다는 것이다.

> 말을 다루는 방법이 틀렸다 함은 무엇을 말함인가? 무릇 동물의 성질도 사람과 같아서 피로하면 쉬고 싶고, 답답하면 시원하게 뻗치고 싶으며 구부리면 펴고 싶고, 가려우면 긁고 싶다. 말이 비록 사람에게 먹이는 얻어먹기는 하지만 때때로 저 스스로 유쾌하게 지내고 싶을 때가 있다. 그러므로 때때로 고삐나 굴레를 풀어서 물이 있는 연못 사이에 내달리게 하여 울적하거나 근심스러운 기분을 마음껏 발산하도록 해주어야 한다. 이것이 동물의 성질에 순응하고 기분에 맞게 하는 방법이다.
>
> 우리나라의 말을 다루는 법은 바짝 옭아맨 것이 더 단단하

> 지 못할까 오로지 걱정을 하니, 말은 달릴 때에도 당기고 압박을 당하는 고통을 벗어나지 못하고 휴식을 하는 즈음에도 나뒹굴고 긁는 즐거움이 없다. 말과 사람이 서로 뜻이 통하지 못하므로 사람은 함부로 말을 꾸짖고 말은 항상 주인을 원망하고 화를 낸다. 이것이 말을 다루는 방법이 잘못되었다는 것이다.
>
> 《열하일기》, 8월 14일 기사

연암은 동물과 인간의 감정을 같은 자리에 놓는다. 사람들은 말을 다룰 때 말이야 죽든 말든 많이 실으려고만 욕심내고, 오로지 바짝 옭아맨 것이 더 단단하지 못할까 걱정하며 당기고 압박하는 고통을 준다. 그렇지만 연암은 말도 사람과 똑같은 감정을 갖는 동물로 보고, 말의 기분과 느낌, 생리와 습성을 존중해야 한다고 말한다. 연암의 이용후생이 단순히 인간 편에서 사물을 도구적으로 이용하는 것이 아니라 사물에 대한 존중을 바탕으로 하고 있음을 알 수 있다.

이같이 이용후생에서 이용利用한다는 것은 사물의 성질을 함부로 남용하지 않고 선용善用하는 것이다. 나아가 생명을 가진 존재를 이용할 때는 그 대상을 도구적으로 보지 않고 그 성질을 이해하고 존중하는 것이다.

무용지용無用之用의 심미 태도

실학자들이 중국에서 도입하기를 원하는 대표적인 이용利用의 도구는 수레와 벽돌이다. 연암도 연행 경험을 통해 중국의 수레와 벽돌의 이용을 보면서 조선에서도 수레와 벽돌을 잘 활용하면 나라를 부유하게 하는 데 도움이 되리라 생각했다.

그런데 이용의 도구 가운데 연암의 주장에만 나타나는 흥미로운 사물이 있다. 바로 똥거름과 기왓조각이다. 연암은《일신수필馹迅隨筆》'장관론壯觀論'에서 깨진 기왓조각과 똥거름이야말로 진정한 장관이라고 주장하였다. 깨진 기왓조각과 똥거름은 생활에 실질적인 도움을 주므로 장관이 된다는 생각에서 그의 실용 정신을 끌어낸다.

똥거름과 깨진 기왓조각은 가장 쓸모없는 존재를 상징한다. 연암 표현에 따르면 '세상 사람들이 버리는 물건', '가장 더러운 물건'이다. 이른바 아무런 쓸모가 없는 무용無用한 사물이다. 무용한 존재가 진정한 장관이라는 사고방식은 장자의 발상과 관련이 깊다. 장자는 가장 하찮은 똥이나 오줌에 참된 도道가 있다고 말한다. 무용지용無用之用에 대한 발언은 연암의 전 인생에 걸쳐 그의 세계관, 인간관을 지배하며 다양한 양상으로 나타나고 있다. 연암은 청년 시절부터 가장 더러운 똥이 가치 있다는 생각을 보여주고 있다.

예컨대 초기작인《예덕선생전穢德先生傳》에서는 똥거름

을 나르는 직업인인 엄행수嚴行首를 진실한 덕을 갖춘 인물로 칭찬하고 있다. 똥거름은 땅을 기름지게 해주고 농작물을 잘 자라게 해준다. 그러니 엄행수란 인물은 '똥거름을 지고 거름을 메어 먹고 사니 지극히 더럽다고 할 수 있으나 그 밥벌이는 지극히 향기로운' 자다. 똥거름은 가장 더럽지만 가장 향기로운 사물로 거듭난다.

또 〈공작관문고자서孔雀館文稿自序〉에서는 "말은 꼭 거창할 필요가 없다. 도는 터럭과 같이 아주 미세한 것에서 갈린다. 도에 부합한다면 기왓조각이나 벽돌이라고 해서 왜 버리겠는가?"라고 하여 기왓조각과 벽돌과 같이 아주 하찮은 소재도 쓸모가 있다고 한다.[45] 흥미롭게도 "기왓조각이나 벽돌이라고 해서 왜 버리겠는가?[瓦礫何棄]"라는 구절은 다른 이본인 《종북소선》의 〈공작관집서孔雀館集序〉에서는 "똥덩어리糞壤인들 왜 버리겠는가?[糞壤何棄]"로 되어 있다.[46] 연암은 기왓조각과 똥덩어리를 같은 의미로 쓰고 있다. '쓸모없는 것이 쓸모 있다'는 무용지용無用之用은 실용 정신을 넘어 연암의 미의식과 인간관을 지배한다.

다음 두 글은 무용無用에 대한 철학이 연암의 전 생애에 걸쳐 나타나고 있음을 보여준다.

> 뜰은 넓어 수백 칸이나 되었는데 오랜 비에도 진창이 되지 않았다. 바둑돌 또는 참새알 크기의 물에 닳은 냇가의 돌이란 본

> 래 무용한 물건이지만, 그 모양이나 색깔이 서로 비슷한 놈을 골라서 문 앞에 이리저리 깔아서 날아가는 봉황 모양으로 만들어 진창이 되는 것을 막았으니 이로 미루어 그들에게는 버리는 물건이 없음을 알겠다.
>
> 《열하일기》, 7월 1일 기사

> 아버지는 늘 도간陶侃이 대나무 조각과 톱밥을 모아 두었다가 긴요하게 쓴 일을 말씀하시면서 "천하에는 본래 버릴 물건이 하나도 없다."라고 하셨다. 그 당시 사용된 대나무 조각은 모두 예전에 발을 짤 때 대나무 밑동을 잘라서 버린 것을 모아 두신 것이었다.
>
> 《과정록》

첫 번째 글은 연암이 북경으로 가는 도중에 한 만주족 민가의 뜰을 둘러보고 느낀 소감이다. 버리는 물건인 냇가의 돌을 활용해 뜰에 깔자 아름다운 무늬를 이루게 해주고 나아가 비가 올 때 진창이 되지 않도록 해주었다. 냇가의 돌로 진창을 막았다는 언급은 앞의 '장관론' 인용문에서 똑같이 나타나고 있다. 두 번째는 연암이 안의현감安義縣監으로 재직할 때의 일을 아들 박종채朴宗采가 증언한 글이다. 진晉나라 때 도간陶侃은 톱밥을 버리지 않고 모아 두었다가 질퍽한 땅을 덮는 데 썼다고 한다. 기왓조각과 똥, 냇가 돌, 톱밥과 대나무 조각은 모두 쓸모없는 사물을 상징한다. 이들 글은 모두 '천하에는 버릴 물건이 하나도 없다'는 심미 의식을 보여준다. 쓸모없는 물건을 잘 활용해 쓸모 있도록 만드는 이용후생의 관점을 보여준다.

연암의 목민관 활동에서는 쓸모없는 것을 쓸모 있게 만드는 이용후생의 실천이 소박한 형태로나마 드러나고 있다. 특히 연암은 1791년 안의현감에 임명되고 나서 쓸모없게 된 관아를 헐어 새로운 원림을 조성한다. 이때 연암은 중국의 집 짓는 법을 본떠 새롭게 집을 짓고 나서 이를 기념하여 각각의 집에 대해 기문을 썼는데 기문마다 모두 쓸모없게 된 공간을 유용하게 만들었다는 사실을 기록하고 있다.

> 관아의 서쪽 곁채는 쓰지 않고 버려둔 곳간으로 마구간, 목욕간과 서로 이어져 있었다. 그로부터 두어 걸음 밖에는 오물과 재를 버려 쌓인 쓰레기더미가 처마보다도 높이 솟아 있었다. 대개 그곳은 관아의 구석진 땅으로 온갖 더러운 것들이 모이는 곳이었기 때문이다 (중략) 대저 이 당의 절경은 담장에 있다. 어깨 높이 위로는 다시 두 기왓장을 모아 거꾸로 세우거나 옆으로 눕혀서 여섯 모로 능화 모양을 만들기도 하고, 쌍고리처럼 하여 사슬 모양을 만들기도 하였다. 틈이 벌어지게 하면 노전魯錢같이 되고, 서로 잇대면 설전薛牋같이 되었으니 그 모습이 영롱하고 그윽하였다. 그 담 아래는 한 그루 홍도紅桃, 못가에는 두 그루 늙은 살구나무, 누대 앞에는 한 그루의

꽃 핀 배나무, 당 뒤에는 수만 줄기의 푸른 대, 연못 가운데는 수천 줄기의 연꽃, 뜰 가운데는 열한 뿌리의 파초, 약초밭에는 아홉 뿌리 인삼, 화분에는 한 그루 매화를 두니, 이 당을 나가지 않고도 사계절의 경물을 모두 감상할 수 있다. (중략) 이는 철에 따라 각 사물에다 흥을 붙이고 하루 동안에도 그것들이 제각기 절경을 발휘하게 한 것이다. 하지만 저 백성들이 이러한 즐거움에 참여하지 못한다면 그것이 어찌 태수가 이 당을 지은 본뜻이겠는가.

〈하풍죽로당기荷風竹露堂記〉

정당正堂에서 서북으로 수십 보를 가면 열두 칸의 폐치된 관사가 나오는데 마루에 난간도 없고 계단에는 벽돌도 없다. (중략) 그리고 마치 쪼개진 얼음장이나 깎인 옥돌이나 모난 술잔 같은 돌들이 추녀와 처마 아래 다투어 와서 갖은 재주를 자랑하는 듯하고, 개 이빨이 엇물린 듯, 거북 등이 불에 갈라진 듯, 도자기에 금이 가고 가사袈裟를 꿰맨 듯, 볼품 있고 완벽하게 하였더니 먹줄과 칼날을 대지 않아도 완연히 도끼로 쪼갠 것 같았고, 섬돌을 따라 반듯하고 곧아서 모와 각이 분명했다. (중략) 무릇 늘 먹던 음식도 그릇을 바꾸면 새 맛이 나고 늘 다니던 곳도 주위 환경이 달라지면 마음과 눈에 모두 달라 보이게 마련이다.

〈백척오동각기百尺梧桐閣記〉

> 성 동쪽 향교 앞에 버려진 연못이 있었다. 사방 1백 보쯤 됐는데, 황폐해진 지 여러 해 되어 물을 가둘 수 없었다. 아버지는 술과 음식을 마련한 후 백성들을 모집해 연못을 준설하여 도랑물이 그 속으로 흘러들게 만들었다. 이에 물이 가득 고여 넘실거렸으며 가뭄이 들어도 물이 줄지 않았다. 연못 가운데에 돌을 쌓아 작은 섬을 만들었다. 그곳에 6각의 초정草亭을 세워 건곤일초정乾坤一草亭이라는 현판을 걸었다. (중략) 당시 연못 아래에 있는 백성들의 논밭이 수만 묘였는데, 모두 그 관개灌漑의 혜택을 입어 매년 가뭄 걱정을 하지 않게 되었다.
>
> 《과정록過庭錄》

연암이 공무를 보던 관아 한쪽에는 2층의 창고가 있었는데 무너지고 쓸모없게 되어 버려 돌보지 않은 지 오래였다. 그 창고를 철거하여 땅을 확보한 뒤 연못을 만들고 연꽃을 심었다. 그리곤 못가엔 집을 짓고 중국의 집 짓는 법을 본떠 벽돌을 구워 담장을 만들었다. 그렇게 만든 각각의 당堂 이름은 하풍죽로당荷風竹露堂, 연상각煙湘閣, 공작관孔雀舘, 백척오동각百尺梧桐閣이다. 첫 번째와 두 번째 글은 하풍죽로당과 백척오동각에 붙인 기문이다. 쓰다가 버린 곳간과 폐옥을 새롭게 단장해 쓸모 있게 탈바꿈한 대목을 인용하였다. 연암은 집을 짓고 나서 백성들이 함께 참여하고 선정을 베풀고자 하는 이용후생의 의지를 더불어 붙였다. 게다가 담장들은 모두 벽돌을 구워 만들어 《열하일기》에서 보고 배운 중국의 벽돌 사용을 직접 실현하였다.

세 번째 글은 면천 군수 시절의 일을 적은 것이다. 면천 군수로 부임한 연암은 성 동쪽의 버려진 연못인 언월지偃月池를 준설하여 연못 아래 있던 수만 묘의 논밭이 관개灌漑의 혜택을 입게 하였다. 나아가 연못 가운데 건곤일초정乾坤一草亭을 만들어 경관을 꾸미고 공무의 여가에 유람하는 장소로 만들었다. 역시 버려진 사물을 활용하여 백성의 삶에 도움을 주었다.

연암은 젊은 시절부터 소망했던 이용후생의 뜻을 목민관 시절에 직접 실천하였다. 정자를 짓고 연못을 준설하는 일은 목민관으로서 예사로운 사업일 것이다. 그렇지만 연암은 작품마다 버려진 사물을 쓸모 있게 만들었다고 일관되게 진술하고 있다. 사물을 쓸모 있게 만들어 삶에 도움을 주려는 이용후생 의식과 연관이 있다.

그런데 연암은 기술적인 측면에만 신경을 쓴 것이 아니라 의경에도 관심을 두었다. 하풍죽로당의 담장은 미적인 측면을 고려하고 있다. 기왓장을 얼키설키 엮어 다양한 모양을 만들어 심미적 즐거움을 주었다. 《일신수필》 '장관론'에서 깨진 기왓조각으로 중국의 담장을 예쁘게 꾸몄다는 언급을 연상케 한다. 담장 아래에는 사계절 감상할 수 있는 꽃나무를 심었는데 살구나무, 배나무 등 모두 실용성이 큰 작물이었다. 연암은

'기술'만 중시한 것이 아니라 '의경'도 중요하게 여겼다. 기술은 실용의 측면을 고려한 것이고 의경은 미美를 고려한 것이다.

두 번째 인용문에서는 폐허가 된 관사를 새로 조성하고서 "늘 먹던 음식도 그릇을 바꾸면 새 맛이 나고 늘 다니던 곳도 주위 환경이 달라지면 마음과 눈에 모두 달라 보인다."라고 하였다. 그릇이라는 형식을 바꾸면 내용이 새롭게 보이며, 환경이 달라지면 인간의 마음도 달라진다. 아무리 쓸모없는 사물도 새롭게 고쳐서 만들면 쓸모가 있게 되고 인간의 미의식도 형식을 달리하면 바뀐다. 쓸모없는 것을 쓸모 있게 만들자는 이용利用의 정신에는 모든 존재를 미적 가치의 대상으로 보려는 미의식이 담겨 있다.

기존의 세계관에서 미적 가치를 지닌 사물은 고상하고 운치 있고 우아한 것이었다. 무용無用한 것과 유용有用한 것은 서로 교환될 수 없었다. 무용하다고 여기는 것은 소외되고 무시받았다. 그러나 연암은 쓸모없고 하찮은 사물도 미적 가치를 지닌다고 보았다. 사물은 그 자체로 의미가 정해져 있지 않다. 관계와 조건에 따라 존재성은 바뀐다. 형식을 바꾸어 주면 내용물이 새롭게 인식되고 환경과 조건을 달리하면 같은 사물에 대해서도 다른 미적 감각을 느낄 수 있다. 무용한 것과 유용한 것은 조건과 상황을 달리해주면 서로 교환되거나 교체될 수 있다. 연암에게 진짜로 쓸모없는 것은 사물을 이롭게 쓰지 못하고 그대로 방치하는 것이다. 곧 이용후생의 미적 의미는 애초부터 쓸모없는 존재는 없으며, 어떤 사물이든 알맞은 자리에 놓이면 쓸모 있게 된다는 것이다.

준수통변遵守通變의 균형 정신

이용후생의 주장 가운데 계급에 따른 차별을 없애고 능력 있는 인재를 등용하여 사회에 이바지하게 하자는 생각이 있다. 연암도 사회 발전을 가로막는 서얼금고법을 없애고 귀천의 차별을 두지 말고 서얼을 등용하자고 주장한다.

> 무릇 법이란 오래가면 폐단이 생기게 마련이고, 일이란 막히면 통하게 마련입니다. 그러므로 준수遵守해야 할 때에 준수하는 것도 성인을 계승하는 것이며, 통변通變이 마땅한 때에 통변하는 것도 성인을 계승하는 것입니다. 굳게 지키거나[固執] 혁신하는 것[更張]은 오직 때에 맞기만 하면 그 뜻은 한가지입니다.
>
> 〈의청소통소擬請疏通疏〉

인용문에서 준수遵守와 고집固執, 통변通變과 경장更張은 서로 같은 뜻이다. 반면 과거의 것을 좇아 굳게 지키는 준수와 새롭게 바꾸는 통변은 서로 반대되는 입장이다. 그러나 때[時]에 적합하면 어느 입장이든 그 뜻은 하나로 통한다고 말한다. 때[時]란 시대의 상황을 의미한다. 기존의 것을 준수하는 것과 새롭게 통변하는 것, 한쪽만이 옳은 것이 아니라 그 시대의 형편에 맞는다면 둘 다 옳을 수 있다. 이를 준수통변遵守通變의 정신이라고 부르고자 한다. 이는 한 편의 입장에 치우치지 않고 양쪽을 고려하는 가치를 담은 생각이다.

연암의 이용후생에는 준수통변의 균형 정신이 담겨 있다. 연암은 이용후생을 추구할 때 실용성만을 추구하지 않았으며 형식미도 아울러 강조한다. 기술과 의경, 실용성과 형식미, 개발과 보존의 조화는 연암의 이용후생에서 특징적으로 나타나는 국면이다. 이와 같은 관점에서 《열하일기》의 '장관론'을 꼼꼼히 음미해 보면 단순히 실용성만을 드러내고 있지 않다. 해당 부분을 옮겨 보겠다.

> 나는 본래 삼류 선비다. 내가 본 장관을 이야기하겠다. 깨어진 기왓조각이 장관이고, 냄새나는 똥거름이 장관이다. 왜냐? 깨어진 기왓조각은 세상 사람들이 버리는 물건이다. 그러나 민간에서 담을 쌓을 때 어깨높이 위쪽으로는 깨진 기왓조각을 두 장씩 마주 놓아 물결무늬를 만들거나 네 조각을 모아 동그라미 무늬를 만들거나 네 조각을 밖으로 등을 대어 붙이면 옛날 동전 구멍 모양을 이룬다. 기왓조각들이 서로 맞물려 만들어진 구멍들이 영롱하고 안과 밖이 마주 비치게 된다. 깨어

진 기왓조각을 내버리지 않자 천하의 무늬가 모두 여기에 있게 되었다. 동네 집들의 문 앞 뜰에 가난하여 벽돌을 깔 수 없으면 여러 빛깔의 유리 기왓조각과 냇가의 둥근 조약돌을 주워 얼기설기 서로 맞추어 꽃·나무·새·짐승 무늬를 새겨 깔아놓는다. 그러면 비가 오더라도 땅이 진창이 될 걱정이 없게 된다. 기왓조각과 조약돌을 내버리지 않자 천하의 훌륭한 그림이 모두 여기에 있게 되었다.

똥거름은 세상에서 제일 더러운 물건이다. 그러나 이것이 밭에 거름으로 쓰일 때는 금싸라기같이 아끼게 된다. 길에는 버린 덩어리가 없고 말똥을 줍는 자는 오쟁이를 둘러메고 말꼬리를 따라다니기도 한다. 이렇게 모은 똥을 거름 창고에 쌓아두는데 혹은 네모반듯하게 쌓거나 혹은 여덟 모로 혹은 여섯 모로 혹은 누각 모양으로 쌓아올린다. 똥거름을 쌓아올린 맵시를 보아도 천하의 문물제도는 벌써 여기에 버젓이 있음을 볼 수 있다.

그래서 나는 말한다. 기왓조각과 조약돌, 똥거름이야말로 진정 장관이다. 왜 하필 성곽과 연못, 궁실과 누각, 점포와 사찰, 목축과 광막한 벌판, 나무숲의 기묘하고 환상적인 풍광만을 장관이라고 불러야 한단 말인가?

《열하일기》, 7월 15일 기사

이용후생을 대표하는 글이다. 무엇이 진짜 볼거리인가? 사

람들은 성곽이나 궁궐, 환상적인 풍경을 꼽는다. 그러나 연암은 깨진 기왓조각과 똥거름이 으뜸가는 볼거리라고 말한다. 겉모습만 화려한 사물보다는 백성의 삶에 실질적인 도움을 주는 사물이 더 낫다고 보는 것이다. 이에 대해 오늘날 학자들은 연암의 실용 정신이 잘 드러난 생각으로 평가한다.

그런데 윗글을 유심히 살펴보면 연암은 실용성 외에도 형식미에도 주목하고 있다. 깨진 기왓조각을 이용해 담장 위에 무늬를 만들자 '천하의 무늬가 모두 여기에 있게 되었다'고 말한다. 또 기왓조각과 조약돌을 뜰에 까니 '천하의 훌륭한 그림이 모두 여기에 있게 되었다'고 말한다. 똥거름을 쌓아올린 맵시를 보니 '천하의 문물제도는 여기에 있다'고 한다. 기왓조각이 진창을 막아주는 유용한 기능을 할 뿐만 아니라 담장을 예쁘게 꾸며주는 디자인의 기능을 하며, 똥거름은 밭의 훌륭한 거름이 되어줄 뿐만 아니라 거름 창고에 쌓아두면 훌륭한 맵시를 이룬다고 보는 것이다. 연암은 기왓조각과 똥거름의 유용성을 지적하면서 한편으론 이들 사물이 만들어내는 형식미에도 주목하고 있다. 연암의 이용후생에는 실용 정신 외에도 미적인 측면이 고려되어 있다.

《열하일기》에서 이용후생의 발언이 처음 나타나는 〈도강록渡江錄〉에서도 이와 똑같은 생각을 만난다.

점포를 둘러보니 모든 것이 단정하고 반듯하게 진열되어 있었

> 고 한 가지 일도 구차하거나 미봉으로 한 법이 없고, 한 가지 물건도 삐뚤고 난잡한 모양이 없다. 비록 소 외양간, 돼지우리라도 널찍하고 곧아서 법도가 있지 않은 것이 없고 장작더미나 거름더미까지도 모두 정밀하고 고와서 마치 그림 같았다. 아하! 제도가 이렇게 된 뒤라야만 비로소 이용利用이라고 말할 수 있겠다. 이용을 한 연후라야 후생厚生을 할 수 있고, 후생을 한 연후라야 정덕正德을 할 수 있겠다.
>
> 《열하일기》, 6월 27일 기사

상점들은 반듯했고 물건들은 난잡하게 널려 있지 않다. 외양간은 정갈하고 거름더미도 그림같이 깨끗하다. 이용利用에는 생활의 편리함뿐만 아니라 인간의 심미안을 충족시켜주는 형식적 고려가 담겨 있다. 물론 연암은 내용과 실질은 없이 겉모습만 번드레한 허식虛飾과 허례虛禮를 배격했다. 그렇다고 해서 효율성과 경제적 가치만을 내세운 것도 아니었다. 실질이 있되 형식미를 갖춘, 내용과 형식이 함께 어우러진 이용후생을 추구했다.

이용후생과 정덕正德과의 관계에 대해서도 연암은 둘을 분리해서 바라본 것이 아니다. 연암을 비롯한 북학파 학자들이 정덕보다 이용후생을 앞세운 것은 정신보다 물질을 우위에 놓으려는 생각이 아니다. 이용후생과 정덕은 경중輕重의 문제가 아니라 선후의 문제다. 당시 선비들은 예禮는 무조건 소박한 것이 낫고 헐벗고 누추하게 사는 것을 검소한 것으로 여겼다. 당시의 세계관에 비추어 유학자들에게 정덕의 핵심은 예의와 의리였다. 예의와 의리는 허례虛禮와 허식虛飾으로 변질했다. 백성들은 이용후생의 도구를 갖추지 못한 채 가난에 허덕였다. 연암이 《서경書經》 〈대우모大禹謨〉에 나타난 '정덕이용후생'의 순서를 바꾸어 이용후생을 정덕보다 앞에 내세운 것은 빈곤에 시달리는 조선 백성들의 삶을 애달파한 데 있다. 연암은 가난에 허덕이는 백성들의 삶의 질을 끌어올려야 정덕이 실현될 수 있다고 보았다. 〈허생전許生傳〉에서 본래 양민이었던 도둑들이 "땅이 있고 아내가 있다면 무엇 때문에 괴롭게 도둑이 되었겠소?"라고 한 말은 물질의 기반이 충족되어야 도덕을 세울 수 있다는 연암의 생각을 잘 보여준다.

그리하여 연암은 청나라의 부강한 문명을 배워 조선의 가난한 현실을 바꾸길 원했다. 성리학자들이 예의와 의리를 고집해 오랑캐 중국에서 나온 것은 절대 받아들일 수 없다고 생각한 데 반해 연암은 의리와 예법에 앞서 백성의 생존이 우선해야 한다고 본 것이다. 그러므로 연암은 정덕을 소홀히 여긴 것이 아니라 절대적인 빈곤에 시달리는 백성들의 삶에 주목한 결과 이용후생을 생각한 것이고, 이용후생의 구체적 방도로써 선진 문명을 구가하고 있던 청의 문화에 주목한 것이다. 연암은 중국의 것이든 조선의 것이든 간에 백성의 삶을 이롭게 하는 데 도움을 준다면 잘 활용해야 한다고 생각했다. 곧 연암의 이용후생에는 정덕에 대한 문제의식을 바탕으로 의리와 물질[利]의 균형을 취하려는 생각이 담겨 있다. 이는 곧 의義와 이利를 통일적으로 바라보려는 생각이다. 〈예덕선생전〉에서 똥장수인 엄행수에게 진정한 덕을 갖춘 인물이라고 하여 붙여준 '예덕穢德'의 함의는 연암이 생각한 정덕의 의미가 무엇인지에 대한 좋은 시사점을 던진다.

따라서 연암의 이용후생은 정덕과 분리되어 이해될 수 없으며 연암은 참된 정덕을 이루기 위해서는 이용후생이 선결되어야 한다고 보았다. 연암의 이용후생에는 실용성과 형식미, 의리와 물질을 두루 고려하는 균형 정신이 담겨 있다.

이같이 연암의 이용후생을 둘러싼 심미적 측면에 주목해 보면 이용후생은 단지 경제적 편리함과 물질의 부만을 추구하는 개념이 아니다. 이용후생은 대단히 심미적인 개념이다. 그 안에는 자연 사물에 대한 존중, 쓸모없는 존재에 대한 애정, 의경과 기술, 실질과 형식을 배려하는 균형 정신이 담겨 있다. 이러한 생각들은 대단히 생태적이라 할 수 있다. 이용후생은 실용과 경제성만을 위한 개념으로만 인식되어서는 안 되며, 21세기 이용후생의 가치는 이와 같은 생태적 면모에서 찾아야 한다. 이용利用을 하되 무엇을 이용할 것인가를 고려해야 하고, 실질과 기술만을 추구하는 것이 아니라 주변 환경과의 조화를 생각해야 한다. 그것이 진정한 이용후생의 정신이다.

이용후생의 현재 의미

연암의 제자인 박제가는 북경을 다녀온 뒤 《북학의北學議》를 써서 이용후생을 강력하게 주장했다. 그런데 〈고동서화古董書畵〉 조에는 다음과 같은 대목이 있다. 누군가 말하길, 북경 유리창琉璃廠의 수많은 골동품과 서화는 백성들에게 아무런 이익을 주지 못하니 전부 불에 태워 버려도 상관없을 것이라고 하자 박제가는 다음과 같이 반박한다.

> 그 사람이 한 말은 아주 옳은 듯하지만 실상은 그렇지 않다. 저 푸른 산과 흰 구름은 먹거나 입을 수 있는 것이 분명 아니건마는 사람들은 사랑하여 마지않는다. 만약 저러한 골동품과 서화가 백성들에게 아무 관련이 없다는 이유를 들어 좋아할

줄도 모르고 그에 관해 무지하다면 그런 사람은 어떠한 사람이라고 해야 할 것인가?

《북학의北學議》, 〈고동서화古董書畵〉

벌레 따위의 하찮은 사물들, 자연 사물과 서화 등 실질적인 쓸모가 없는 것들도 인간의 지혜[心智]를 길러주고 내면의 천기天機를 드러내는 데 소용된다는 것이다. 박제가는 물질적 실용성만으로는 평가할 수 없는 인간 정신의 고차원적 가치들, 곧 자연의 아름다움이라든가 예술, 문화의 중요성을 역설한다. 인간의 삶에는 실용적인 가치 외에도 정신적 문화적 가치가 중요하다고 말한다. 곧 연암과 박제가는 실용적 측면에선 쓸모없어 보이는 사물도 미적, 정신적 측면에선 아주 유용할 수 있다고 보았다.

오늘날 이용후생은 명징한 개념으로 인식되고 있다. 이용후생이 추구하는 부국안민은 얼핏 표면적으로는 자본주의가 지향하는 부의 추구 및 경제 논리와 부합해 보인다. 그리하여 학문적인 용어와는 달리 일반 현실에서는 자칫 천민자본주의를 정당화하는 데 이용될 소지가 있다.

그렇지만 도구를 이롭게 한다는 이용利用은 편리성과 효율성만을 추구하는 개념이 아니다. 그 안에는 사물의 성질을 최대한 존중하면서 인간의 삶에 도움을 주자는 의미가 있다. 또한 삶을 윤택하게 한다는 의미의 후생厚生은 오로지 물질적

풍요만을 의미하지 않는다. 기술과 의경, 내용과 형식의 조화를 통해 인간의 영혼을 풍요롭게 한다는 의미도 담겨 있다. 곧 실용성과 미의식의 조화로운 결합을 의미한다.

연암의 이용후생이 지닌 미적 측면은 구체적인 언술로 드러나지 않고 은밀하게 담겨 있어서 논리로 증명하기가 쉽지는 않다. 그렇다고 이를 가볍게 넘겨서는 안 되며 오늘날 이용후생의 진정한 의미는 미의식을 포함해서 찾아야 한다. 이용후생의 생태적 지향을 더 풍부하게 밝혀내어, 생태 보존과 개발의 충돌로 갈등을 빚는 오늘날의 환경 문제를 푸는 데에 연암의 이용후생이 좋은 시사점을 주었으면 좋겠다. 그것은 21세기 실학의 새로운 의미 찾기 가운데 하나이기도 하다.

《 2부 》

연암과 실학 정신

이용후생의 참된 뜻

공과금과 집세를 내지 못해 극단적인 선택을 하는 비극적 사건이 종종 일어나고 있다. 1인당 국민소득 3만 달러 시대를 이야기하고 자동청소기와 건조기가 삶을 더욱 편리하게 해주는 세상을 살아간다지만 우리 삶 뒤편에는 생활고와 힘든 삶을 간신히 견디며 생존의 막다른 곳에서 고통받는 이웃이 참 많다. 너도 잘살고 나도 잘살되 모두가 올바르게 잘사는 세상은 가능하긴 한 것일까? 연암의 이용후생利用厚生 정신은 그 꿈을 이야기한다.

1780년 반당의 자격으로 중국 사행을 떠나게 된 연암은 한양을 떠난 지 한 달 후 중국의 책문柵門에 도착했다. 책문은 중국 땅을 밟고서 처음으로 접하는 중국인 마을이다. 연암은 푸른 깃발을 단 술집으로 들어갔다. 연암은 탁자 위에 놓인 술잔에 눈길이 갔다. 술잔은 놋쇠와 주석으로 만들어 은빛으로 반짝였고 한 냥兩부터 열 냥까지 무게가 각기 달랐다. 넉 냥 술을 주문하니 넉 냥들이 잔으로 따라주었다. 사람들은 자신이 먹고 싶은 양에 맞게 술을 살 수가 있었다. 게다가 주변을 보니 외양간도 정갈하고 두엄더미도 그림같이 깨끗했다. 허투루 만든 생활 도구가 하나도 없었고 모든 도구가 있어야 할 자리에 놓여 있었다. 연암은 크게 깨달았다.

> 점포를 둘러보니 모든 것이 단정하고 반듯하게 진열되어 있었고 한 가지 일도 구차하거나 미봉으로 한 법이 없고, 한 가지 물건도 삐뚤고 난잡한 모양이 없다. 비록 소 외양간, 돼지우리라도 널찍하고 곧아서 법도가 있지 않은 것이 없고 장작더미나 거름더미까지도 모두 정밀하고 고와서 마치 그림 같았다. 그렇다! 이와 같은 다음에야 비로소 이용利用이라고 말할 수 있겠다. 이용利用이 있은 다음에야 후생厚生이 될 것이고 후생厚生이 된 다음에야 정덕正德, 곧 덕이 바르게 설 것이다. 그 도구를 이롭게 만들지 못하고서는 그 생활을 넉넉하게 만들 수 없다. 생활이 스스로 넉넉하지 못할진대, 어떻게 그 덕을 바르게 할 수 있단 말인가?
>
> 《열하일기熱河日記》, 6월 27일 기사

이용利用은 도구를 이롭게 만든다는 뜻이다. 각기 쓰임에 맞게 생활 도구를 편리하게 만드는 것이다. 뭔가 대단하고 거창한 것을 만드는 게 아니다. 일상의 삶과 눈길이 가지 않는 곳을 잘 살펴서 생활의 도구를 규모 있고 쓸모 있게 만드는 것이다. 돼지우리같이 지저분하고 거들떠보지 않는 곳도 잘 살펴서 제대로 만드는 것이다. 후생厚生은 삶을 넉넉하게 하는 것이다. 일상적인 것 하나라도 소외시키지 않고 구석구석 잘 살피면 백성의 삶이 골고루 풍요로워진다. 백성이 골고루 잘 살면 인간의 덕이 바르게 선다.

당시 사대부들은 《서경書經》, 〈대우모大禹謨〉에 나오는 "정덕이용후생正德利用厚生"의 구절에 따라 맨 앞에 나오는 정덕正德을 최우선의 가치로 두다가, 점차 먹고 사는 문제를 소홀히 여겨 백성의 현실을 외면하고 말았다. 하지만 연암은 조선 백성의 궁핍한 삶과 중국의 발달한 문물을 눈으로 확인하고서 정덕과 이용후생의 관계를 깊이 고민했다. 먼저는 이용과 후생이 이루어져 너도 잘살고 나도 잘살게 될 때 정덕이 이루어진다고 생각했다.

연암이 정덕보다 이용후생을 앞세운 것은 정신보다 물질을 우위에 두려는 생각이 아니다. 가난에 굶주린 백성의 삶을 살피고서 백성의 삶을 높여 주어야 인간다움이 실현될 수 있다고 생각한 것이다. 〈허생전〉에서 도둑들이 "땅이 있고 아내가 있다면 무엇 때문에 괴롭게 도둑이 되었겠소?"라고 한 말은 삶의 기반이 마련되어야 인간다움을 지켜갈 수 있다는 상식을 잘 보여준다. 연암은 정덕을 가볍게 여긴 것이 아니라, 어느 백성도 소외되지 않고 함께 잘사는 복지의 바탕 위에, 도덕이 바로 선 나라를 꿈꾼 것이다. 참된 정덕을 이루기 위해서는 이용후생이 선결되어야 한다고 본 것이다. 곧 이용후생과 정덕은 경중輕重의 문제가 아니라 선후의 문제였다.

이용후생은 단순히 경제적 편리함과 물질의 부만을 추구하는 개념이 아니다. 작고 평범한 존재도 함께 잘살되 올바르게 사는 세상을 꿈꾼 한 인간의 소망을 담은 개념이다. 이용후생의 참된 뜻은 눈여겨보지 않는 소외된 곳, 지저분하다고 방치한 곳을 잘 살피고 어루만져서 모든 존재가 더불어 잘사는 삶을 만드는 데 있다.

오늘날 우리는 기술의 비약적인 진보를 목도하고 있지만 환경사, 정신사 측면에서 과연 앞으로 나아가고 있는지를 묻지 않을 수 없다. 나만 잘살고 보겠다는 욕망을 거두고 너도 잘되고 나도 잘되는 세상을 위해 마음을 모았으면 좋겠다.

이용후생의 미적 기반

이용후생利用厚生은 경세치용經世致用 학파와의 차이를 나타내면서 실학이 추구하는 실용 정신과 부국안민富國安民을 뒷받침해주는 논리이기도 하다. 간혹 이용후생이 천민자본주의를 정당화하는 데 쓰이는 일이 있기에 이용후생을 떠받치는 미적 기반을 잘 살펴보려 한다.

이용후생은 사물과 도구를 잘 활용하여 인간의 삶을 도탑게 하자는 것이다. 그러므로 사물을 바라보는 관점을 잘 들여다보아야 이용후생의 본질에 다가설 수 있다. 〈홍범우익서洪範羽翼序〉에는 이용후생과 사물과의 관계가 잘 나타나 있다. 이 글에서 연암 박지원은 글방 선생의 입을 빌려 전통적인 오행상생설五行相生說을 비판하고, 오행을 이용후생과 연결하는 새로운 견해를 제시한다. 연암은 물[水] 불[火] 나무[木] 쇠

[金] 흙[土] 등 오행五行은 도구를 만들거나 농사를 짓거나 백성의 삶을 풍족하게 만드는 데 소용되는 물질로서 각각의 성질을 잘 활용하여 백성과 만물이 살아가도록 돕는 것이라고 말한다. 물이 있어도 쓸 줄 모른다면 물이 없는 것과 마찬가지고 불이 있어도 쓸 줄 모른다면 불이 없는 것과 마찬가지다. 그러므로 먼저는 사물을 잘 이용하는 '이용利用'을 한 후에야 '후생厚生'할 수 있고, '후생厚生'한 후에야 '정덕正德'할 수 있다고 말한다. 사물을 그대로 방치하지 말고 그 성질을 잘 활용해 인간과 사회를 위해 쓸모 있게 만들라는 주문이다. 그렇지만 오행의 이용이 자연을 무분별하게 파괴하는 것이어서는 안 된다.

> 어느 것이고 물질이 아닌 것이 없지만, 유독 나무, 불, 흙, 쇠, 물만을 오행이라고 말한 것은 이 다섯 가지로 만물을 포괄하면서 그것들의 덕행을 칭송한 것이다. 그런데 후세에 물을 이용하는 사람들은 성城을 침수시키는 수공水攻에 남용하였고, 불을 이용하는 사람들은 화공火攻 작전에 남용하였다. 쇠를 이용하는 사람들은 뇌물을 주는 데에 남용하였고, 나무를 이용하는 사람들은 궁실을 짓는 데에 남용하였으며, 흙을 이용하는 사람들은 논밭을 만드는 데에 남용하였다. 이로부터 세상에서는 홍범구주의 학설이 단절되었다.
>
> 〈홍범우익서洪範羽翼序〉

사물을 쓸모 있게 활용하되 도를 넘어서는 안 된다. 인용문의 '남용'은 원문이 음淫인데 '정도를 넘어서다', '어지럽힌다'는 뜻이다. 사물을 활용하되 인간의 욕망을 채우는 데 쓰거나 생명을 해치는 데 활용하는 것은 정도를 넘어서는 행위다. 나무를 사용해 집을 짓되 지나치게 화려하고 높게 쓰거나 논밭을 일구되 끊임없이 땅을 넓히는 행위는 정도를 넘어선 행위다. 사물을 잘 활용한다는 것은 사물의 본래 성질을 해치지 않으면서 인간에게 도움을 주는 것이다. 이용후생이 잘 드러난 글 한 편을 더 보자. 연암은 조선이 가난한 이유 가운데 하나로 목축의 요령이 없기 때문이라고 하면서 말을 올바로 다루는 방법을 이야기한다.

말을 다루는 방법이 틀렸다 함은 무엇을 말함인가? 무릇 동물의 성질도 사람과 같아서 피로하면 쉬고 싶고, 답답하면 시원하게 뻗치고 싶으며 구부리면 펴고 싶고, 가려우면 긁고 싶다. 말이 비록 사람에게 먹이는 얻어먹기는 하지만 때때로 제 스스로 유쾌하게 지내고 싶을 때가 있다. 그러므로 때때로 고삐나 굴레를 풀어서 물이 있는 연못 사이에 내달리게 하여 울적하거나 근심스러운 기분을 마음껏 발산하도록 해주어야 한다. 이것이 동물의 성질에 순응하고 기분에 맞게 하는 방법이다.

《열하일기》 8월 14일

말은 인간의 생활을 편리하도록 돕는 가축이다. 그런데 연암은 동물과 인간의 감정을 동등하게 둔다. 사람들은 말을 다룰 때 말이야 죽든 말든 많이 실으려고만 욕심을 내고, 오로지 바짝 옭아맨 것이 더 단단하지 못할까 당기고 압박하여 고통을 준다. 그렇지만 연암은 말도 사람과 똑같은 감정을 갖는 동물로 보고, 말의 기분과 느낌, 생리와 습성을 존중해야 한다고 말한다. 이용후생이 단순히 인간의 입장에서 사물을 도구적으로 이용하는 것이 아니라 사물에 대한 존중을 바탕으로 하고 있음을 알 수 있다.

이같이 이용후생利用厚生에서 이용利用한다는 것은 사물의 성질을 함부로 남용하지 않고 선용善用하는 것이다. 나아가 생명을 가진 존재를 이용할 때는 그 대상을 도구적으로 보지 않고 먼저는 그 본성을 이해하고 존중하는 것이다. 이러한 모습들은 대단히 생태적이라 할 수 있다. 이용후생은 경제성을 위한 개념으로만 인식되어서는 안 되며, 21세기 이용후생의 가치는 이와 같은 생태적 면모에서 찾아야 한다. 이용을 하되 자연과 사물에 대한 존중을 바탕으로 해야 하며, 기술만을 좇는 것이 아니라 주변 환경과의 공생을 고려하는 것이어야 한다. 그것이 진정한 이용후생의 정신이다.

북학北學의 탄생

중화사상은 중국을 세계의 중심으로 생각하는 사고 체계로서 중세 동아시아의 국제 질서를 표상하는 이데올로기다. 중화사상은 세계를 문명인 중화中華와 야만인 이적夷狄으로 가르는 화이론華夷論을 낳았고 화이론은 성리학의 명분론으로 자리 잡았다. 중화의 조건은 종족적으로는 한족이어야 하며 문화적으로는 상투 튼 머리였다. 공자가 피발좌임被髮左衽, 즉 머리를 풀어 헤치고 옷깃을 왼쪽으로 여미는 복장을 미개한 오랑캐 풍습으로 말하자 머리를 묶는 형식은 문명인의 예법이 되었다. 종족적으로 지리적으로 조선은 중화가 될 수 없었다. 그리하여 조선은 피발좌임의 여부, 즉 문화적 개념으로서의 예의를 화이의 구별 기준으로 내세웠다. 조선의 선비들은 상투 튼 머리와 우임右衽의 긴소매 옷을 입고 중국과의 일체화를 지향하며 조선이 소중화임을 자처했다.

임진왜란이 일어나자 명나라는 조선에 군대를 파병해 도와주었고 조선은 명나라에 재조再造의 은혜를 새기며 소중화 의식을 더욱 다졌다. 하지만 청나라가 조선을 침략하고 명을 무너뜨림으로써 동아시아의 새로운 주인이 되었다. 병자호란에서 패배하고 명나라마저 멸망하자 조선 사회는 큰 충격과 좌절감에 휩싸였다. 중화 문명의 담당자가 오랑캐로 바뀐 것이다. 명·청의 교체는 조선 사회엔 롤 모델의 상실을, 통치 세력에겐 통치 이념의 기반 상실을 의미했다. 중국과의 관계를 고민하던 조선은 청나라에 적개심을 품은 효종과 김상헌의 척화 논의를 계승한 송시열 및 이를 지원한 서인西人과 산림山林의 지원 아래 북벌北伐과 명나라에 대한 의리를 조선의 지배 이념으로 삼았다.

이후 북벌론北伐論은 조선의 국가 대의가 되어 19세기 말까지 지속해서 이어졌다. 18세기 건륭제의 중국은 유럽 문명에 견주어도 뒤지지 않는 강대국으로서의 면모를 갖추고 있었다. 하지만 명나라에 대한 원수를 갚고 병자호란의 치욕을 씻어내기를 꿈꾸는 조선은 오랜 세월에 걸쳐 중국의 문물을 의도적으로 배척했다. 청나라 사람들의 가죽옷과 변발은 경멸과 조롱의 상징이 되었다.

실체보다 더 단단한 것은 그 시대를 지배하는 이데올로기와 집단 무의식이다. 인간은 편견을 갖게 되면 믿고 싶은 대로 믿고 보고 싶은 것만 본다. 중국에 간 조선의 선비들은 한결같이 조선만이 중화를 지키고 있다는 우월감으로 중국을 깔보았고 중국은 오랑캐이므로 개·돼지와 다를 바 없다는 선입견으로 바라보았다. 백이 숙제 사당에 들러 명나라에 대한 향수에 젖고 청나라에 대한 복수를 꿈꾸었다. 북벌이라는 강력한 이데올로기와 조선만이 중화라는 생각은 배타적 우월의식을 낳고 이성에 기초한 정당한 교류를 가로막는 지적 장애를 일으켰다.

하지만 청나라의 치세治世가 안정적으로 지속되면서 사행을 통해 중국의 발달한 문명을 확인한 일부 지식인을 중심으로 중국의 문물을 객관적으로 관찰하고 현재 상황을 합리적으로 해석하려는 입장이 생겨났다. 명나라가 반드시 회복되리라고 믿는 중화론자들의 의식에는 오랑캐는 백 년을 가지 못한다는 확고한 믿음이 있었다. 오랑캐가 일시적으로 천하를 장악하더라도 하늘이 용납하지 않을 것이므로 그 운세는 절대 백 년을 넘지 못한다는 생각이었다.

하지만 청나라의 국운이 백 년을 넘어서자 현실을 인정해야 한다는 자각이 싹텄다. 아울러 명나라가 임진왜란 때 조선을 도와준 것은 자기 실리를 위한 행동일 뿐이며 명의 멸망은 스스로가 자초한 일이라는 논의가 생겨났다. 조선도 이적이므로 이적이 이적을 섬기는 것은 상관없다는 의견, 명나라보다 청나라가 도와준 은혜가 더 크다는 주장도 제기되었다. 사라진 왕조에 집착하기보다는 청나라가 강대국인 현실을 인정하고 새로운 시대적 요구에 부응하여 그 문물 가운데 좋은 점을 수용하려는 현실적인 태도를 보이기 시작한 것이다. 특히 수레와 벽돌을 사용하자는 주장은 18세기 초·중엽 이래 서명균徐命均, 이광려李匡呂, 홍양호洪良浩 등 소론계에서도 제기되어 북학을 상징하는 대표적인 견해가 되었다. 마침내 북학의 목소리는 박제가와 박지원에게서 정점에 다다르고 구체적으로 드러나기에 이르렀다.

실학의 두 별, 연암과 다산

일제 강점기에 조선학 운동의 노력 속에서 탄생한 실학은 20세기에 근대의 기원이자 민족정신을 담은 학술 사상으로 자리매김했다. 그 실학을 대표하는 핵심 인물이 연암 박지원과 다산 정약용이다. 연암과 다산은 각기 우뚝한 성취에 힘입어 고전 지성사의 자랑으로 떠올랐고 고전의 문장가와 경세가를 대표하는 두 개의 별이 되었다. 연암은 1737년에 태어나 1805년에 세상을 떠났고, 다산은 1762년에 태어나 1836년에 사망했으니 두 사람은 거의 동시대를 살아간 셈이다. 그래서인지 종종 두 거인의 만남을 궁금해하는 질문을 받는다. 같은 시대에 큰 위상을 지닌 거인이라면 한두 번은 서로 만났을 것이라고 기대하는 것이다. 한 번도 만난 적이 없다고 대답하면 실망하는 기색을 보이거나 의아해한다.

연암과 다산은 서로 만난 적이 없다. 연암의 글에는 다산에 대한 기록이 없다. 다산의 글에는 연암의 《열하일기》를 읽었다는 기록이 보이는 정도다. 확실한 증거는 없지만, 다산의 〈효자론孝子論〉, 〈열부론烈婦論〉, 〈충신론忠臣論〉은 《열하일기》 8월 10일 자 기사에 나타나는 중국인과의 충효열忠孝烈 대화 영향이 강하게 스며 있다고 생각한다. 접점을 더 찾자면 다산은 연암의 제자인 박제가와는 가까이 교류했다. 박제가가 검서관이 된 덕분에 정조의 지우를 받으며 규장각에서 함께 근무하게 된 인연이 작용한 결과다. 그러나 그 정도일 뿐, 둘의 인간적인 인연은 확인되지 않는다.

연암과 다산이 직접 만나야 할 하등의 조건이나 이유는 없다. 스물다섯이라는 나이 차이도 적지 않거니와, 한 사람은 과거를 포기한 채 생의 절정기를 재야에서 무직으로 지냈고, 한 사람은 과거에 합격 후 국왕의 총애를 받아 정치 요직을 역임하다가 18년간 머나먼 타지에서 유배 생활을 했다. 게다가 조선은 당파와 학맥이 개인의 사상과 세계관에 절대적인 영향을 끼치는 나라다. 연암은 노론이었고 다산은 남인이었다. 연암은 당색에 그다지 구애받지 않았으나 다산은 실학의 종장으로 일컬어지는 성호 이익의 영향을 깊게 받았다. 그래서 일반적으로 경세치용經世致用—이용후생利用厚生—실사구시實事求是 흐름으로 이어지는 실학의 과정에서, 다산은 뒷 시기에 해당하면서도 경세치용 학자로 분류되는 것이다. 두 사람은 기질도 전혀 달랐다. 연암은 다혈질의 태양인이었으며, 예법과 격식에서 벗어나 자유롭게 행동하기를 즐겼다. 반면 다산은 곧고 반듯했으며 엄정하고 예의가 발랐다. 연암은 술을 좋아했고 다산은 차를 애호했다. 연암이 사람들에게 둘러싸인 채 호탕하게 말술을 들이켜는 모습이 그려진다면 다산은 초의 선사를 앞에 두고 단정하게 차를 마시는 형상이 떠오른다.

이같이 접점이 없는 환경과 조건을 지녔음에도 둘에게서 동질성을 느끼는 건 두 사람이 실학을 상징하는 대표 주자인 데다 조선 후기 근대적 의식을 지닌 인물로 거론되어 왔기 때문이다. 실학의 틀로 바라보았을 때 연암과 다산은 현실의 모순을 강하게 비판하고 실제적인 학문을 추구한 학자로 엮인다. 조선풍朝鮮風과 조선시朝鮮詩는 둘의 동질성을 말해주는 강력한 근거가 되어준다. 연암은 제자인 이덕무가 쓴 시가 옛 중국을 모방하지 않고 지금 이곳 조선의 생활과 풍습, 새와 짐승, 풀과 나무를 이야기했다면서 조선의 노래[朝鮮風]라 불러도 상관없다고 칭찬한다. 다산은 〈노인일쾌사老人一快事〉에서 "나는야 조선 사람이니 조선시를 즐겨 지으리[我是朝鮮人甘作朝鮮詩]."라고 고백한다. 연암의 조선풍과 다산의 조선시 정신은 우리 민족의 주체성을 상징하는 개념어로 평가받아 왔다. 나아가 해방 이후 민족주의 기조 속에서 18~19세기 문학과 사회 문화에서 근대성의 징후를 찾아내려는 내재적 발전론이 활발히 일어났을 때, 근대성의 지표를 보여주는 인물로 지목된 이가 연암과 다산이었다.

과연 연암과 다산은 어느 지점에서 갈리는 것일까? 연암과 다산이 지닌 상징성을 고려한다면 둘의 미적 태도를 비교하는 일은 자못 흥미로워 보인다.

연암과 다산, 천자문을 의심하다

《천자문千字文》은 주흥사가 양 무제의 명을 받아 쓴 책으로 우리나라에 들어온 이후 문자 학습의 기초 교재가 되어 지식의 입문서 역할을 했다. 아이들은 문자를 배울 나이가 되면 서당이나 집에서 《천자문》을 달달 외웠다. 《천자문》은 인간사를 망라한 내용을 담고 있어서 어린이들의 사고관 형성에 큰 영향을 주었다. 그런데 연암과 다산은 《천자문》에 의문을 품는다. 연암은 짧은 편지글에서 한 꼬마의 입을 빌려 다음과 같이 질문한다. "하늘은 왜 푸른데 검다고 가르쳐요?" 《천자문》은 하늘 천天, 땅 지地, 검을 현玄, 누를 황黃으로 시작한다. 하늘은 검고 땅은 누르다는 뜻이다. 연암은 《천자문》이 담고 있는 지식의 내용이 잘못되었다고 지적하고 있다. 우리가 초등학교 교과서에 의문을 품어 본 적이 있던가? 연암은 당연하다고 믿는 지식이 과연 제대로 된 진실을 담고 있는지를 묻고 있다. 《옥갑야화玉匣夜話》에서는 허생이 자신이 설계한 이상 공간인 무인도無人島를 떠날 때 글을 아는 자들을 데리고 나오며, "이 섬에 화禍를 없애야겠다."라고 말한다. 이른바 지식인을 재앙으로 여긴 것이다. 〈호질〉에서는 독서 군자인 북곽 선생을 심히 꾸짖고 붓(펜)이 날카로운 칼과 화살이 되어 함부로 찌르고 서로를 잔혹하게 죽이고 있다고 힐난한다. 연암은 문자와 지식이 실상을 전달하지 못하며 지식인과 언로言路가 제 역할을 못 하고 있다고 생각하고 있다. 그리하여 기존의 지식에 물들지 않은 소경과 어린아이야말로 편견과 선입견에 갇히지 않는 순수한 영혼이라고 말한다.

연암이 문자와 지식의 한계에 주목한다면 다산은 문자와 지식의 사회적 역할에 관심을 둔다. 다산은 "문자가 생긴 것은 만물을 분류하기 위해서"라고 말한다. 다산은 지식의 분류와 계통, 체계를 강조한다. 그리하여 다산은 천자문의 구성 방식을 따진다. 다산이 생각하기에 천자문은 체계도 통일성도 없다. 다산은 말하길, 처음에 천天과 지地를 배우면 그와 관련되는 자연을 뜻하는 일월日月, 산천山川 등을 배워야 하는데 느닷없이 현황玄黃이라고 하는 색깔을 가르친다고 비판한다. 또 현玄과 황黃이라는 글자를 배웠다면 색을 뜻하는 청적靑赤 흑백黑白 등을 가르쳐야 하는데 갑자기 우주宇宙로 넘어간다고 따진다. 천자문은 두서가 없을 뿐만 아니라 어린이가 배우기엔 너무 어려워 어린이 학습용 교재로 적당하지 않다는 것이다. 그리하여 그 자신이 직접 어린이용 한자 학습서인《아학편兒學編》을 저술했다.

다산은 지식은 문심혜두文心慧竇를 여는 열쇠라고 본다. 문심文心은 글에 깃든 정신이고 혜두慧竇는 지혜의 구멍이다. 다산은 지식을 체계적으로 잘 배워 지혜의 구멍을 열고 선한 마음을 길러서 독서 군자가 되어야 한다고 말한다. 다산이 말하는 독서 군자는 지식과 지혜를 갖춘 도덕적인 인간이다.

그렇다면 참된 지식은 어디에 있을까? 기존의 지식을 회의懷疑한 연암은 즉사卽事, 곧 눈앞의 일에 참된 진실이 있다고 말한다. 연암이 시선을 둔 곳은 끊임없이 변화하고 생명을 낳는 자연이라는 삼라만상이다. 그리하여 글의 의미를 자연 사물로 확장하여 지구는 하나의 거대한 책이며 자연 사물의 몸짓을 자세히 관찰하는 것이 최고의 글 읽기라고 말한다. 연암은 벌레의 더듬이와 꽃술에 관심이 없으면 문심文心이 없다고 말한다. 미미한 사물에 애정을 둘 때 글의 정신을 얻을 수 있다고 본다. 연암은 자연 사물의 생태를 잘 배워 위선적인 지식 군자와 부조리한 현실을 폭로하고 지식인과 언로가 바른길로 나아가도록 이끈다.

반면 다산은 천지간의 대문장은 세상 물정과 사람들의 인심이라고 한다. 글은 세상을 바로잡아 구제하는[匡濟一世] 도구가 되어야 한다고 생각한다. 다산은 자신이 발 딛고 있는 인간 사회에 관심을 두고 부단히 여기[於斯]와 접촉하여 사회적 약자의 삶에 공감하고 이들 곁에 있으면서 이들을 구제하고 싶어한다. 그리하여 다음과 같이 말한다. "세상을 걱정하고 백성을 불쌍히 여겨서 항상 힘이 없는 사람을 구제해주고 재물이 없는 사람을 구원해주고자 하여 배회하면서 차마 그들을 버려둘 수 없는 뜻을 둔 뒤에야 바야흐로 시가 된다." 세상과 인간을 향한 이 지점에 다산의 인문 정신이 빛을 발한다. 다산의 인간 중심과 엄격한 도덕률은 휴머니즘과 인간애에 바탕을 두고 있다는 점에서 따뜻하고 자애롭다. 인간과 사회가 더 나은 세상을 향해 나아가길 열망했다는 점에서 보자면 두 학자의 궁극의 바람은 다르지 않다.

연암과 다산,
열녀를 말하다

"아~ 삼종지도 삼종지도, 백년해로 굳은 언약, 꽃반지로 맺어 볼까나."

1980년대 인기리에 방영되었던 〈꽃반지〉의 주제곡 가운데 한 구절이다. 드라마 내용은 전혀 기억나지 않지만, 가사의 뜻도 모른 채 흥얼거리며 따라 불렀던 기억이 떠오른다. 노랫말에 등장하는 삼종지도三從之道가 조선조 여성의 삶을 옥죄었던 굴레였음은 고전을 전공하면서 비로소 알게 되었다. 여성이 따라야 할 세 가지 도리를 의미하는 삼종三從은 태어나 결혼하기까지는 아버지를, 결혼해서는 남편을, 남편이 죽으면 자식을 따라야 한다는 뜻이다. 《예기禮記》, 《의례儀禮》 등 유교 경전에서 나온 이 말은 유교의 윤리 규범이 되어 여성의 삶을 남성에게 종속시키는 당위성을 마련해주었다. 이와 더불어 "굶주려 죽는 것은 작은 일이고 정절을 잃는 것은 큰일이다."라는 송나라 유학자 정자程子의 말은 성리학의 여성관을 규정하는 근거가 되었다. 성리학의 뿌리는 삼종지도와 정절의 굴레를 씌워 여성을 가혹한 삶으로 내몰았다.

조선조의 헌법인 《경국대전經國大典》에서는 개가한 여성의 자손은 벼슬아치 명단에 들지 못하도록 아예 법으로 규정했다. 재혼을 하면 '따라야 할 남편'을 배신한 것이 되어 그 아들과 자손은 문과는 물론 생원시와 진사시에도 응시하지 못했다. 자식의 앞길을 가로막는데 어느 여성이 재혼을 꿈꾸겠는가? 국가는 정절을 지킨 여성에게는 각종 혜택과 포상을 내리고 정절을 잃은 여성에겐 가혹한 제재를 가했다. 한 집안에 열녀가 생기면 그 가문에는 정려문을 세워주고 세금 혜택을 주는 것은 물론, 아들과 손자에게도 부역을 감면해주었다. 나아가 조선의 통치 세력은 《삼강행실도》, 《내훈》 등의 여훈서女訓書를 민간에 보급하여 어린 시절부터 열녀의 덕목을 반복해서 익히도록 했다. 이제 정절의 윤리는 평민은 물론 천민 계층까지 퍼져서 남편이 죽으면 수절守節하거나 순절殉節하는 것이 아내의 당연한 도리가 되었다. 여성은 한 개인으로서가 아닌 가족과 가문의 질서 속에서 존재성을 확인받았다.

임진왜란과 병자호란 때 남자들이 많이 죽자 남편을 따라 죽는 여성이 늘어났다. 이제 열녀로 인정받으려면 수절을 지키는 것만으로는 부족하고, 남편을 따라 죽어야 정려문을 세워주기에 이르렀다. 한 마을에서 남편을 따라 죽은 여인이 생기면, 마을의 선비들은 그녀를 기리는 〈열녀전〉을 지었다. 나라에서 국법으로 정절을 통제하고 마을에서 선비들이 권장하고 가정에서 여훈서를 통해 의식을 내면화시키니, 전국에서 남편을 따라 죽는 여성들이 넘쳐났다.

연암과 다산은 열녀가 만연한 풍조에 이의를 제기한다. 연암은 〈열녀함양박씨전烈女咸陽朴氏傳〉에서 다음과 같이 말한다. "남편 따라 죽기를 빌며 물에 빠지고 불에 뛰어들고 독약을 마시고 목매달아 죽기를 천국 밟듯이 하니 열녀긴 열녀지만 어찌 지나치지 않은가?" 이어 밤마다 엽전을 굴리면서 깊은 고독을 견뎌낸 한 과부의 사연을 들려준다. 정욕을 억제하는 것이 하늘의 이치라고 말한 전통 성리학자들과 달리, 연암은 인간은 누구나 정욕을 갖고 있으며 과부 역시 한 인간으로서 정욕을 지닌 존재라고 말한다. 연암은 수절한 과부의 사연을 통해 과부의 삶이 얼마나 고통스러운지를 들려주고, 죽지 않으면 열녀로 표창되지 못하는 가혹한 현실을 이야기한다. 이어서 함양 사는 박씨의 순절 사건을 기록하며, 일반적인 열녀전과는 다른 시선을 보인다. 연암은 함양 박씨가 천국 밟듯이 기꺼이 죽은 것이 아니라고 말한다. 홀로 살아봤자 동정만 받거나 사람들 입방아에 오르내리는 신세가 되었을 터, 사는 것보다 죽는 편이 나아서 목숨을 끊었다고 말한다. 연암은 휴머니즘의 관점에서 여성을 시종 연민과 안타까운 시선으로 바라보고 있다. 하지만 전체적으로 글은 자못 모호하고 소극적이다. 얼핏 열녀를 기리는 글로 읽히기도 한다. 또한 열녀를 부추기는 국가적 사회적 억압 기제는 도외시한 채 여성 개인의 한과 내면에만 초점을 두고 있다.

다산은 〈열부론烈婦論〉에서 "아버지가 병들어 죽거나 임금이 죽었을 때 아들이나 신하가 따라 죽는다고 해서 효자나 충신이라고 말하는 법은 없다. 그런데 왜 유독 남편이 죽었을 때 아내가 따라 죽으면 열부라 하여 정표를 세워주고 호역을 면제해주는가? 남편이 따라 죽었다고 따라 죽는 아내는 소견이 좁은 여자일 뿐 열부일 수는 없다."라고 주장한다. 그리하여 다산은 남편이 오래 살다 죽었는데도 아내가 따라 죽는 것은 제 몸을 죽인 것일 뿐이라고 하면서 제 몸을 죽이는 것은 천하의 가장 흉측한 일이라고 말한다. 나아가 조선 후기엔 간통을 저지른 여성을 가족이나 친척이 죽이는 사건도 있었는데, 다산은 이를 반대하고 생명을 함부로 죽여서는 안 된다는 인식을 보여준다. 순절殉節을 권장하고 부추기는 사회 분위기 속에서 맹목적인 자살을 단호히 반대한 점은 진일보한 시선이라 하겠다.

하지만 다산 역시 여성들이 자살하는 현상에 대해 사회 구조의 문제로 보지 않고 '부녀자의 편협한 성품' 때문이라 말한다. 여성이 편협한 성품을 지녔다는 인식은 당시 남성들이 여성에 대해 갖는 일반적 시선이다. 다산은 말하길, '아내라는 것은 부모가 살아있을 때는 맛난 음식을 갖추어드리고 돌아가시면 제사를 받들며 자손을 낳아 길러 선조의 후사를 잇는 존재'라고 하여 아내를 부부 관계에서 바라보지 않고 가족과 가문의 층위에서 생각하고 있다.

연암과 다산의 관점은 유교의 가부장제 아래서 합리적 사고를 지닌 사대부 남성이 여성에 대해 갖는 최대치의 인식으로 보인다. 둘의 여성관이 그 시대의 일반 남성들보다는 진일보한 생각을 보여주긴 했지만, 존재의 평등을 지향한 연암과 자주지권自主之權을 주장한 다산임을 생각하면 아쉽다.

숱한 열녀 담론에 정작 여성 당사자의 목소리는 없었다. 21세기 실학은 지금 여기의 관점에서 한계는 한계대로 인정하면서, 두 지성인이 지향한 존재의 평등과 자주지권의 의미를 새롭게 모색해야 할 것이다.

법고창신法古創新과 대대對待의 논리

'법고창신法古創新'은 전통의 창조적 계승을 이야기할 때 등장하는 고전 용어다. 오늘날 사전에도 등재되어 있을 정도로 학계와 일반에서 공인된 용어로 쓰고 있다. '옛것을 본받아 새로운 것을 창조創造한다'는 뜻으로, 옛것에 토대를 두되 그것을 변화시킬 줄 알고, 새것을 만들어가되 근본을 잃지 않아야 한다는 뜻으로 설명되어 있다. '온고지신溫故知新'과 비슷한 의미로 쓰고 있지만, 온고지신이 새것을 아는 데[知新] 머물고 있다면, 법고창신은 새로운 것을 창조한다[創新]는 데서 차이점을 찾는다.

'법고창신'이 유래한 〈초정집서楚亭集序〉 첫머리에서 연암은 당시 치열한 문학 논쟁이었던 '법고'와 '창신'의 폐해를 지적한다. '법고法古'는 옛것을 본받아 쓰자는 것이고, '창신創新'

은 새롭게 만들어 쓰자는 생각이다. 옛것을 숭상하는 생각을 지닌 문인들은 '법고法古'를 해야 한다고 주장했고, 새로운 문예사조의 영향을 받은 문인들은 '창신創新'을 해야 한다고 주장했다. 하지만 연암은 '법고'는 단순 모방과 답습의 병폐가 있고 '창신'은 허황되고 경박한 글이 될 우려가 있다고 지적하며, '진실로 법고하되 변화를 알고 창신하되 법도에 맞는다면 지금 글도 고전의 글과 같다[苟能法古而知變 創新而能典 今之文猶古之文也]'라고 말한다. 여기서 '법고이지변法古而知變 창신이능전創新而能典'을 줄여 '법고창신'이란 용어가 나왔다.

나는 이 말뜻이 각자의 독자적인 가치를 인정하면서 상대방의 장점을 수용하는 상생相生의 정신을 담은 용어라 본다. '법고'는 '창신'의 장점인 변화의 정신을 받아들이고 '창신'은 '법고'의 장점인 전아함의 미덕을 수용한다면, 둘 다 고전이 되는 것이다. 이때 중요한 것은 상대편을 배척하기보다는 장점을 적극적으로 수용하는 태도다.

이어진 글에서 연암은 "우임금과 후직后稷과 안회는 그 도가 한 가지이니 편협함과 공손치 않음은 군자가 따르지 않는다."라고 말한다. 우임금과 후직은 평화로운 시절에 직무에 충실하여 자기 집 문을 세 번 그냥 지나쳤다. 안회는 혼란한 시절에 궁핍하게 지내면서도 자신의 즐거움을 바꾸지 않았다. 우임금과 후직은 집 밖에서 어진 정치를 했고, 안회는 세상과 담을 쌓고 집안에서 도를 닦았다. 전자와 후자는 분명 완전히 다른 행동을 취했지만, 정사政事에 나아가면 백성을 구하고 물러나면 자신을 수양하는 도를 실천한 측면에서 보자면 같은 정신이다.

이와 비슷한 취지를 담은 뜻이 〈의청소통소擬請疏通疏〉에 나온다. 연암은 귀천의 차별을 두지 말고 서얼을 등용하자고 주장하는데, 옛 제도를 혁신하는 논의를 말하는 가운데 다음과 같이 발언한다. "무릇 법은 오래가면 폐단이 생기기 마련이고 일은 막히면 통하게 마련입니다. 그러므로 준수遵守해야 할 때 준수하는 것도 성인을 계승하는 것이며 통변通變이 마땅한 때에 통변하는 것도 성인을 계승하는 것입니다. 굳게 지키거나[固執] 혁신하는 것[更張]은 오직 때[時]에 맞으면 그 의의는 한가지입니다."

'법고'와 '창신', '고집'과 '경장'은 서로 대립하지만, 때에 맞게 하면 둘 다 옳다. 중요한 것은 서로를 부정하지 말고 서로의 장점을 적극적으로 수용하는 태도다. 이는 대립하고 충돌하는 두 입장이 서로를 힘입어 발전을 도모하는 상생의 정신이다.

연암은 〈홍범우익서洪範羽翼序〉에서 '상생相生'을 다음과 같이 말한다. "상생한다는 것은 서로 자식과 어미가 되는 것이 아니라 서로 힘입어서 살아가는 것이다[故相生者 非相子母也 相資焉以生也]." 오행상생설에 따르면 나무는 불을 낳고 불은 흙을 낳는다. 곧 나무는 불의 어미가 되고 불은 나무의 자식이 된다. 그러나 연암은 불이 나무에서만 일어나지 않는다고 말한다. 쇠와 돌이 부딪혀도 불을 일으키고 벼락이 쳐도 불을 일으키며 기름과 물이 서로 끓을 때도 불을 일으킨다. 그러므로 상생은 어미와 자식 같은 종속의 관계가 아니라 대등한 위치에서 서로에게 도움을 주고 서로를 힘입어 살아가는 관계이다.

〈낭환집서蜋丸集序〉에서는 "말똥구리는 자신의 경단을 아껴 흑룡의 여의주를 부러워하지 않는다. 흑룡 역시 자신에게 여의주가 있다고 해서 저 말똥구리의 경단을 비웃지 않는다." 라고 말한다. 말똥구리에겐 말똥이, 용에겐 여의주가 소중하듯이 각자의 독자적인 존재성을 인정해야 한다는 은유이다.

이런 면에서 법고창신은 동양의 전통적 관계를 표상하는 '대대對待'의 논리를 닮았다. 대대의 논리는 《주역周易》의 음양陰陽 관계를 일컫는다. 《주역》에서 음陰과 양陽은 서로 대립하면서도 상호 의존하고 감응하는데 이 논리가 대대對待다. '대대對待'는 '마주하며 기다린다'는 뜻이다. '대對'는 서로 다른 두 개의 대립물이 맞서고 있는 것이고, '대待'는 둘이 상보적 관계에 있는 것이다.

대대 관계에서는 대립하는 쌍이 적대적이지 않고 상호 의존적 관계에 있으며, 대립을 통해 서로를 비추어 주고 서로의 존재성을 확보해 준다. 곧 '대대'의 관계는 서로 반대되고 모순되는 것들이 서로 의존하면서 함께 발전하는 '상반상성相反相成'을 내포한다.

서로 대립하는 것은 서로에게 영향을 주고받으면서 발전하듯이, '법고'는 '창신'의 장점을 수용하면서 지극한 고전에 이르고, '창신'은 '법고'의 장점을 받아들이면서 지극한 고전에 이른다. 법고와 창신은 서로 대립하나 서로를 배척하지 않으며 서로 도움을 주고받는다. 상보적 관계라는 점에서 법고창신은 서구의 변증법적 지양이나 이분법 모순율보다는 동양의 대대의 논리와 연결되는 것이다.

법고창신은 고전에 대한 존중과 혁신에 대한 지지를 모두 담고 있다. 하지만 어느 입장이든 변화의 기미를 잘 포착하는 태도가 필요하다. '때[時]', 곧 시대 상황에 맞게 새롭게 바꾸어 가는 정신이 중요하다. 연암은 이를 '선변善變'이라 부른다. 법고창신이 우리 사회와 문화를 변혁하고 중심과 주변을 아우르며 대화와 화해의 가치를 조성하는 데 중요한 정신이 되었으면 한다.

디케의 여신과 명심冥心의 정신

그리스 신화에 나오는 정의의 여신 디케의 여신상은 오른손에는 칼을 왼손에는 저울을 들고 있다. 칼은 불의에 대해 엄정하게 단죄하는 정의를 위한 힘을, 저울은 한편에 치우치지 않는 정의의 기준을 상징한다. 흥미롭게도 디케의 여신상은 두 눈을 눈가리개로 가리고 있다. 눈을 뜨고 보면 공정한 판결에 영향을 끼치므로 눈을 가림으로써 편견과 선입견에 흔들리지 않고 공평무사하게 판결하라는 의미를 담은 것이다. 인간은 돈과 권력, 혈연, 지연에 매이면 사사로운 마음이 생긴다. 원천적으로 차단할 수 있어야 정의로운 판결이 가능해진다. 두 눈을 안대로 가린 정의의 여신상은 연암 박지원의 '명심冥心'의 정신과 한가지로 연결된다.

1780년 건륭제의 칠순 잔치를 축하하는 사절단에 참여하여 사행길에 오른 연암은 압록강을 건너는 도중 뜬금없이 수석 역관에게 묻는다. "자네 도道를 아는가?" 이어 말하길, 도는 강 언덕에 있다고 말한다. 연암의 설명인즉슨, 압록강은 조선과 중국의 경계가 되는 곳으로, 도는 강물과 언덕이 만나는 경계에 있다는 것이다. 뒤이어 연암은 도를 아는 사람만이 경계에 잘 처신할 수 있다고 말한다.

유학에서 자명自明하고도 분명한 도道가 어디에 있는지를 되묻고 있다는 점에서 연암의 질문은 지극히 도발적이고 불온하다. 연암은 도가 경계에 있다고 말하고 있는데, 경계의 자리는 성리학의 밖에 있기에 위험하면서 틀에 갇히지 않았기에 변혁이 일어나는 자리다. 압록강을 건너면서 말한 경계의 자리는 열하일기 전체를 지배하는 정신이 된다. 경계의 자리에 있다는 도의 정체는 하룻밤에 강을 아홉 번 건넌 사연을 다룬 〈일야구도하기一夜九渡河記〉에서 선명하게 드러난다.

글에서 연암은 눈과 귀가 심어주는 두려움과 위태로움을 경험하고서 깨달음을 얻는다. "나는 이제야 도道를 알았다. 명심冥心하는 사람은 귀와 눈이 해가 되지 않으나 귀와 눈만을 믿는 자는 보고 듣는 것이 자세하면 할수록 병통이 된다." "자네 도를 아는가?"라는 물음의 답은 명심冥心이었다. 명심은 세계를 올바로 보기 위한 현실 대응 태도를 나타내는 개념으로 눈과 귀만 의존하지 않고 사물과 현상을 편견 없이 공평하게 보는 것이다.

연암은 여러 장면에서 감각 기관, 특히 보는 것의 한계를 지적한다. 북경을 향해 가던 중에 중국의 가장 변방 마을인 책문柵門이 번화한 광경을 보고 질투심과 부러운 감정에 휩싸여 발길을 돌리고픈 충동을 느낀다. 오랑캐 변두리 땅이 조선보다 잘사는 모습을 인정하기 싫었던 탓이다. 하지만 이내 반성하고는 잘못된 생각을 품은 이유가 '본 것이 적기 때문'이라고 말한다. 보고 들은 것이 제한적일수록, 같은 정보만 반복해서 들을수록, 자신과 다른 생각을 쉽사리 배척하고 편견과 선입견이 굳어진다. 이에 연암은 석가여래의 평등한 눈으로 두루 보면 질투와 부러움이 저절로 없어질 것이라 말한다. 눈앞에서 한 소경이 지나가자 소경이야말로 평등한 눈을 가진 사람임을 깨닫는다. 소경은 보지 못하므로 기존의 경험과 지식에 갇혀 있지 않다. 소경은 눈으로 볼 수 없기에 마음으로 본다. 천하 세계를 다 보는 석가여래의 눈과 아무것도 보지 못하는 소경의 눈이 같은 상징이 된다.

〈환희기후지幻戲記後識〉에는 어느 날 갑자기 눈이 떠진 소경이 길을 잃고 우는 이야기가 나온다. 눈을 뜨고 본다는 것이 오히려 감각의 혼란을 초래하여 착각을 일으키고 참과 거짓을 뒤죽박죽 섞어버리고 말았다. 어떡하면 집을 찾아갈 수 있을까? 도로 눈을 감으라고 한다. 본다는 것이 집을 찾아가는 데 장애가 되었으니 눈을 감으면 된다. 도로 눈을 감는다는 것은 지각과 경험에 갇히기 이전의 순수한 마음으로 돌아가는 것이다. 연암에게 소경, 명심冥心하는 자, 어린아이는 모두 디케의 가려진 눈과 하나로 통한다. 평등한 눈으로 세계를 차별 없이 공정하게 보는 자다.

그런데 세상을 인식하는 거의 유일한 통로가 눈인데 눈을 믿지 않고서 어떻게 집(진리)을 찾아갈 수 있을까? 연암은 눈의 한계를 깊이 자각했으나 그렇다고 눈 자체의 역할을 부정한 것은 아니다. 보이는 대로 보게 되면 눈은 착각을 일으키고 참과 거짓을 뒤죽박죽 인식한다. 눈을 전적으로 의지하는 순간 편견과 관습, 허위 이데올로기에 갇혀 버린다. 그러므로 제대로 보는 눈을 갖추어야 한다고 말하고 싶은 것이다.

연암은 지금 여기의 세상이 왜곡과 허위로 가득하며 많이 모순되었다고 생각한다. 조선 사람들이 좁은 땅에서 우물 안의 개구리로 살면서 단지 한 줌의 상투를 갖고 천하에서 제일인 양 뻐기며 살아간다고 생각한다. 그리고 잘못된 관습과 지배 이데올로기에 갇혀 자동화된 삶을 살아간다고 여긴다. 그리하여 우리에게 말한다. 보이는 대로 들리는 대로 믿지 말라. 기존의 가치 체계가 만든 관습과 통념을 아무 생각 없이 따르지 말라. '주체적이고 적극적인 보기'를 하라. 한쪽의 외눈으로 보지 말고 복안複眼으로 보라. 눈을 감고 마음으로 보라.

21세기 실학의 방향과 생태정신

지난 시절 일제 강점기와 전쟁을 경험한 우리나라는 식민 사관을 극복하고 근대 국가를 건설하는 데 힘을 쏟았으며 인문학도 민족주의와 근대 담론을 주요 관심사로 삼았다. 우리 내부에서 자생적 근대를 찾기 위한 노력은 18세기 실학에 닿았고, 실학은 근대와 민족 담론에 참여하여 민족의 손상된 자존심을 회복하는 데 크게 이바지했다.

하지만 오늘날의 실학은 거센 도전과 숱한 논란을 경험하고 있다. 실학을 논의하는 과정에서 그 범위가 임의대로 확장된 것도 실학의 정체성에 대한 논란을 부추겼다. 실학은 실체적인 용어가 아니라 역사적 산물이기에 그 개념과 범주, 전개 과정 등에 대해 논의가 분분하고 회의적인 시선도 많다. 그렇긴 하나 조선 후기 각종 사회 문화 변동 속에 성리학의 한계를 극복하고자 하는 새로운 학풍이 일어났으며 사회의 구조적인 모순을 타개하려는 실제적인 노력이 전개되었던 것도 분명한 사실이다. 조선 후기의 서세동점에 주목해 실학은 서구 주도의 근대세계에 대한 사상적 각성이자 학술적 대응의 결과라고 한 임형택 선생의 주장은 실학 연구의 새로운 방향성과 관련해 시사하는 바가 작지 않다.

특정한 시대에 갇혀 있는 학적 담론은 모래성과 같다. 좋은 사상과 담론은 시대가 전환할 때마다 그 시대가 요청하는 시대 정신을 새롭게 밝힌다. 실학을 둘러싼 논쟁은 그것대로 고민해 가면서 과거의 근대와 민족주의를 넘어 지금 여기 21세기 현실에서 실학이 어떤 역할을 할 수 있는지에 대한 고민을 모색해야 할 것이다. 21세기의 실학도 시대와의 소통 속에서 접근해야 하며 오늘날 우리 시대가 당면한 각종 현안에 대해 답할 수 있어야 한다. 이에 21세기 실학이 오늘날 직면한 각종 사안에 대해 어떤 전망을 보여줄 수 있는지를 몇 차례에 걸쳐 이야기해 보고자 한다.

포스트모더니즘을 살아가는 지금 여기의 현실에서 실학은 자본의 탐욕에 맞서 인간의 욕망을 성찰하고 생명 다양성과 공존이라는 과제를 극복해 가는 데 관여할 수 있다고 본다. 그중에 먼저 실학은 생태 위기 극복의 담론에 참여할 수 있다. 연암의 문학과 사상을 지배하는 요체도 생태정신에 있다.

고전은 대체로 자연을 소재로 삼고 있으므로, 생태사상을 다루는 논의들이 유의미한 변별력을 지니지 못하고 환경 보호 차원의 당위적 진술에 그치고 있다는 지적이 있다. 생태사상이란 용어를 쓰지 않더라도 기존의 환경 문학이란 용어 안에서 충분히 이야기될 수 있는데, 혼란스럽게 생태 문학이란 용어를 끌어들여 옥상옥의 결과만 낳고 있다는 것이다. 하지만 이는 생태와 환경을 동일한 의미로 생각하는 데서 생겨난 오해다. 생태는 단순히 자연환경을 뜻하는 말이 아니라 존재론적인 차원에서 인간도 우주를 구성하는 하나의 유기체라고 보고 생명의 공존과 상호평등 정신을 이야기한다. 생태정신은 단순히 인간과 자연의 관계를 이야기하는 것이 아니라 존재의 평등과 관계에 대해 성찰하는 것이다.

생태 위기는 자본주의와 산업사회가 낳은 무분별한 환경 오염에 대한 경각심으로 생겨난 것이므로 자본과 문명 이전의 역사적 환경을 지닌 전근대 동양 사회에서 생태적 위기를 조명한다는 것은 타당하지 않다는 견해도 있다. 생태사상에 대한 논의가 촉발된 계기는 근대에 자연환경이 파괴된 데서 기인한 것이 맞지만, 그 점이 근대 이전에는 생태사상이 없었다는 것을 말해주지는 않는다. 근대에 들어 인간의 이기利己와 무한 욕망이 생태 위기를 재촉했을 뿐이다. 동양에서는 전통적으로 모든 생명체는 하나의 근원에서 나와 서로 연결되어 있다고 생각했다. 비록 생태학이 서구에서 출발했다고 하더라도 생태정신의 본질은 불교와 도교 등 동양 정신에 잘 담겨 있었으며 그렇기에 생태 문제를 동양 정신에서 이야기하는 것은 자연스럽다. 그중에도 하필 실학의 생태정신을 주목하는 까닭은 실학자의 생명과 자연에 대한 시선이 문명과 사회에 대한 깊은 성찰 속에서 드러난 데 있다. 이는 반문명과 욕망의 제어를 지향하는 동양의 전통 사상과는 결을 달리한다. 고전 시대의 성리학자들이 자연을 조화와 질서의 공간으로 이해했다면 연암은 창조와 변화의 장場으로 바라본다. 연암의 생태정신은 현실주의 및 문명과 깊은 관련을 맺고 있기에 지금 이곳에서도 실질적인 시사점을 준다고 하겠다.

실학 비판에 대한 변증辨證

주지하다시피 실학實學이라는 용어는 조선 후기의 실학자들이 일컬은 자생적인 용어가 아니라 근대의 학자들이 발견해서 붙인 용어다. 또한 이경구 선생이 지적했듯이 실학은 특정 시기에 사용되던 새로운 용어가 아니라 유학—성리학에서 보편적으로 쓰던 용어로서 불교, 도교 등과 대비되어 진실한 학문, 실질을 추구하는 학문이란 의미로 쓰이던 일반 명사였다. 더불어 실학이 담고 있는 현실 개혁의 정신은 실학자의 전유물이라기보다 조선 후기에 전 분야에 걸쳐 일어난 광범위한 현상이었다. 그리하여 실학이란 명칭의 타당성부터 그 실체의 진위에 이르기까지 각종 논란은 현재진행 중에 있으며 실학은 자생적인 근대를 찾기 위한 기획이자 허상이라는 비판에 직면해 있다. 실학에 대한 날카로운 비판들은 당연하게 받아들였던 실학에 대해 더 깊이 숙고하게 하고 실학을 더욱 신중하게 접근하도록 이끈다. 이제 이러한 비판들에 대해 반추해 보려 한다.

실학이란 용어는 전통 유학자들과 실학자들이 함께 쓰고 있다. 성호星湖, 연암燕巖, 담헌湛軒, 다산茶山 등 실학의 중심인물들도 실학 혹은 실학에 비견되는 용어를 쓰고 있으며 전통 유학에서의 실학과 비등한 의미로 사용하고 있기도 하다. 그러나 때로는 성리학자들의 실實과는 다른 맥락을 갖기도 한다. 그 증좌 가운데 담헌의 《의산문답醫山問答》에 등장하는 실옹實翁과 허자虛子가 있다. 허자虛子는 중화주의 생각을 지닌 전통적인 유학자를 상징하는 반면, 실옹實翁은 인물균人物均과 우주무한설宇宙無限說, 역외춘추론域外春秋論을 주장하고 문화상대주의를 지지하며 자연 과학에 대한 이해를 갖춘 신학자新學者다. 실옹은 담헌의 자아이자 이른바 '실학實學' 정신을 지닌 인물이다. 유학의 실질적 학문을 나타내던 성리학의 실實이 담헌의 의식에서는 허학虛學으로 바뀌고 담헌의 실實은 전통 성리학의 허위를 깨뜨리는 언어가 되었다. 이 실옹實翁이 오늘날 실학 연구자들이 내세우는 실학자의 모델이다. 조선 후기 실학자들이 사용하는 실實은 윤리와 수기修己의 프레임에서 작동되는 유학에서의 실實과 개념을 공유하면서도 다른 맥락으로 쓰이기도 하며 때로는 대립관계를 맺기도 하는 것이다. 실학자들의 실實의 '학學'은 한편에서는 유학 일반에서 사용하는 실학과 구별되는 고유한 정체성을 확보하며 경세와 제도 개혁을 넘어 전통 유학과는 구별되는 새로운 인간관과 존재론과 우주론, 자연과 문명의 관계에 대한 비판 정신을 담고 있다.

비록 실학을 유파적 개념으로 쓰지는 않았지만, 실학자라 불리는 학자들은 조선 후기의 활발한 사회 문화 변동 속에서 새로운 변화와 개혁을 지향하는 의식을 보여준다. 임병양란壬丙兩亂 이후 성리학이 형해화形骸化되어 허학虛學이 되었다는 인식 아래 새로운 개념을 담은 실實을 주장한 학자들이 존재해 왔고, 성리학의 한계를 직시하고 낡은 도그마와 사상을 바꾸려는 새로운 학풍이 일어났으며, 각종 부조리와 모순을 개혁하려는 실제적인 노력이 전개되었기에 역사적, 인식론적 개념으로서의 실학의 정신은 분명 존재했다고 본다. 곧 실학은 전통 유학으로서의 실학實學이 허학虛學이 되었다고 생각하고 그 자리에 '새로운 무언가'를 실實로 세워가려는 정신과 운동이다. 때로는 분명하게 때로는 은밀한 언술들 속에 기존의 관념적이고 퇴행적인 의식과 사상, 제도와 정책을 개혁하려는 일련의 흐름이 있었다. 특히 새로운 사상과 정신은 은밀한 언술 속에 담아낸 경우가 많았다. 그러므로 실학 개념의 불완전성에도 불구하고 조선 후기의 새로운 문제의식과 시대 정신을 담을 그릇으로서의 실학이라는 개념은 유효하다고 본다.

조선 후기 새로운 변화의 물결 속에서 사회 정치적으로 각종 제도적 개혁 노력이 다양하게 전개되었다는 점에 대해서는 실학을 부정하는 학자들도 동의한다. 다만 그러한 현상을 유학에서 쓰는 일반 명사였던 실학으로 명명해야 하는지, 그 시대의 일반적인 현상을 이른바 '실학자'들로 독점해서 써야 하는지에 대한 의문을 품는 것이다. 실상 실학적 성격이라고 부르는 각종 제도적 사회적 개혁의 목소리는 조선 후기에 전 계층, 전 분야에 걸쳐 광범위하게 진행되고 있었다. 다만 그러한 개혁과 개방의 노력을 학적 담론으로 담을 수 있는 계층은 문자 지식층인 유학자였고, 유학자 중에 개혁과 개방 담론을 구체적인 학적 언어로 주장한 이들이 이른바 '실학자'라 이름 붙인 이들이다 보니, 조선 후기에 이루어진 새로운 개혁 개방 담론을 실학이 독점해서 누리는 것이다.

그러므로 이른바 '실학적'으로 불리는 각종 개혁과 변화의 목소리는 실학자들뿐만 아니라 조선 후기의 도도한 시대 현상과 궤를 같이한다고 보아야 한다. 그러나 그와 같은 목소리를 학적 담론으로 주장할 수 있는 계층은 이른바 실학자들이었다. 문자를 사용하는 지식인 가운데 유학자 아닌 사람이 몇이나 되겠는가? 그러므로 실학의 계층은 유학자였고, 유학자 중에 전통 성리학을 비판하고 성찰하면서 새로운 실實을 담아내려 한 사람들이 근대 이후 연구자들이 발견한 '실학자'다. 곧 조선 후기의 실학은 달리 표현하면 '개방 개혁의 정신을 지닌 유학자들의 신실학新實學 운동'이라 하겠다.

실학 비판에 대한 변증辨證 : 실학과 대대對待의 논리

'실학이라는 말이 그 본의에서는 유학의 본령에 충실한 학풍'(천관우)이라는 언급에서도 알 수 있듯이 조선 후기의 실학이란 명칭은 유학에서의 실학 개념을 내포內包한 까닭에 실학을 학술 개념어로 쓰는 것이 정당한지에 대한 비판을 받아 왔다. 실학이 비판받은 또 하나의 지점은 실학의 근대적 성격과 관련되었다. 초기의 실학 연구자들은 실학에 근대와 민족을 투영함으로써, 실학에서 이전 전통과의 단절, 곧 탈중세와 탈성리학적 성격을 강조했다. 하지만 20세기 중반 이후 서구의 근대성에 대한 반성 및 세계화의 분위기와 맞물려 실학의 근대 지향성은 비판을 받기 시작했으며 실학이 성리학의 자장 안에 있다는 견해에 더욱 힘이 실리면서 실학은 더욱 거센 논란을 겪게 되었다. 실학의 근대성을 곧바로 탈중세와 반주자학적 성격으로 연결하거나 실학은 유교적 세계관을 넘어서지 못했으므로 근대성을 지니지 않았다 여기는 태도엔 대립물을 이분법적 모순으로 바라보는 시선이 전제되어 있다. 서로 대립하는 관계를 양립 불가능과 단절의 대상으로 바라보는 것이다.

하지만 실학과 성리학, 실학에서의 중세와 근대성 관계는 이분법적 모순이 아닌 동양의 대대對待 논리로 이해하는 것이 타당해 보인다. 최영진 선생은《주역周易》에서 음陰과 양陽은 서로 대립하면서도 상호 의존하고 감응한다고 하면서 이 논리가 대대對待라고 말한다. 대대對待는 마주하며 기다린다는 뜻이다. 대對는 서로 다른 두 개의 대립물이 맞서고 있는 것이고 대待는 둘이 상보적 관계에 있는 것이다. 대대의 관계는 서로 반대되고 모순되는 것이 서로 의존하면서 함께 발전하는 상반상성相反相成의 관계라 한다. 상반된 두 요소는 서로 대립하면서도 서로를 필요로 하며, 서로 부정하지 않고 영향을 주고받으며 발전해 간다. 대대적 관계에서는 대립을 증오와 투쟁으로 극복하는 것이 아니라, 조화로 해소한다. 대립물은 서로를 배척하지 않고 상호 성취의 관계로 본다.

유교와 도교 사상 등 동양의 전통 사상은 대대對待의 논리를 지향했으며 선현들은 대대對待의 논리에서 변화와 발전을 도모했다고 생각한다. 예컨대 무왕武王·태공太公과 백이·숙제의 상반되는 처신을 둘러싸고 조선조 문인들이 내세운 상도常道와 권도權道에 대한 의론과 박제가 등의 양시론兩是論,

연암 박지원의 법고창신法古創新, 근대 철학자 전병훈全秉薰의 조제론調劑論 등은 모두 대대對待의 논리를 바탕으로 하고 있다.

실학과 성리학과의 관계도 대대對待의 사유에서 바라볼 필요가 있다. 실학이 주자학을 비판하고 극복하려는 태도를 이분법적 대립으로 바라보기보다는 성리학을 포용하면서 새로운 길을 모색하는 대대의 사유로 이해하는 것이 좋다. 실학자들이 유학의 실학實學을 품으면서 한편으로는 유학의 실학實學을 극복하려 했다는 점을 모순되게 바라볼 필요는 없다. 실학은 형해화形骸化된 현실의 주자 성리학을 넘어 새로운 세계를 구상했는데(필자는 성호, 연암, 다산 등은 주자는 존숭했지만, 현실의 주자학은 저항하고 뛰어넘으려는 의식을 일정 부분 지니고 있었다고 보고 있다), 이는 주자학과의 단절이나 배척이 아니라 상반상성相反相成의 태도에 있었다. 상반상성은 대립물이 상호 보완을 통해 성장하고 발전한다는 의미를 품고 있다. 조선 후기의 실학자들이 주자학의 병폐를 극복하고자 한 사유에는 이 같은 대대의 논리가 담겨 있다고 본다.

실학의 근대성 논란도 대대對待의 사유에서 바라볼 필요가 있다. 초기 실학 연구자들은 중세를 벗어나 단절하는 데서 실학의 근대성을 찾았지만, 대대의 사유에서는 근대는 중세를 단절시키지 않고 상대방을 비추면서 보완해 간다. 곧 실학자의 개방과 개혁 의식은 기존 및 과거와의 단절이 아니라 기존의 것을 포용하면서 새로운 길을 모색하려는 생각이다. 그러므로 실학자의 근대 지향 의식을 중세와 탈중세, 성리학과 탈성리학이라는 이분법 모순율로 접근하지 말고 양쪽의 '사이'를 오가는 퍼지 논리의 맥락에서 이해하면 실학의 근대성과 관련해 새로운 전망을 이야기할 수 있다고 본다. 이러한 맥락 아래 '다종多種의 근대(폴커 슈미트)' 또는 '차이의 근대(이도흠)'라는 관점에서 실학 정신을 새롭게 접근하면 실학이 근대 의식을 갖추지 못했다는 비판을 깨뜨릴 근거가 마련된다.

대대의 논리는 변증법이라든가 이분법적 모순의 논리에서는 불철저하고 답답해 보이나, 고전의 사유 방식에서는 자연스러운 태도라 하겠다.

작은 존재를 애호한 연암의 생명 윤리

현대 사회는 거대 시스템 속에서 이익과 효율성을 최우선 가치로 둔다. 자본 만능주의와 성장 지상주의는 자연과 예술마저 이익의 도구로 삼고 인간과 자연을 경제적 가치로 평가하게 만든다. 크고 화려한 문명과 기계 문명의 홍수 속에서 작은 존재를 관찰하는 기회는 줄어들며 생명 존중에 대한 감수성은 약해진다. 생명마저 상품화하는 소비주의 시대에 작은 존재들을 사랑한 연암燕巖 박지원을 떠올려 본다.

작은 존재를 향한 연암의 깊은 관심과 애정은 그가 인간과 동물, 나아가 모든 생명체를 동등하게 바라본 데서 출발한다. 연암은 인간만이 특별히 우월한 존재가 아니며, 모든 생명이 똑같이 소중하다고 말한다. 그는 "사람과 사물이 생겨날 때는 본래 구별되지 않았으며 나와 남은 모두 사물이었다."라고 하는가 하면, "지금 우리 사람이라는 것도 바로 벌레의 한 종족일 뿐"이라고 하여 인간과 사물의 근원이 같다는 생각을 보여준다. 여기엔 인간과 자연을 분리하지 않고 모든 생명체가 유기적으로 연결되어 있다는 생각이 자리한다.

전통 유학에서는 인간만이 윤리의 실천이 가능하며, 사물은 지혜와 예의가 없다고 말한다. 그러나 연암은 이러한 관점을 뒤집어, 오히려 동물이 인간보다 더 윤리적이고 도덕적일 수 있다는 생각을 내비친다. 그리하여 다리가 부러진 까치와 농담을 나누고, 뜰에 앉은 까마귀에게 고기 조각을 주는 등 동물들과 교감했으며 사람들이 눈길조차 주지 않는 파초를 홀로 사랑한다고 말하며 깊은 애정을 보였다. 《열하일기》에서는 말을 함부로 다루는 조선의 방식을 비판하면서, 동물의 성질도 사람과 같아서 피로하면 쉬고 싶고 답답하면 시원하게 뻗치고 싶으며 가려우면 긁고 싶다고 하여 인간과 동물의 마음이 다르지 않다고 말한다. 사람들이 말을 혹사하며 오로지 효율성과 이익만을 추구할 때 연암은 동물도 인간과 마찬가지로 감정과 욕구를 지닌 존재임을 인식하고 말의 감정과 생리를 이해하고 존중하려 했다.

〈호질〉에서는 범의 시선에서 인간과 문명을 비판하는 특별한 시각을 보여준다. 연암은 "범의 본성이 악하다면 사람의 본성도 악할 것이고, 사람의 본성이 선하다면 범의 본성도 선할 것"이라고 말하며, 인간과 동물의 본성이 다르지 않음을 강조한다. 인간 중심의 생각에서 벗어나 자연과 인간의 관계를 새롭게 정의하고 모든 생명체의 가치를 동등하게 바라보는 것이다. 나아가 "범이든 사람이든 만물의 하나일 뿐"이므로 "범과 메뚜기, 누에와 벌, 개미는 사람과 함께 길러지는 것이니, 서로 어그러져서는 안 되는 것"이라고 하여 자연을 공격과 파괴가 아닌 공존해야 할 대상으로 바라본다. 연암은 인간과 자연 사이에 차별을 두지 않았으며 모든 생명체가 각자의 방식대로 살아간다고 생각했다. 이러한 태도는 오늘날의 동물권 운동과 연결되며, 동물 복지와 윤리적 대우에 대한 현대 논의의 선구적 모습으로 보이기도 한다.

자연과 동물에 대한 연암의 애정은 인간 사회의 위선과 차별에 대한 비판과 연결된다. 연암은 세상이 말하는 쓸모 있는 사람은 반드시 쓸모없는 사람이며, 세상에서 말하는 쓸모없는 사람은 반드시 쓸모 있는 사람이라고 하여 기존 사회의 가치 판단을 뒤엎고 사회에서 낮잡아 불리는 존재들이 오히려 중요한 가치를 지녔다고 말한다. 그리하여 거지와 비렁뱅이, 똥 푸는 사람 등 사회가 하찮게 여기는 사람들과 가까이하며 그들로부터 진실함을 배운다. 〈예덕선생전穢德先生傳〉에서는 똥 푸는 사람을 주인공으로 내세워 천대받던 똥 장수인 엄행수를 존엄성과 덕을 지닌 인물로 그려낸다. 연암은 똥 장수라는 천한 직업을 가진 엄행수를 통해 당대 신분 사회의 위선을 은연중에 비판하며, 세상에서 천대받는 사람들도 그들만의 고귀한 덕을 지니고 있음을 말한다. 엄행수는 더러운 일을 하는 사람이 아니라, 자신의 역할을 충실히 수행하며 다른 사람들에게 이로움을 주는 존재로 그려진다. 이러한 태도는 단순히 약자에 대한 동정이 아니라, 당시 사회의 차별과 차등에 대한 근본적인 비판을 담은 것이다.

연암의 작은 존재에 대한 사랑은 단순한 자연 보호나 동물 애호의 차원을 넘어, 인간 중심적인 사고를 반성하고 생명 그 자체를 존중하는 깊은 통찰과 연결된다. 또한 그가 보여준 사회적 약자와 소외된 존재를 향한 관심은 현대 사회의 불평등과 차별 문제를 바라보는 시선에 의미 있는 시사점을 준다. 작은 존재를 대하는 연암의 시좌는 우리에게 인간과 자연, 그리고 모든 생명체 간의 조화로운 공존을 위한 철학적, 윤리적 기반을 제공한다. 나아가 성호의 〈관물편觀物篇〉에 보이는 작은 미물들에 대한 배려와 존중의 마음, 담헌의 〈의산문답醫山問答〉에 나타난 인물균人物均 정신, 사회적 약자에 대한 다산의 따뜻한 연민을 아울러 곱씹어 볼 때, 자본과 기술 앞에서 정녕 놓치지 말아야 할 가치가 무엇인지를 발견하게 될 것이다.

찾아보기

ㅅ

ㅇ

수록 글의 출전과 제목

이 책에 실린 글의 원 출전과 본래 제목은 아래와 같다. 학문적 엄밀성을 유지하면서도 가독성을 최대한 높이기 위해 원고의 제목과 내용을 일부 수정하거나 전면적으로 고쳤다.

- 〈18세기, 재현과 진실의 가능성〉, 《한국언어문화》 33집, 한국언어문화학회, 2007.
- 〈연암 산문에서의 용사와 패러디〉, 《국제어문》 40집, 국제어문학회, 2007.
- 〈21세기 문명과 박지원의 생태정신〉, 《동아시아문화연구》 47집, 한양대 동아시아문화연구소, 2010.
- 〈연암 박지원의 장소의 발견〉, 《한국언어문화》 49집, 한국언어문화학회, 2012.
- 〈박지원 문학에 나타난 공간 형상화 양상과 그 의미〉, 《한국언어문학》 82집, 한국언어문학회, 2012.
- 〈박지원 이용후생론의 미적 기반〉, 《한국실학연구》 23호, 한국실학학회, 2012.
- 〈박지원 문학에 나타난 창조적 사유와 그 의미〉, 《한국고전연구》 33집, 한국고전연구학회, 2016.
- 〈燕巖 문학 연구의 새로운 향방〉, 《동양한문학연구》 53집, 동양한문학회, 2019.
- 〈熱河日記에 나타난 공간형상화 방식〉, 《퇴계학논총》 43집, 퇴계학부산연구원, 2024.

참고문헌

자료 및 저서

강명관, 《공안파와 조선 후기 한문학》, 소명출판, 2007.

강명관, 《허생의 섬, 연암의 아나키즘》, 휴머니스트, 2017.

강상준, 《한국의 전통생태학》, 사이언스북스, 2004.

고병익, 《중국의 역사인식》上, 창작과 비평사, 1985.

구동회, 심승희 옮김/이푸투안 지음, 《공간과 장소》, 대윤, 2011.

김경선, 《연원직지》, 《국역연행록선집》XI, 고전국역총서 105, 1989.

김덕현·김현주·심승희 옮김/에드워드 렐프 지음, 《장소와 장소 상실》, 논형, 2005.

김명호, 《박지원 문학 연구》, 성균관대 대동문화연구원, 2001

김명호, 《연암 문학의 심층 탐구》, 돌베개, 2013.

김명호, 《열하일기 연구》, 돌베개, 2022.

김문환, 《美學의 理解》, 문예출판사, 1992.

김우정, 《최립 산문의 예술 경계》, 한국학술정보, 2006.

김욱동, 《한국의 녹색문화》, 문예출판사, 2000.

김준오 편, 《한국 현대시와 패러디》, 현대미학사, 1996.

김준오, 《도시시와 해체시》, 문학과비평사, 1993.

김태준·이승수·김일환, 《조선의 지식인들과 함께 문명의 연행길을 가다》, 푸른 역사, 2005.

김혈조, 《박지원의 산문문학》, 성균관대 대동문화연구원, 2002.

단국대학교 동양학연구원 엮음, 《연민문고 소장 연암 박지원 작품 필사본 총서》 1~20, 문예원, 2012.

린다 허천/김상구,윤여복 역, 《패러디 이론》, 문예출판사, 1992.
마르쿠스 슈뢰르 지음/정인모·배정희 옮김, 《공간 장소 경계》, 에코 리브르, 2010.
문순홍, 《생태학의 담론》, 아르케, 2006.
박수밀, 《18세기 지식인의 생각과 글쓰기 전략》, 태학사, 2007.
박수밀, 《박지원의 미의식과 문예이론》, 태학사, 2005.
박수밀, 《연암 박지원의 글 짓는 법》, 돌베개, 2013.
박수밀, 《연암 산문의 멋》, 현암사, 2022.
박수밀, 《열하일기 첫걸음》, 돌베개, 2020.
박제가 지음/안대회 옮김, 《북학의》, 돌베개, 2003.
박종채 /김윤조 역주, 《역주 과정록》, 태학사, 1997.
박종채 지음/박희병 옮김, 《나의 아버지 박지원》, 돌베개, 1998.
박지원 /리상호 옮김, 《열하일기》上中下, 보리, 2004.
박지원 /박영철 편(編), 《연암집》, 1932.
박지원 /이가원 역,《열하일기》1·2, 올재, 2016.
박지원 지음/고미숙 외 옮김, 《열하일기》上下, 북드라망, 2016.
박지원 지음/김명호 편역, 《지금 조선의 시를 쓰라》, 돌베개, 2007.
박지원 지음/김혈조 옮김, 《열하일기》1·2·3, 돌베개, 2017.
박지원 지음/박수밀 옮김, 《연암 산문집》, 지만지, 2011.
박지원 지음/박수밀 옮김, 《연암 소설집》, 지만지, 2024.
박지원 지음/신호열·김명호 옮김, 《연암집》上中下, 돌베개, 2007.
박찬부, 《라캉 ; 재현과 그 불만》, 문학과 지성사, 2006.
박평종, 《흔적의 미학》, 미술문화, 2005.
박희병 지음, 《연암을 읽는다》, 돌베개, 2006.
박희병, 《한국의 생태사상》, 돌베개, 1999.
서복관(徐復觀) / 권덕주(權德周) 외 역, 《중국예술정신》, 동문선, 1997.
성백효 역주, 《논어집주》, 전통문화연구회, 1990.

성백효 역주, 《맹자집주》, 전통문화연구회, 1991.

성백효 역주, 《서경집전(書經集傳)》下 〈홍범(洪範)〉, 전통문화연구회, 1998.

신익철, 《유몽인 문학 연구》, 보고사, 1997.

아르놀트 하우저 저/백낙청 등역, 《문학과 예술의 사회사》 4, 창비, 2002.

앙리 르페브르 지음/양영란 옮김, 《공간의 생산》, 에코리브르, 2011.

에드워드 렐프 지음/김덕현 외 옮김, 《장소와 장소상실》, 논형, 2005.

오수경, 《연암그룹 연구》, 월인, 2013.

요한 볼프강 폰 괴테 지음/박재현 옮김, 《괴테의 말》, 삼호미디어, 2012.

유협 지음/최동호 역, 《문심조룡》, 민음사, 1994.

윤성우, 《들뢰즈, 재현의 문제와 다른 철학자들》, 철학과 현실사, 2004.

윤인현, 《한국한시비평론》, 아세아문화사, 2001.

이덕무 평선/박희병 외 역주, 《종북소선》, 돌베개, 2010.

이덕무, 《국역 청장관전서》, 민족문화추진회, 1967.

이도원, 《한국의 전통 생태학》, 사이언스북스, 2004.

이도흠, 《18~19세기 한국 문학, 차이의 근대성》, 소명출판, 2022.

이도흠, 《화쟁 기호학 이론과 실제》, 한양대학교출판부, 1999.

이병한 편저, 《중국 고전 시학의 이해》, 문학과 지성사, 1992.

이승수, 《600년 문명의 통로, 연행로(燕行路)를 걷다》, 한양대학교출판부, 2022.

이승수, 《시심(詩心)과 문정(文情): 김성탄과 함께 수호전 읽기》, 한양대학교출판부, 2023.

이암, 《연암 미학 사상 연구》, 국학자료원, 1995.

이-푸 투안 지음/구동회, 심승희 옮김, 《공간과 장소》, 대윤, 2011.

이현식, 《박지원 산문의 논리와 미학》, 이회, 2002.

임형택, 《문명 의식과 실학》, 돌베개, 2009.

임형택, 《실사구시의 한국학》, 돌베개, 2000.
임형택, 《한국 문학사의 논리와 체계》, 창작과비평사, 2002.
장 보드리야르/하태환 옮김, 《시뮬라시옹》, 민음사, 1992.
장파 지음/유중하 외 옮김, 《동양과 서양 그리고 미학》, 푸른숲, 1999.
전하전, 《인상주의》, 생각의 나무, 2011.
정끝별, 《패러디 시학》, 문학세계사, 1997.
정민 외, 《북경 유리창(北京琉璃廠)》, 민속원, 2013.
정민, 《고전 문장론과 연암 박지원》, 태학사, 2010.
정민, 《다산 선생 지식경영법》, 김영사, 2006.
정민, 《비슷한 것은 가짜다》, 태학사, 2000.
정민, 《오늘 아침, 나는 책을 읽었다》, 태학사, 2020.
정약용, 《국역 다산시문집》, 민족문화추진회, 2008.
정요일 외, 《고전비평 용어 연구》, 태학사, 1998.
정인모, 배정희 옮김/마르쿠스 슈뢰르 지음, 《공간 장소 경계》, 에코 리브르, 2010.
조지프 캠벨 지음/이윤기 옮김, 《천의 얼굴을 가진 영웅》, 민음사, 2018.
채의(蔡儀) 주편(主編), 강경호 역, 《문예미학》, 동문선, 1989.
크리스토프 하인리히 저/김주원 역, 《클로드 모네》, 마로니에북스, 2005.
한국고전번역원 한국고전종합DB https://db.itkc.or.kr
한국사상사연구회, 《조선 유학의 자연철학》, 예문서원, 1998.
한어대사전 편찬위원회/나죽풍(羅竹風) 주편(主編), 《한어대사전(漢語大詞典)》, 한어대사전출판사, 1994.
홍대용, 《국역 담헌서》, 민족문화추진회, 1974.

논문

강내희, 〈재현체계와 근대성〉, 《문화과학》 24호, 문화과학사, 2000.

강명관, 〈한문학 연구와 일상〉, 《한국한문학연구》 37집, 한국한문학회, 2006.

강명관, 〈한시와 패러디〉, 《동양한문학연구》 11집, 동양한문학회, 1997.

강일천·정일남(역), 〈박지원 이용후생 실학의 심층 내포와 그 현대적 지향〉, 《한국실학연구》1집, 한국실학학회, 1999.

강혜선, 《박지원 산문의 고문변용 양상에 대한 연구》, 서울대학교 박사학위논문, 1996.

고연희, 〈조선시대 진환론의 전개〉, 《한국한문학과 미학》, 태학사, 2003

고현철, 〈용사 시학과 패러디 시학의 비교연구〉, 《현대문학이론연구》 12, 현대문학이론학회, 1999.

김대중, 〈廖燕과 박지원의 원초적 텍스트 이론〉, 《한국실학연구》 15, 한국실학학회, 2008.

김대중, 〈작은 존재에 대한 성호 이익의 감성적 인식〉, 《대동문화연구》 65집, 성균관대 대동문화연구원, 2009.

김도련, 〈夜出古北口記의 함축미와 의경〉, 《중국학논총》 10, 국민대학교 중국문제연구소, 1994.

김동석, 《노이점의 수사록 연구—열하일기와 비교연구의 관점에서》 보고사, 2016.

김명호, 〈실학파의 문학론과 근대 리얼리즘〉, 《박지원 문학 연구》, 성균관대학교 대동문화연구원, 2001.

김명호, 〈열하일기 일신수필 서문과 동서양 사상의 소통〉, 《국문학연구》 28, 국문학회, 2013.

김상준, 〈實學은 하나인가, 여럿인가, 아니면 애초에 없었던 것인가〉, 《한국실학연구》 32집, 한국실학학회, 2016.

김성룡, 〈용사이론의 시학적 의의〉, 《국어국문학》 120호, 국어국문학회, 1997.

김성환, 〈전병훈의 조제론 연구〉, 《도교문화연구》 59집, 한국도교문화학회, 2023.

김세정, 〈박지원의 명심(冥心)과 상생의 생태사상〉, 《환경철학》 19집, 한국환경철학회, 2015.

김수중, 〈허생전의 무인공도 연구〉, 《인문학연구》 52집, 조선대 인문학연구소, 2016.

김영동, 〈옥갑야화의 분석적 고찰〉, 《한국문학연구》 11집, 동국대 한국문학연구소, 1988.

김영은, 〈伯夷論의 전통과 朴趾源의 伯夷論 研究〉, 한양대학교 석사학위논문, 2010.

김은희, 〈고전시가와 패러디〉, 《어문연구》 제32권, 한국어문연구회, 2004년 여름.

김인규, 〈연암 박지원의 음양오행론 연구〉, 《동방학》 8집, 동양고전연구소, 2002.

김일환, 〈연행록에 나타난 구혈대의 의미 연구〉, 《한국문학연구》 43집, 동국대 한국문학연구소, 2012.

김진균, 〈實學 연구의 맥락과 鄭寅普의 依獨求實〉, 《민족문화논총》50집, 영남대 민족문화연구소, 2012.

김태준, 〈왜 자리(장소)를 말하는가〉, 《로컬의 문화지형》, 부산대한국민족문화연구소, 2010.

김학성, 〈시조의 텍스트 파생 양상과 그 의미〉, 《고전문학연구》 23집, 한국고전문학회, 2003.

김혈조, 〈境界人의 고뇌-연암 박지원〉, 《대동한문학》 42집, 대동한문학회, 2015.

김혈조, 〈燕巖 散文에서 문자 運用의 몇 가지 특징〉, 《대동한문학》, 대동한문학회, 2004.
김혈조, 〈열하일기를 통해서 본 연행 사신의 의식주 생활〉, 《한문학보》 20, 우리한문학회, 2009.
노관범, 〈대한제국기 실학 개념의 역사적 이해〉, 《한국실학연구》 25집, 한국실학학회, 2013.
문현경, 《박지원 문학 연구 : 생태사상과 국어교육적 활용에 대한 소고(小考)》, 동국대학교 교육대학원, 2004.
민주식, 〈연암 박지원의 생태 미학적 관점〉, 《동양예술》 32집, 한국동양예술학회, 2016.
박경수, 〈현대시의 고전시가 패러디 양상과 담론〉, 《국제어문》 38집, 국제어문학회, 2006.
박기석, 〈옥갑야화 연구〉, 《인문논총》 1, 서울여대 인문과학연구소, 1995.
박상진, 〈재현의 가능성과 리얼리즘, 그리고 열린 해석〉《문학과 경계》, 문학과경계사, 2004년 가을호.
박성수, 〈재현, 시뮬라크르, 배치〉, 《문화과학》 24호, 문화과학사, 2000.
박성순, 〈홍대용과 實地로서의 유리창〉, 《동아시아문화연구》 50집, 한양대학교 동아시아문화연구소, 2011.
박수밀, 〈18세기 사이의 미학과 그 의미〉, 《어문연구》 124, 한국어문교육연구회, 2004.
박수밀, 〈18세기, 재현과 진실의 가능성〉, 《한국언어문화》 33집, 한국언어문화학회, 2007.
박수밀, 〈21세기 문명과 박지원의 생태정신〉, 《동아시아문화연구》 47집, 한양대 동아시아문화연구소, 2010.
박수밀, 〈渡江錄에 나타난 경계의 인식론〉, 《한국한문학연구》 56집, 한국한문학회, 2014.
박수밀, 〈박지원 문학에 나타난 공간 형상화 양상과 그 의미〉, 《한국언어문학》 82집, 한국언어문학회, 2012.

박수밀, 〈박지원 문학에 나타난 창조적 사유와 그 의미〉, 《한국고전연구》 33집, 한국고전연구학회, 2016.

박수밀, 〈박지원 이용후생론의 미적 기반〉, 《한국실학연구》 23호, 한국실학학회, 2012.

박수밀, 〈생태 글쓰기의 가능성과 전망〉, 《작문연구》 28집, 한국작문학회, 2016.

박수밀, 〈燕巖 문학 연구의 새로운 향방〉, 《동양한문학연구》 53집, 동양한문학회, 2019.

박수밀, 〈연암 박지원의 생태 글쓰기와 그 양상〉, 《고전문학과 교육》 22집, 한국고전문학교육학회, 2011.

박수밀, 〈연암 박지원의 生態 美意識〉, 《동방한문학》 49집, 동방한문학회, 2011.

박수밀, 〈연암 박지원의 생태정신과 공생 미학〉, 《열상고전연구》 77집, 열상고전연구회, 2022.

박수밀, 〈연암 박지원의 장소의 발견〉, 《한국언어문화》 49집, 한국언어문화학회, 2012.

박수밀, 〈연암 산문에서의 용사와 패러디〉, 《국제어문》 40집, 국제어문학회, 2007.

박수밀, 〈熱河日記 伯夷 기사의 형상화 방식과 쓰기 전략〉, 《동방한문학》 90집, 동방한문학회, 2022.

박수밀, 〈熱河日記에 나타난 공간형상화 방식〉, 《퇴계학논총》 43집, 퇴계학부산연구원, 2024.

박수밀, 〈熱河日記에 나타난 모험 서사 구조〉, 《동방한문학》 99집, 동방한문학회, 2024.

박희병, 〈박지원 사상에 있어서 언어와 명심〉, 《한국의 생태사상》, 돌베개, 1999.

빈프리트 뇌트/신항식 번역, 〈재현의 위기에 관하여〉,《문학과 경계》, 문학과 경계사, 2004년 봄호.

서현경, 《열하일기 정본의 탐색과 서술 분석》, 연세대학교 박사학위논문, 2008.

성기옥 외, 《한국시의 미학적 패러다임과 시학적 전통》, 소명출판, 2004.

송재소, 〈한시 용사의 비유적 기능〉, 《한국한문학연구》 8집, 한국한문학연구회, 1985.

송혁기, 〈연암 문학의 발견과 실학의 지적 상상력〉, 《한국실학연구》 18집, 한국실학학회, 2009.

신경선, 《연암 박지원의 생태사상 연구:호질을 중심으로》, 경기대학교 교육대학원 석사학위논문, 2001.

신미정, 〈법고창신의 생태 미학〉, 《유학연구》 38집, 충남대 유학연구소, 2017.

신승환, 〈매트릭스적 상황에서 인간의 실존〉, 《문학과 경계》, 문학과 경계사, 2004년 봄호.

신은경, 〈평시조를 패로디화한 사설시조〉, 《고전시 다시 읽기》, 보고사, 1997.

신춘호, 〈근대 이전 사행 관련 지리 공간의 사행노정 전자문화지도 구축방안〉, 《한국문학연구》 55집, 동국대학교 한국문학연구소, 2017.

심경호, 〈일회성의 진실과 미학–연암의 인식론과 문학론〉, 《한문산문의 내면 풍경》, 소명출판, 2001.

안대회, 〈다산 제자 李綱會의 利用厚生學 –船說, 車說을 중심으로–〉, 《한국실학연구》10집, 한국실학학회, 2005.

안대회, 〈林園經濟志를 통해 본 서유구의 利用厚生學〉, 《한국실학연구》 11집, 한국실학학회, 2006.

오수경, 〈조선 후기 利用厚生學의 전개와 甘藷譜의 編纂〉, 《안동문화》 16, 안동문화연구소, 1995.

윤승준, 〈열하일기의 우언 읽기〉, 《배달말》 47, 배달말학회, 2010.
윤채근, 〈이규보 문학론에 나타난 패러디적 긴장〉, 《국제어문》 38집, 국제어문학회, 2006.
이강엽, 〈열하일기의 우언문학적 해석〉, 《국제어문》 27, 국제어문연구, 2003.
이도흠, 〈재현의 리얼리즘에서 차이의 리얼리즘으로〉,《문학과 경계》, 문학과 경계사, 2004년 가을호.
이도흠, 〈재현의 위기론의 타당성과 한계〉, 《미학예술학연구》 22호, 한국미학예술학회, 2005.
이도흠, 〈현실의 재현과 진실 사이의 거리〉,《문학과 경계》, 문학과 경계사, 2004년 봄호.
이도흠, 〈현실의 재현과 진실 사이의 차이에 대하여〉, 《한국언어문화》 25집, 한국언어문화학회, 2004.
이동환, 〈夜出古北口記에 있어서의 연암의 자아〉, 《한국한문학연구》 8집, 한국한문학회 1985.
이순욱, 〈풍자와 패러디〉, 《한국현대시와 패러디》, 현대미학사, 1996.
이승수 외, 〈연암 박지원의 熱河 行步와 文心〉, 《한국한문학연구》 78, 한국한문학회, 2020.
이승수, 〈夜出古北口記의 산문미 재론〉, 《한국한문학연구》 38집, 한국한문학회, 2006.
이승수, 〈연행록의 地理와 心跡2 通州~玉河館〉, 《민족문화》 52집, 한국고전번역원, 2018.
이영순, 《의산문답을 통해 본 홍대용의 생태사상 연구》, 인하대학교 석사학위논문, 2007.
이우성, 〈實學研究序說〉, 《韓國의 歷史像》, 창작과비평사, 1982.
이종묵, 〈고전시가에서 용사와 점화의 미적 특질〉, 《한국시가연구》 3집, 한국시가학회, 1998.

이주영, 〈재현의 관점에서 본 예술과 실재의 관계〉, 《미학예술학연구》 22호, 한국미학예술학회, 2005.

이홍식, 〈북경 유리창의 표상과 문화사적 의미〉, 《동아시아문화연구》 50집, 한양대학교 동아시아문화연구소, 2011.

이화형, 〈최자의 신의와 용사에 대한 재고〉, 《어문연구》 32권, 한국어문연구회, 2004 가을.

임형택, 〈21세기에 다시 읽는 실학〉, 《대동문화연구》 42집, 성균관대 대동문화연구원, 2003.

임형택, 〈박연암의 인식론과 미의식〉, 《한국한문학연구》 11집, 한국한문학회, 1988.

임형택, 〈산문의 현대적 부활을 제안함〉, 《창비주간논평》, 2006.

정끝별, 〈21세기 패러디 시학의 방향〉, 《한국언어문화》 27집, 한국언어문화학회, 2005.

정민 외, 〈한중 문화교류와 북경 유리창〉, 《동아시아 문화연구》 50집, 한양대 동아시아문화연구소, 2011.

정민, 〈수여삼필을 통해본 홍길주의 사유 방식〉, 《19세기 조선지식인의 문화지형도》, 한양대학교 출판부, 2006.

정민, 〈황금대기로 본 연암의 글쓰기 방식〉, 《고전 문장론과 연암 박지원》, 태학사, 2010.

정출헌, 〈고전소설의 천편일률의 패러디의 관점에서 읽는 법〉, 《국제어문》 38집, 국제어문학회, 2006.

조규익, 〈연행록에 반영된 천산 의무려산 수양산의 내재적 의미〉, 《어문연구》 32, 한국어문교육연구회, 2004.

조성산, 〈실학 개념 논쟁과 그 귀결〉, 《한국사 시민강좌》 48, 일조각, 2011.

진재교, 〈實學派 文學의 虛와 實에 대한 辨證〉, 《한문학보》 9집, 우리한문학회, 2003.

최신호, 〈연암의 문학론에서 본 사물 인식과 창작의식〉, 《한국한문학연구》 제8집, 한국한문학회, 1985.

최영진, 〈易學思想의 哲學的 探究: 周易의 陰陽對待的 構造와 中正思想을 中心으로〉, 성균관대학교 동양철학과 박사학위논문, 1989.

최정묵, 〈주역의 기본 논리에 대한 고찰〉, 《유학연구》 27집, 충남대학교 유학연구소, 2012.

홍원식, 〈동아시아 생태 담론에 대한 비판적 검토〉, 《동양철학연구》, 동양철학연구회, 2007.

황의열, 〈연암의 이존당기에 대하여〉, 《한국한문학연구》 14집, 한국한문학연구회, 1991.

주

1) 요주와 여지를 비교하고, 서호와 서시를 비교한 내용은 소식의 시인 〈四月十一日初食荔支〉와 〈飮湖上初晴後雨〉에 각각 나타난다.

2) 이도흠, 〈재현의 위기론의 타당성과 한계〉, 《미학예술학연구》 22호, 한국미학예술학회, 2005, 125~126쪽 참조.

3) 박상진, 〈재현의 가능성과 리얼리즘, 그리고 열린 해석〉, 《문학과 경계》, 2004년 가을호, 문학과 경계사, 116쪽.

4) 김윤식, 《운양속집(雲養續集)》, 〈답인론청구문장원류서(答人論靑丘文章源流書)〉: "自麗末郡賢, 宗性理之學, 爲文而無學問根據者, 人病其無實而不取也. 是以操觚之士, 未嘗有涵養研素之工, 而開口傳談性命, 掇拾宋賢書牘, 以自潤其文, 此文之一病也. 能脫此病者, 其惟燕岩乎."

5) 박희병 선생은 "영국에 세익스피어가, 독일에 괴테가 있다면, 우리나라에는 박지원이 있다."라고 주장한다. 박종채 지음/박희병 옮김, 《나의 아버지 박지원》, 돌베개, 1998, 3쪽.

6) 정약용, 《여유당전서》, 〈천문평(千文評)〉: "我邦之人, 得所謂周興嗣千文, 以授童幼, 而千文非小學家流也. 學天地字, 乃日月星辰山川丘陵, 未竭其族, 而遽舍之曰姑舍汝所學, 而學五色, 學玄黃字, 乃靑赤黑 白紅紫緇綠未別其異, 而遽舍之曰姑舍汝所學, 而學宇宙, 斯何法也?"

7) 박희병, 《연암을 읽는다》, 돌베개, 2006, 407~408쪽.

8) 이도흠, 《화쟁기호학 이론과 실제》, 한양대학교 출판부, 1998, 129~134쪽.

9) 연암의 감각 기관의 한계와 극복에 관해서는 임형택 선생의 논의에서 잘 밝히고 있는데, "연암은 감성 인식이 갖고 있는 한계와 그 현실적인 문제점을 절실하게 느끼고 이성 인식으로 극복, 지양할 것을 요망했다."라고 주장하였다. 임형택, 〈박연암의 인식론과 미의식〉, 《한국한문학연구》 11, 한국 한문학연구회, 1988, 17~39쪽.

10) 최성환(崔瑆煥), 《성령집(性靈集)》, 〈성령집서(性靈集序)〉: "腐心嘔血, 自以爲工矣, 誰知已蹈古人之習氣? 窮慮秘搜, 自以爲新矣, 誰知已被古人之道破?"

11) 패러디 이론에 대한 기존 논의는 대체로 린다 허천의 《패러디 이론》과 정끝별 선생의 《패러디 시학》의 자장(磁場) 안에 있었다. 필자 역시 패러디에 대한 논의를 종합하고 범주화 작업을 시도한 정끝별의 논의에서 많은 도움을 받았다.

12) 정약용, 《여유당전서(與猶堂全書)》, 〈기연아(寄淵兒)〉: "然全不用事, 吟風詠月, 譚棊說酒, 苟能押韻者, 此三家村裏村夫子之詩也. 此後所作, 須以用事爲主."

13) 시가에서의 용사는 패러디와 달리 친화적 관계를 보여주며, 나아가 비평적 거리화를 갖기가 힘들다고 주장은 이미 성기옥, 김학성 선생에 의해 제기되었다. 성기옥 외, 《한국시의 미학적 패러다임과 시학적 전통》, 소명출판, 2004. 김학성, 〈시조의 텍스트 파생 양상과 그 의미〉, 《고전문학연구》 23집, 한국고전문학회, 2003.

14) 이병한 편저, 《중국 고전 시학의 이해》, 문학과지성사, 1992, 180쪽.

15) 강명관, 〈한시와 패러디〉, 《동양한문학연구》 11집, 1997. 강명관 선생은 한시의 패러디 현상은 문어시적 특징, 거대한 문화유산의 압력, 상고적 예술관 등의 복합적 산물이라 보았다. 한문학 전통에서는 패러디란 용어 대신에 '용사'란 말을 사용해야 한다고 생각하고 있다. 그러나 패러디 원인을 파악한 논거에 대해서는 적극 동의한다.

16) 섭변(葉變), 《원시 외편(原詩 · 外篇)》: "直使古人之事, 雖形體眉目悉具, 直如芻狗, 略無生氣, 何足取也."

17) 이 글에서 연암은 옛것을 본받자고 주장하는 법고와 새롭게 표현하자고 주장하는 창신, 양자를 비판하고 그 대안으로 '옛것을 본받되 변화를 알고, 새롭게 지어내되 법도에 맞다면 지금의 글이 옛글이 된다'라는 주장을 펼친다. 학자들은 이 주장을 '법고이창신(法古而創新) 창신이법고(創新而法古)'의 뜻으로 이해하여 줄여서 '법고창신(法古創新)'으로 부르고 있다. 일반적으로 법고와 창신 양자의 문제점을 지양하고 이를 변증법으로 통합하는 논리로 사용하고 있다. 반면 필자는 법고는 법고대로 창신은 창신대로 각기 병통을 극복하면 둘 다 좋은 글이 된다는 뜻이라 주장하고 이를 '지변능전(知變能典)'으로 부를 것을 제안했다. 변증법적 통합이 아닌 양자를 인정하고 각각의 문제를 극복하는 상생(相生)으로 바라본 것이다. 필자와 비슷한 취지의 주장은 이현식 선생에 의해 먼저 제기된 바 있다.

18) 연암이 예법으로 정의한 '행하는 일이 사리와 합치하는 것[事理之會]'은 유가의 사리일치(事理一致)를 말하는 것으로 볼 수 있으나, 한편으로 불가에서도 일체의 사(事)와 리(理)의 법을 하나로 융합하는 '통섭사리(通攝事理)'를 강조하고 있다. 이도흠, 《화쟁기호학 이론과 실제》, 한양대학교출판부, 1999, 128쪽.

19) 의원은 향기로운 약초를 다루어 사람을 살리는 자다. 무당은 깨끗이 목욕재계하며 귀신을 섬기는 자다. 그러나 의원은 의심쩍은 의술로 수만 명을 죽이는 의혹된 자로 바꾸었고 무당은 귀신과 사람을 속이는 속임수꾼으로 바꾼 것이다.

20) 이-푸 투안 지음/구동회, 심승희 옮김, 《공간과 장소》, 대윤, 2011, 13~21쪽.

21) 앙리 르페브르 지음/양영란 옮김, 《공간의 생산》, 에코리브르,

2011, 15쪽.

22) 앞의 인용문에서 홍대용이 책문을 볼 만한 것이 없다고 평가한 부분은 같은 북학파인 연암의 시선과 정반대라서 의아함을 자아낼 만하다. 하지만 담헌은 연행을 할 당시만 하더라도 전통 성리학자의 생각을 지니고 있었다. 담헌이 《의산문답》의 혁신적인 사상을 보여주게 된 것은 북경 유리창 간정동(乾淨衕)에서 만난 항주 세 선비와의 교유가 결정적인 계기가 되었다. 이후 담헌은 점차 생각을 교정하고 의식을 바꾸어 감으로써 인물균(人物均), 우주무한론(宇宙無限論), 역외춘추론(域外春秋論) 등의 혁신적인 주장을 펼치게 되었다.

23) 김태준·이승수·김일환, 《조선의 지식인들과 함께 문명의 연행길을 가다》, 푸른역사, 2005, 133쪽.

24) 김명호 선생은 연암의 울음에 대해 '심중으로부터 북받쳐 오른 것은 기쁨이자 동시에 슬픔인 극도의 착잡한 감정'이었다고 주장한다. 호곡장에 대한 자세한 분석은 김명호, 〈열하일기의 문체에 대하여–호곡장론을 중심으로–〉, 《박지원 문학연구》, 성균관대 대동문화연구원, 2001. 참조할 것.

25) 황금대와 관련한 자세한 역사적 맥락과 정치적 의미는 박수밀, 《연암 박지원의 글 짓는 법》, 돌베개, 2013, 187~219쪽 참조할 것.

26) 정민 선생은 황금대는 이전까지의 후례초현의 관습적 의미의 틀을 깨고, 중세적 지식인의 명분에 전 허위를 폭로하는 장소로 탈바꿈했다고 주장하며 〈황금대기〉를 통해 중세적 인식론의 변환을 들여다보았다. 정민, 〈황금대기로 본 연암의 글쓰기 방식〉, 《고전문장론과 연암 박지원》, 태학사, 2010, 137~167쪽.

27) 이조원(李肇源), 《옥호집(玉壺集)》, 〈유리창(琉璃廠)〉: "百隊旗亭十里長, 繡街闐咽彩輪忙. 氣蒸烟火冬無沍, 香散綾羅陌有光. 四海貨珍都會處, 八方人士倦游場. 此來莫飲貪泉否, 萬種牙籤

羨錦箱."

28) 권복인(權復仁), 《천유고연행시(天游稿燕行詩)》, 〈유리창(琉璃廠)〉 17~22구 : "玩物反喪志, 操約道不乖. 矧彼克棟宇, 叢沓襍雅哇. 徐返守故我, 方寸澹無涯."

29) 〈야출고북구기〉의 지리와 사건에 대한 정보가 고염무의 〈창평산수기〉를 활용하고 있다는 점은 이승수 선생의 논의에서 잘 제시하였다. 이승수, 〈야출고북구기의 산문미 재론〉, 《한국한문학연구》 38집, 한국한문학회, 2006.

30) 박기석, 〈옥갑야화 연구〉, 《인문논총》 1, 서울여대 인문과학연구소, 1995, 90~97쪽.

31) 김영동 교수는 옥갑은 북경 조선 사신들의 숙소였던 옥하관(玉河館)이나 유리기와가 즐비한 황성(皇城)을 가리키는 것으로 보았으며, 박기석 교수는 석갑(石匣)일 가능성을 제시하였다. 김영동, 〈옥갑야화의 분석적 고찰〉, 《한국문학연구》 11, 동국대 한국문학연구소, 1988, 128쪽.

32) 〈발승암기〉의 한 이본에는 연암이 주인공인 김홍연을 우연히 만난 장소를 개성이라고 썼다가 먹으로 지우고 그 위에 평양으로 고쳐 쓴 흔적이 있다. 연암이 주제를 효과적으로 드러내기 위해 공간을 의도적으로 바꾸기도 한다는 점을 말해준다.

33) 생태 글쓰기와 관련한 논의는 필자가 지금까지 공부해 온 내용을 정리한 것이다. 특히 박수밀, 〈생태 글쓰기의 가능성과 전망〉(《작문연구》 28, 한국작문학회, 2016.)에서 이와 관련한 내용을 구체적으로 다루었다.

34) 김혈조, 〈연암 산문에서 문자 운용의 몇 가지 특징〉, 《대동한문학》, 대동한문학회, 2004, 273쪽.

35) 김혈조, 《연암 박지원의 사유양식과 산문문학》, 성균관대 박사학위논문, 1992, 102~113쪽.

36) 김명호, 《연암 문학의 심층 탐구》, 돌베개, 2013, 167~174쪽.

37) 김혈조, 〈境界人의 고뇌-연암 박지원〉, 《대동한문학》 42집, 대동한문학회, 2015, 279 ~13쪽.

38) 박수밀, 〈18세기 사이의 미학과 그 의미〉, 《어문연구》 124, 한국어문교육연구회, 2004, 237~260쪽.

39) 박수밀, 〈도강록에 나타난 경계의 인식론〉, 《한국한문학연구》, 한국한문학회, 2014.

40) 조지프 캠벨(J. Campbell)은 세계 각국 신화나 동화 속 영웅들이 감행했던 모험을 분석하여 나라마다 문화가 다르고 사회 환경이 다르지만 그들은 똑같은 길을 간다고 주장하며 영웅의 모험 여정을 19 과정으로 만들었다. 크리스토퍼 보글러(Ch. Vogler)는 조지프 캠벨의 19단계 길의 이론을 더 단순화해 영화에 나타난 영웅의 길을 12단계로 나누었다. 간단하게 말하자면 보통 세계와 특별한 세계로 나뉘어, 일상 세계에서 집을 떠나 고생하다가 특별한 세계로 넘어가는 '문지방 넘기'가 이루어지며 시련을 겪다가 동굴 깊숙한 곳에서 적대자를 만나 호된 시련을 극복한 후 일상의 세계로 돌아오는 귀환의 구조로 이루어져 있다. 우리나라의 고전 영웅 서사 구조도 이와 비슷하다. 《열하일기》를 모험 서사의 관점에서 분석한 연구는 박수밀, 〈熱河日記에 나타난 모험 서사 구조〉(《동방한문학》 99집, 동방한문학회, 2024.)를 참조할 것.

41) 임형택, 〈산문의 현대적 부활을 제안함〉, 《창비주간논평》, 2006.

42) 에콜로지(ecology)란 말은 다윈의 제자인 독일의 박물학자 에른스크 헤켈(Ernst Haeckel, 1834~1919)이 쓴 용어다. 생물학적 연구에 한계를 느낀 헤켈이 식물학과 동물학을 통합하는 종합 과학으로서 에콜로지라는 명칭을 쓰게 되었다.

43) 한어대사전(漢語大詞典)에 의하면 생태(生態)는 생동적인 모습

혹은 생물의 생리 특성과 어우러진 생활습성이란 뜻을 갖는다. 사전적인 뜻은 살아가는 모양이나 자태란 뜻이다. 서양의 에콜로지가 인간을 둘러싼 주위 환경[집]이란 뜻을 갖고 있는 데 비해 생태는 인간을 포함한 생명체의 생동하는 모습이란 뜻을 갖는다. 자원(字源)으로만 보자면 서양이 인간과 자연을 분리하고서 접근해 가고 있다는 느낌이 드는 반면, 동양은 인간을 생명체 속에 포괄하고서 이해한다는 뉘앙스가 강하다.

44) 서양에서도 심층 생태론자들은 인간과 자연을 분리해서 바라보는 태도를 비판하고 인간과 자연을 유기체의 하나로 바라본다. 이 생각은 기본적으로는 동양의 불교와 도교, 노장사상을 받아들인 것이다. 심층 생태론자의 주장은 기존의 오리엔탈리즘에서 벗어나 동양의 사상을 동등성의 차원에서 수용하고 있다는 점에서 의의가 깊다.

45) 박지원, 《연암집》, 〈공작관문고자서(孔雀館文稿自序)〉: "語不必大. 道分毫釐. 所可道也, 瓦礫何棄?"

46) 이덕무 평선/박희병 외 역주, 《종북소선》, 돌베개, 2010, 87쪽.

연암, 경계에서 보다

1판 1쇄 인쇄 2025년 4월 1일

1판 1쇄 발행 2025년 4월 11일

지은이. 박수밀

펴낸이. 권은정

펴낸곳. 여름의서재

디자인. 눈씨 박선주, 안소영

등록. 제02021-92호

주소. 서울시 은평구 서오릉로 267

전화번호. 0502-1936-5446

이메일. summerbooks_pub@naver.com

인스타그램. @summerbooks_pub

ISBN. 979-11-989848-4-5 03150

값. 24,000원

값은 책표지에 표시되어 있습니다.

잘못 만들어진 책은 구입한 서점에서 바꾸어드립니다.

여름의서재는 마음돌봄을 위한 책을 만듭니다.

함께 아프고, 함께 공감하고, 함께 성장합니다.